全国高职高专公共课程规划教材（第二轮）

大学生心理健康教育

（第2版）

（供医药类各专业使用）

主　编　郑开梅

副主编　陈　丹　李斐斐

编　者（以姓氏笔画为序）

司丽华（天津市精神卫生中心）

杜　旸（天津医学高等专科学校）

杨　柳（吉林工业职业技术学院）

李斐斐（山东医药技师学院）

陈　丹（长春医学高等专科学校）

郑开梅（北京科技大学天津学院）

窦温暖（四川中医药高等专科学校）

中国健康传媒集团
中国医药科技出版社

内容提要

本教材是“全国高职高专公共课程规划教材（第二轮）”之一，根据高等职业教育的人才培养目标、特点和要求，结合当前大学生的心理健康状况，从九个方面进行阐述和讲解，包括心理健康绪论、心理异常的辨识与处理方法、自我意识、人格的发展与完善、意志培养与挫折压力应对、情绪管理、学习心理与能力培养、人际关系、恋爱心理，不仅能帮助大学生解决实际生活中遇到的心理困惑，还有利于促进大学生的健康成长和全面发展。在结构设置上，采用学习目标、案例导入、知识链接或知识拓展、心理阅读、心理训练、心理测验、思考题等辅助模块与教学内容相匹配的方式组织内容，深入浅出地讲解心理健康知识。本教材为书网融合教材，即纸质教材有机融合电子教材、教学配套资源（PPT、微课、视频、图片等）、题库系统、数字化教学服务（在线教学、在线作业、在线考试）。

本教材供医药高职高专各专业使用。

图书在版编目（CIP）数据

大学生心理健康教育 / 郑开梅主编．—2版．—北京：中国医药科技出版社，2019.6

全国高职高专公共课程规划教材（第二轮）

ISBN 978-7-5214-0896-6

Ⅰ.①大…　Ⅱ.①郑…　Ⅲ.①大学生-心理健康-健康教育-高等职业教育-教材　Ⅳ.①G444

中国版本图书馆CIP数据核字（2019）第099476号

美术编辑　陈君杞

版式设计　易维鑫

出版　**中国健康传媒集团** | 中国医药科技出版社

地址　北京市海淀区文慧园北路甲22号

邮编　100082

电话　发行：010-62227427　邮购：010-62236938

网址　www.cmstp.com

规格　889×1194mm 1/16

印张　12½

字数　274千字

初版　2015年7月第1版

版次　2019年7月第2版

印次　2022年7月第6次印刷

印刷　廊坊市海玉印刷有限公司

经销　全国各地新华书店

书号　ISBN 978-7-5214-0896-6

定价　38.00元

获取新书信息、投稿、为图书纠错，请扫码联系我们。

数字化教材编委会

主　编　郑开梅

副主编　陈　丹　李斐斐

编　者（以姓氏笔画为序）

司丽华（天津市精神卫生中心）

杜　旸（天津医学高等专科学校）

杨　柳（吉林工业职业技术学院）

李斐斐（山东医药技师学院）

陈　丹（长春医学高等专科学校）

郑开梅（北京科技大学天津学院）

窦温暖（四川中医药高等专科学校）

出版说明

“全国高职高专公共课程规划教材”是与“全国高职高专护理类专业规划教材”“全国高职高专药学类专业规划教材”同期建设的，自出版以来得到了各院校的广泛好评。为了进一步提升教材质量、优化教材品种，使教材更好地服务于院校教学，同时为了更好地贯彻落实《国务院关于加快发展现代职业教育的决定》及《现代职业教育体系建设规划（2014—2020年）》等文件精神，在教育部、国家药品监督管理局的领导下，在上一版教材的基础上，中国医药科技出版社组织修订编写“全国高职高专公共课程规划教材（第二轮）”。

本套规划教材（6种），其中5种为新修订教材（第2版），适合医药类所有专业教学使用。本轮教材建设对课程体系进行科学设计，整体优化，对上版教材中不合理的内容框架进行适当调整，内容上吐故纳新。在编写过程中，坚持以高职高专人才培养目标和公共课程教学标准为依据，充分体现高职高专教育特色，力求满足教学需要和社会需要，着力提高学生人文素养和身心健康；坚持“三基”“五性”“三特定”的原则，并强调教材内容的针对性、实用性、先进性和条理性；坚持理论知识“必需、够用”为度，强调基本技能的培养；突出医药类专业公共课程的特色，适当吸收行业发展的新知识、新技术、新方法，适当拓展知识面，为学生后续发展奠定必要的基础。

在教材中使用形式活泼的编写模块和小栏目，如“学习目标”“知识链接”“案例”“任务情境”“目标检测”等，以及尽量增加图表如操作步骤的流程图、示例图，从而更好地适应高职高专学生的认知特点，增强教材的可读性。

为适应当前教育信息化发展的需要，加快推进“互联网+医药教育”，本轮教材建设为书网融合教材，即纸质教材与数字教材、配套教学资源、题库系统、数字化教学服务有机融合。通过“一书一码”的强关联，为读者提供全免费增值服务。按教材封底的提示激活教材后，读者可通过PC、手机阅读电子教材和配套课程资源（PPT、微课、视频、动画、图片、文本等），并可在线进行同步练习，实时反馈答案和解析。同时，读者也可以直接扫描书中二维码，阅读与教材内容关联的课程资源（“扫码学一学”，轻松学习PPT课件；“扫码看一看”，即刻浏览微课、视频等教学资源；“扫码练一练”，随时做题检测学习效果），从而丰富学习体验，使学习更便捷。教师可通过PC在线创建课程，与学生互动，开展在线课程内容定制、布置和批改作业、在线组织考试、讨论与答疑等教学活动，学生通过 PC、手机均可实现在线作业、在线考试，提升学习效率，使教与学更轻松。此外，平台尚有数据分析、教学诊断等功能，可为教学研究与管理提供技术和数据支撑。

在编写教材过程中，得到了有关专家的悉心指导，以及全国各有关院校领导和编者的大力支持，在此一并表示衷心感谢。希望本套教材的出版，对促进我国高职高专教育教学改革和人才培养做出积极贡献。希望广大师生在教学中积极使用本套教材，并提出宝贵意见，以便修订完善，共同打造精品教材。

中国医药科技出版社

2019 年 6 月

前　言 / PREFACE

《大学生心理健康教育》是一本理论展现恰当、实用性强，主要针对高职高专层次大学生所使用的教材。本教材编写组主要由来自教学或临床一线的教师和专家组成，编写人员在长期的大学生心理健康教育工作经验的基础上，紧密结合高职高专学生心理特点，于 2015 年出版第一版，2019 年首次修订。本教材以普及心理健康知识、为大学生提供心理健康指导为出发点，力求体现操作性、参与性和可读性的特点，旨在帮助大学生解决在现实生活和学习中所遇到的心理问题。在现实工作中我们发现，大学生不仅希望解决自身的心理问题，也希望了解问题形成的原因及解决方案背后所依据的心理学理论。因此，本教材虽以立足实际为要义，但也未削弱对基本理论的阐释。在版块设计上，为帮助大学生或心理学爱好者深入学习，提供了知识拓展或链接等内容；同时穿插了心理阅读，通过阅读不仅能加深对知识的理解，更能给我们的心灵带来抚慰和启迪。在使用本教材时，可以通篇使用，也可以各取所需。教材中除阐述知识点外，还涉及许多心理游戏、心理训练、心理测验等内容，希望对老师的课堂教学有所帮助。在内容的选择上，编者尽量避免了容易产生歧义或误导的内容，以便让学生对心理学有一个客观、理性的认识。

通过对教材的反复使用，不断发现教材中的不足，不断改进和完善，力求使之更加符合高职高专学生教育培养目标的要求，更加具有可操作性和实用性，以方便教学和学习。本次修订整体框架并未进行大幅修改，主要修改了原教材中不规范的文字，更正教材中部分结构内容不合理的地方，同时增加了配套 PPT、每章微课、知识点体系、每章题库等数字资源，方便学生线上学习，打造一站式服务平台，提升学习效率。此次修订和数字资源制作分工如下：第一、四、五章由郑开梅编写，第二章由郑开梅和司丽华共同编写，第三章由杜旸编写，第六章由陈丹编写，第七章由陈丹和杨柳共同编写，第八章由窦温暖编写，第九章由李斐斐编写。司丽华负责对全书心理测量量表进行核对，教材经过编者之间互审、副主编修改部分章节、主编对全书进行最后统稿修改，最终完成。

在教材编写过程中编者所在单位的领导和同事给予了理解、帮助和支持，在此一并表示深深的谢意！由于修改时间有限，不妥之处在所难免，希望各位同行、读者批评指正。

编　者

2019 年 3 月

目　录 / CONTENTS

第一章

绪　论

学习目标

1. 掌握心理健康的定义和标准。
2. 熟悉大学生常见心理问题、形成原因及针对这些问题的解决方法与途径。
3. 了解心理咨询的含义及特点，学会咨询求助。

案例导入

小鹏来到学校一个月了，总觉得学校不像自己曾经想象的那样，因而总觉得失落、心烦，上课无法集中注意力，看班级同学也不顺眼，甚至影响自己的饮食、睡眠。现在不知如何是好，苦恼之余他想自己是不是心理不健康呢？亲爱的同学你遇到过类似困惑吗？那么小鹏的心理是健康还是不健康呢？通过这一章的学习相信你会帮小鹏找出正确的答案。

第一节　心理健康概述

扫码“学一学”

大学生活是人生的重要阶段，大部分人一生的职业基础或价值取向是在大学阶段奠定或趋于成熟的。在这一时期除获取知识、获得人生经验之外，人们也希望大学生快乐平安地度过这一时期，并为将来的发展奠定良好的心理素质基础。目前大学生的心理健康状况不容乐观，大学生中不仅出现了马加爵、药家鑫案等恶性事件，校园中由心理健康欠佳引发的其他问题也不容忽视，心理适应不良及心理障碍发生率与以往相比有明显上升趋势。大量研究及统计结果表明，在当今高校校园中，大学生出现抑郁、焦虑、恐惧、自卑、过分依赖、神经衰弱等情绪、情感问题者大大高于一般社会青年。由此引发的休学、退学，甚至自杀、凶案事件呈整体上升趋势。其中有资料统计表明，目前大学生心理障碍人数在12%~14%。因而大学生的心理健康问题备受关注，大学生心理健康教育有着重要意义。

一、大学生生理、心理发展特点

大学生主体处于青年中期（18~25岁）阶段，生理发展趋于稳定，个体逐渐达到性成熟，随脑部发育接近成熟，兴奋与抑制趋于平衡。大学时代是人生各种心理品质全面发展、急剧变化的时期，心理正处于迅速走向成熟又没有完全成熟的时期，集发展性、可塑性、矛盾性于一身，具有鲜明的身心特点。

1. 大学生认知能力特点 大学生的认知发展已达到相对成熟，智力发展正值全盛时期。个体的形象思维已完全发展成熟，抽象逻辑思维进入成熟阶段，思维方式以辩证逻辑思维为主。这一阶段也是逻辑记忆的高峰期，且在比较判断及反应速度能力上均达到最高值，但在社会认知方面往往从某种感性认识或经验直觉出发评价自己及周围的人与事，常以个人的好恶为标准处理问题。

2. 大学生情绪、情感特征 大学生的情绪、情感丰富，且易起伏动荡，具有双极性特征，表现为易激动、兴奋，也易转向消沉、失望，即从一个极端转向另一个极端；另外，由于大学生在实际生活环境中会遇到诸多问题，某些正当需要无法得到满足，故常导致大学生形成情绪的压抑性。大学生思维的发展还不够深刻、全面和辨证，所以情绪、情感仍有不稳定的一面。

3. 大学生意志品质特征 不同的生活经历使大学生在日常生活中表现出不同的意志特点。有的相对成熟，能够应付生活中的压力、承受挫折；有的却相对意志脆弱，总体上说大学生的意志品质是在生理成熟、心理发展相对成熟和社会性发展相对滞后的身心发展背景下，展现出的不均衡性。

（1）意志品质具有不稳定性　随着心理独立性、社会性的发展和自我意识的增强，大学生意志的独立性、果断性、坚韧性和自制力等都得到迅速提高。多数大学生已能够自觉地树立明确的行为目标，制订科学的学习生活计划，能够排除干扰、克服困难，为实现自身目标而努力，但有时在处理关键问题、需要采取重要行动或做出重大决定的时候，又表现出犹豫不决、盲从或轻率、武断等特点。由此可见，他们在意志品质上虽体现出较高水平，但仍具有不稳定的特点。

（2）发展不平衡性　大学生行为的目的性、自觉性有了明显提高，但坚韧性较差、惰性明显、缺乏恒心；大学生的自制力和理智性显著增强，但仍易受暗示，在很大程度上还受情绪和心境的影响；大学生的独立性和果断性往往伴随冲动性、固执性、依赖性和逆反性而呈多样性；大学生具有敢说、敢做的勇敢精神，但在意志行动中却易鲁莽草率、感情用事。大学生自我意识及思维的独立性、批判性的增强，促进其意志品质的进一步发展，但在辨别是非和自我控制能力上还有待于提高，因而具有发展不平衡的特点。

（3）挫折承受能力和应对能力普遍较弱　很多大学生都是初次离开家庭过集体生活，生活经验少、社会阅历不足、人格发展尚不成熟。多数大学生对生活中的挫折没有充分的心理准备，意志品质中存在着心理承受能力弱，缺乏对挫折的正确认识和应对经验，甚至存在认识上的误区，以至于采取错误的应对方式。由于大学生承受挫折的能力普遍较差，遇到挫折后的应激反应一般较为强烈，故常固执己见、一意孤行，对事情的发展不做细致的分析而匆忙做出决定，表现出意志独断性的一面。

4. 大学生的人格发展特点 从人格发展看，大学生性格、能力等个性心理特征都已达到相对稳定和渐至成熟的水平，理想、信念、自我意识等个性意识经过大学阶段逐渐接近成人的发展水平。社会道德感、社会责任感增强，独立意识、自我意识、社会适应能力、价值观等趋于稳定或成熟。在自我观察、自我评价、自我体验、自我控制等自我意识成分上都获得高度发展。在个性方面，虽然许多个性品质已基本形成，但也存在不够成熟的成分。

5. 性意识的发展特点 大学生正处于青年中期，生理发育基本完成，性意识的明朗化与进一步发展都是正常的，同时由于大学校园是年轻人的世界，每个大学生都有充分的机会与同龄异性接触，因而性意识的发展及与之相伴而来的恋爱问题成为其心理发展过程中的重要内容。一方面，性意识的发展带来强烈的按照性别特征来塑造个性和形象的精神向往，每个大学生都会在心里产生一种愿望，即成为什么样的男性或女性；另一方面，性意识的发展也带来对异性的倾慕与追求的愿望，这种愿望会与大学生还不善于处理异性之间的关系，或其经济地位与心理成熟度还不足以应付这种问题相矛盾，从而带来种种不安和烦恼。

二、心理健康的定义

认识心理健康要从理解健康开始。健康的生活一直是人们追求的，但对于什么是健康却经历了漫长的认识过程。在过去很长时间里，人们一直认为躯体无疾病便是健康，但人们渐渐发现这样的健康认识是不全面的。1989 年，世界卫生组织修订了健康的定义，把健康概念规定为“躯体健康、心理健康、社会适应良好”。由此可见心理健康是健康的重要组成部分。如一个人躯体健康而没有一个健康的心理，社会适应能力不强，那么也不是一个健康的人。

既然心理健康如此重要，那么到底什么是心理健康呢？要正确理解心理健康的本质，必须先理解人的心理本质。人既是一个生物实体，又是一个社会实体，人的心理既受身体的生物性制约，也受个体的社会性制约。另外，人的心理健康不仅受到个体生物性与社会性的双重制约，还受到主体意识与自我意识的支配，表明心理健康的人不仅在于他的心理活动符合人们心理活动的共同规律，还在于其心理活动的倾向与内容要符合共同的社会规范，并受到个体意识与自我意识的调节和控制。

要给心理健康下一个满意的定义是一件困难的事，正如卡普兰所说：“许多人都试图定义心理健康，但这是一个混合的领域，难以给出精确的定义。它不仅包含知识体系也包含生活方式、价值观念及人际关系的质量。”从现代健康理论观来看，心理健康核心内容包括：以积极、有效的心理活动，平稳、正常的心理状态，对当前和发展的社会环境、自然环境及自我内在环境的变化具有良好的适应能力和调节能力。心理健康强调的是个体心理环境的内稳态和机体对环境的有效适应。心理健康核心是健全的人格，最高目标是实现个体与社会的健康及全面发展。

多数人认为心理健康是指一种高效而令人满意的、持续的心理状态，是指心理活动的过程内容完整、协调一致，即认知、情感、意志、行为、人格完整和协调，能适应社会并与之保持同步。

三、心理健康的标准

1. 国外标准示例 与心理健康的定义相似，目前世界上并没有统一的心理健康标准，但基本内核有相似之处。下面是两个比较著名的心理健康标准。

（1）马斯洛和米特尔曼的标准 美国著名心理学家马斯洛和米特尔曼在 20 世纪 50 年代初提出了心理健康的 10 条标准：①有充分的自我安全感；②能充分了解自己，并能恰当估价自己的能力；③生活理想切合实际；④不脱离周围现实环境；⑤能保持人格的完整与和谐；⑥善于从实践中学习；⑦能保持良好的人际关系；⑧能适度地宣泄和控制情绪；⑨在符合团体要求的前提下，能有限度地发挥个性；⑩在不违背社会规范的前提下，能适当地满足个人的基本需要。

（2）坎布斯的标准　美国学者坎布斯认为，一个心理健康、人格健全的人应具有 4 种特质：①积极的自我观念。能悦纳自我、接受自我，也能为他人所悦纳，能体验到自己存在的价值，能面对和处理好日常生活中遇到的各种挑战。尽管有不如意，但肯定的、积极的自我观念总是占优势。②恰当地认同他人。能认可别人的存在和重要性，既能认同别人而又不依赖或强求别人，能体验自己在许多方面和大家都是相同、相通的，能和别人分享爱和恨、乐与忧及对未来的美好憧憬，且不会因此失去自我，保持自我的独立性。③面对和接受现实。能面对和接受现实，不论是好是坏、对自己有利或不利，即使现实不符合自己的希望与信念，也能设身处地、实事求是地去面对和接受现实的考验。能够多方面寻求信息，善于倾听不同意见，正确把握事实真相，相信自己的力量、随时接受挑战。④主观经验丰富，可供利用。能对自己周围的事物、人物及环境有较清楚的知觉，不会迷惑或彷徨，在自己的主观经验世界里储存着各种可利用的信息、知识和技能，并随时提取使用。善于发现和利用自己的优点，同时也能借鉴和学习别人的长处，以此来解决自身遇到的问题，增进自己行为的有效性，且不断丰富自己的经验、知识库。

2. 国内比较认同的标准

（1）智力正常　智力是人的观察、记忆、思维等能力的综合，包括在经验中学习或理解的能力、获得和保持知识的能力、迅速而成功地对新情境做出反应的能力、运用推理有效解决问题的能力等。这既是大学生学习与生活的最基本心理条件，也是评价心理健康的首要标准。心理健康的大学生具有强烈的求知欲和浓厚的探索兴趣，能够克服学习过程中的困难，保持一定的学习效率，并能从中体验到快乐和满足。

（2）情绪健康　情绪是人们以客观事物是否符合其需要所产生的态度体验。情绪在心理变化中起着核心作用，也是心理健康的主要标志。情绪稳定而乐观、善于控制与调节自己的情绪、宣泄方式合理、表达恰如其分，反应强度与引起情绪的刺激相符，富有朝气、满怀自信，对生活充满希望是大学生情绪健康的充分体现。心理健康与不健康的主要区别不在于是否产生消极情绪，而在于这种消极情绪持续时间的长短。

（3）意志健全　意志是人在完成一种有目的的活动时进行的选择、决定与执行的心理过程。意志健全者在行动的自觉性、果断性、坚韧性和自制力等方面表现出较高水平。意志健全的大学生常常能在各种活动中表现出自觉的目的性，遇事有一定的决断能力，并运用切实有效的方式解决所遇问题。在困难和挫折面前能采取合理的反应方式，能在行动中控制情绪并言而有信，而不是行动盲目、畏惧困难或顽固执拗。

（4）人格完善　人格是个体比较稳定的心理特征和总和。人格完善是指有健全统一的人格，人格完整表现为气质、能力、信念、人生观等各方面均衡发展，协调一致。人格完善包括人格结构各要素的完整统一；具有正确的自我意识，不产生自我同一性混乱，其核心是积极进取的人生观，并以此为中心把自己的需要、目标和行动统一起来。

（5）正确认识自我和接纳自我　正确地认识自己、评价自己和接纳自己指的就是自我意识明确。一个心理健康的大学生在进行自我观察、自我认定、自我判断和自我评价时，能做到恰如其分地认识自己，并能够自我接纳；面对挫折与困境时，能够正视现实、积极进取，表现出自尊、自强、自制和自爱，这都是心理健康成熟的标志。

（6）人际关系和谐　和谐的人际关系是心理健康重要条件。人际关系和谐与否，主要表现在：乐于与人交往，既有广泛而深厚的人际关系，又能在交往中保持独立而完整的人格；能够以尊重、信任、友爱、宽容和理解的态度与他人相处，客观地评价自己和他人；能够与集体保持协调的关系、懂得分享，并保持积极的交往态度。

（7）社会适应正常 适应能力是衡量心理健康的主要指标。个体既能进行客观观察以取得正确认识，和社会保持良好的接触，并以有效的办法应付环境中的各种困难；又能根据环境特点和自我意识的情况，努力进行协调或改造环境，以适应个体需要或改造自我适应环境。其思想和行为都能跟得上时代发展的步伐，与社会要求相符合。当发现自己的需求和愿望与社会需求发生矛盾时，能迅速进行自我调节，适应社会变化、与社会保持协调一致。

（8）心理行为符合大学生的年龄特征 大学生是处于特定年龄阶段的特殊群体，应具有和年龄与角色相适应的心理行为特征，即具有与同年龄多数人相符的行为特征。心理行为是否符合年龄特征是观察个体心理是否健康的外在表现。通常表现为精力充沛、勤学好问、反应敏捷和喜欢探索等。

3. 对心理健康标准的认识

（1）心理健康的标准目前没有统一 综上所述目前还没有一个统一的心理健康标准。因而不要机械地套用一个指标进行判定，而要综合考虑。

（2）对心理健康与否应辨证认识 心理健康是一个连续变化的过程，心理健康与不健康不是泾渭分明的对立面。从良好的心理健康状态到严重的心理疾病之间有一个广阔的过渡带。在许多情况下，异常心理与正常心理没有绝对的界限，只是程度的差异。

（3）心理健康具有变动性 心理健康与否只能反映一个人，在某一段时间内的状态，并不是其一生的状态，是动态的变化过程。当一个人暂时处于心理不健康状态时，并不意味着永远不健康，这与我们得一次感冒很相似。随着人的成长、经验的积累、环境的改变，心理不健康的状态也会改变，并随着逐渐调整而最终趋于健康。另外，对多数大学生而言，不健康的心理可能是人的发展中不可避免的发展性问题，不必过于恐惧。

知识链接

心理健康运动的先驱比尔斯

比尔斯（1876~1943）出生于美国康涅狄格州，18 岁就读于耶鲁大学商学院。1900 年，在比尔斯 24 岁时，他精神失常、跳楼自杀未遂，被送进精神病医院。在住院的 3 年间，他经历了当时精神病院中种种非人的待遇，目睹了病友们遭受的不可言状的痛苦、不胜悲愤。在住院期间，他曾多次写信给州长，揭发精神病院虐待患者的情况，但被置之不理。有感于社会对心理异常者的歧视、偏见、冷漠，病愈出院后，他立志把自己的余生献给精神卫生事业，但响应者甚少，许多人仍把他视为精神病。于是，他将自己住院 3 年来的亲身经历和体会，以生动的文字写了一本书——《一颗自己发现的心》。美国哈佛大学心理学教授威廉·詹姆斯对该书给予高度评价，并为此书作序。1908 年 3 月该书出版，在美国引起了巨大轰动，一连再版 8 次。康奈尔大学校长列文斯通·法兰等名人也被此书感动，纷纷支持比尔斯。于是，1908 年 5 月，世界上第一个心理卫生组织“康涅狄格州心理卫生协会”在比尔斯的家乡诞生。1909 年 2 月，在比尔斯等人的积极努力下，“美国全国心理卫生委员会”在纽约成立，比尔斯任顾问。此后，心理卫生运动不仅在美国发展迅速，而且扩展到世界各国。1930 年世界永久性的组织“国际心理卫生委员会”诞生，比尔斯是积极参与者，也心理健康运动的开创者。

扫码“学一学”

第二节　大学生常见心理健康问题

一、主要心理问题

大学生活正是心理行为最活跃的时期，在此期间要构建自己独立、成熟的内心世界。成长的困惑、学习的压力，加上社会正处在转型与变革的时代背景下，使大学生的心理问题增多。目前大学生常见的心理问题大致有以下几个方面。

1. 适应问题　主要是指大学生对新的环境及生活不能从心理上很好地适应。调查显示，对大学生活感到不适应的比例约占25%。适应问题主要出现在大学生新入学阶段，首先是生活上的不适应，大学生从一个熟悉的地方来到一个陌生的城市，远离亲人独立生活，会感到难以应对。其次为心理上的不适应，初入校门，良好的人际关系还未建立，新的目标尚且模糊，因而感到迷茫、困惑甚至无助。

2. 学习问题　大学阶段的主要任务是学习，但大学阶段与中学阶段的学习方式等有很多不同，主要依靠同学的自觉学习，需要自己制订与所学专业相适应的学习计划。由于学习习惯的变化，学习目标的暂不明确，缺乏学习动力，对专业了解不全面等原因，在学习过程中有的学生感到无所适从。

3. 人际交往问题　目前，大学生人际交往存在三种问题：不愿交往、不敢交往、不会交往。第一种是认为人与人之间不需要交往；第二种是缺少自信，怕被拒绝，不敢与人交往，形成较强的心理冲突；第三种则是希望与人交往但交往技能缺失，出现交往过程受挫。大学生在大学阶段提高人际交往能力，以备将来立足社会之需是很有必要的。一些大学生由于性格和交往能力的局限性，不敢交往和不善于交往，导致人际关系不良，心理上孤独、情绪上压抑，从而产生心理障碍，还可能导致极端行为的产生。

4. 恋爱与性心理问题　大学生的性发育基本成熟，感情处于冲动期，若能处理好恋爱与学习的关系，不会引发太多的心理冲突，但由于此方面知识欠缺，加上其他因素的影响，少数大学生对性心理和恋爱方面的问题不能正确认识和解决，于是陷入困惑之中。大学生中常见的恋爱问题有单恋、暗恋和失恋等，由此也带来情绪冲动、内心痛苦，甚至引发犯罪问题。

案例：北京某高校大三学生崔某被利器砍死。事后，死者的一名同学赵某被警方带走。据了解，此前两人曾是要好的朋友，由于都追求同一名女生而导致关系紧张，还曾因此产生矛盾、大打出手。当问及为什么要杀害崔某时，赵某说：“我得不到的别人也别想得到。”这种暴力犯罪产生的根源是恋爱中的嫉妒心理。赵某就是因自己求爱失败、好友成功而生妒恨，由此滋生出越来越多的矛盾，最后升级为暴力犯罪，害了别人的同时也断送了自己的前程。

5. 择业问题　自我国高校扩招以来，大学生面临着较大的就业压力，由此也引发了大量的心理问题，在即将毕业的学生中尤为显著。许多大学生在毕业前或毕业后没有找到合适的工作，心理问题凸显出来，他们焦虑、怀疑甚至怨恨，若家庭经济困难，则会成为加剧因素。

6. 其他心理冲突 大学生常见的心理冲突主要有以下几个方面。

（1）交友与防范的心理冲突 大学生一般远离亲人、渴望交友、乐于群体活动，但总有同学带有试探和防范的心理，这就产生了交友与防范的矛盾。

（2）独立与依赖的冲突 伴随生理逐渐成熟，大学生独立意识增强，渴望摆脱家庭和老师的束缚，但他们缺乏独立生活的经验，还不能真正靠自己的力量来独立解决生活中遇到的一些问题，尤其是经济尚不能独立。由于心理成熟滞后于生理成熟，不能恰当处理社会交往中的各种关系，一时难以摆脱对家庭、老师的依赖，不可避免地造成独立与依赖的矛盾。

（3）自信与自卑的冲突 一般情况下大学生群体是相对自信的群体，但种种原因又容易产生自卑心理。如所考学校不理想，自己认为外在或内在条件欠佳，致使有些同学怀疑自己、否定自己，产生自卑感和挫折感，表现为自我评价过低、丧失信心、悲观失望、不求进取等。

心理阅读

打开自己的宝藏

很多时候都是这样：人们往往赞不绝口地夸奖别人的优点，或感到自己确实不如人，却忘记了自身其实也具备许多优秀的品质，自己也可以像别人一样，拥有一份令人艳羡的荣誉。

所以你必须学会打开自己的宝藏，发挥自己的特长，把自己的伟大之处也摆在人生的桌案上。

每个人都有自己的特色，每个人都有其独特的魅力，有人歌唱得好，有人舞跳得棒……每个人都有自己的宝藏，完全可以挖掘下去，找到闪光的金子。

很多人虽然发现自己确实存在宝藏，但由于怯懦和自卑，不敢去开采，结果宝藏慢慢就被时光的灰尘掩埋了，以至于被压得越来越深，最后竟看不到一点光彩。

找到你的宝藏，然后再去琢磨、努力，把蒙罩在珠宝上的灰尘拭去，让它发光，让它闪亮，让世人发现你独到的美丽和独有的光芒，那时你就打开了你自己的宝藏。

（引自《精美散文》，作者：他他）

（4）竞争与求稳的冲突 大学生竞争意识较强，渴望在平等条件下参与竞争以充分发挥自己的能力，实现自己的奋斗目标。他们对那些投机取巧、靠侵害别人利益获取好处的行为深恶痛绝，但在实际竞争中又怕风险，抱怨竞争的残酷性，出现求稳的心态。竞争与求稳的冲突在择业时表现得尤为突出。

（5）性生物性和性社会性的冲突 大学生性生理已成熟，有了性的欲望和冲动。然而，由于受社会道德、法律、校纪等方面的制约，性冲动受到压抑。一般大学生通过学习、工作、文体活动和社交活动等途径，可使之得到某种程度的转移和升华，但也有一部分学生由于缺乏性知识，对性问题有偏见，性冲动得不到正常的转移，久而久之造成性冲动与性压抑的尖锐冲突。

二、大学生不同时期的心理问题特点

1. 适应期 由于大学期间仍处于发展时期，不同时期其心理问题的特点也有所不同。

处于适应期的入学新生，此时突出的主要问题：如何适应大学新生活、建立起新的人际关系。有调查显示：在新生中有适应不良和人际交往问题的占68.7%，其心理矛盾主要是自豪感和自卑感交织、新鲜感和恋旧感交织、轻松感和紧张感交织、奋发感和被动感交织。这个时期一般是在一年级。

2. 发展期 当新生适应了大学生活，建立起新的心理平衡后，大学生进入相对稳定的时期。这是大学生成才定型的关键时期。这一时期，大学生大多自信心和竞争意识有所增强，此时突出的心理问题：学习目标的树立、学习态度、学习方法的掌握及学习心理结构的形成。这个时期是大学生人生观形成的时期，也是实现教育目标的关键时期。这个时期一般是在二年级。

3. 成熟期 大学生经过3~4年的生活和学习，世界观、人生观逐步形成，心理逐渐成熟，心理特点与成人的心理特点有许多相近之处；这个时期又是大学生从学生生活向职业生活过渡的阶段，又要面临新的心理适应，求职择业中双向选择的压力使大学生的心理又掀起波澜，其心理特点主要是有紧迫感、责任感和忧虑感。

三、大学生心理问题的原因分析

大学生出现心理问题的原因可概括为大学生自身的内在原因和外部环境因素两方面。

1. 内部原因 主要为部分大学生耐挫折能力相对较低。学习压力、老师态度、父母代沟、同伴矛盾、就业压力、经济压力、人际关系及个人价值都会带来挫折。当大学生以一个独立的个体进入大学校园时，就意味着要独立承担责任、应对压力和挫折，但由于多数大学生为独生子女，部分同学一直处于过度的家庭保护状态，经受挫折较少，其耐挫折能力相对不足。根据笔者自行设计的调查显示：在抽查的“00后”1200名新生中，61.2%的新生遇到逆境需要相当时间才能振作，28.5%的新生表示应对逆境弹性极佳，10.3%的新生表示容易被逆境打倒。数据表明：大多数“00后”大学生心理素质偏弱，抗挫折能力明显不足而引发大量情绪问题，如：焦虑、抑郁、愤怒等。另外，处于这一年龄阶段的大学生，心理尚未成熟，缺乏人生经验也是引发心理冲突的内部原因。

2. 外部原因 引发大学生心理问题的外部原因相对复杂，主要来自家庭、学校和社会等方面。家庭对孩子的影响是长远和重要的。家庭教养方式对大学生的影响尤为突出，部分大学生在祖辈、父辈的过分呵护、溺爱中长大，导致他们任性、敏感、以自我为中心，抗挫折能力弱，容易引发心理问题。学校方面的原因主要有大学的学习方式要求学生主动性强，能够自我控制，并对时间进行有效管理，很多学生不适应大学的学习生活而产生心理问题；再者，学校中有形、无形的竞争也易使学生产生一些负性情绪。在社会层面，外界的诱惑越来越多，价值取向的模糊性极易使大学生产生心理冲突，另外，随着扩招带来的大学生人数不断增加，他们不仅已不再有天之骄子的感觉，而且要面临激烈的就业竞争，这同样会引发大学生的心理问题。

扫码“学一学”

第三节　大学生常见心理问题的解决方法与途径

解决大学生心理健康问题必须采用综合措施，全方位地利用一切有效途径和方法，提高大学生心理健康水平，主要方法与途径如下。

一、针对常见问题的解决方法

1. 改善角色认知、积极适应 通过入学教育等方法确立大学新生正确的角色认知，重点在于让刚进大学校园的新生能够尽快地适应新的生活环境。新生入学后，生活环境有很大的改变，为避免适应障碍，有必要让他们明确自己的角色转换，帮助大学新生挖掘潜能，适应新的学习环境和学习方式，让大学生感受到生活的目标、学习的意义，获得深刻的幸福感和快乐体验。

2. 培养良好的心境和积极的情感体验 针对情绪问题，提供情绪管理方法，提倡情绪稳定、乐观积极，使学生了解情绪的影响因素及管理方法，理解人与人之间的差异，在差异中寻求积极因素，获得积极的情感体验。

3. 增加学习动力、体会快乐学习 学习对于高校大学生而言已经不再是唯一任务，但仍然是主要任务。务必让学生学会如何学习，如何掌握正确的学习方法和技能，优化和调节自己的学习过程，增加学习动力，提高求知欲及学习兴趣，树立积极的学习态度，调控学习心态；让学生了解自身的认知发展规律、特点及自身认知发展水平，通过常规或特殊指导及榜样力量，帮助学生挖掘自身的学习优势。

4. 倡导人际和谐、提高交往能力 在大学生心理健康教育中可使用团体人际辅导等方法使学生有意识地掌握人际交往的特点和规律，掌握一定的交往技巧，理解在群体中能让自己生活得更幸福，培养乐观向上的心理品质，学会接纳包容，建立积极的社会关系。

5. 职业选择心理健康教育 促使大学生了解自己的职业兴趣、能力倾向、职业价值观，了解自我职业取向和就业意愿，为其职业选择提供参考。可结合职业指导课程进行心理健康教育。

6. 树立正确恋爱观 大学生有被人爱和爱别人的心理需求。爱别人意味着付出和责任，要做好充分的两手准备，大学生不是一个成熟的群体，心理状态在变动中，对于可能的改变要冷静，尊重别人也尊重自己，接受他（她）原本的样子而不是力图改变对方，对于这一问题的理解可通过讲座及个体心理咨询的方法深入进行。

心理阅读

世界不同于想象，接受我们的生活就如它应该呈现的样子。我知道自己满身缺点和瑕疵，却仍有人愿意爱我、包容我，使我更有勇气面对那些冷酷的时刻。这世界确实不同于我们的想象，我们因此学会了珍惜与感谢。

——张曼娟《世界不同于想象》

如果我们爱一个人，我们就是爱他那个样子。我们不想影响他，……宁愿放弃这个爱人，也不要改变他，不管那是一种善意还是一种控制。

——亨利·皮埃尔·罗什

7. 针对心理冲突，进行有效的自我调控 指导学生进行自我调控，是心理健康教育经常使用的方法。人本主义心理学家马斯洛在研究人的自我实现时，有针对性地提出调控自我的几点建议：①把自己的感情出口放宽，莫使心胸像个瓶颈；②在任何情境中，都尝试从积极乐观的角度看问题，从长远的利害做决定；③对生活中的一切多欣赏、少抱怨，有不如意之处设法改善；④坐而空谈不如起而实行；⑤设定积极而有可行性的生活目标，然后全力以赴求其实现，但不能期望未来的结果一定不会失败；⑥对是非之争辩，只要自己认清真理正义之所在，即使违反众意也应挺身而出，站在正义一边、坚持到底；⑦莫使自己的生活僵化，为自己在思想与行动上留一点弹性的空间，偶尔放松一下身心将有助于自己潜力的发挥；⑧与人坦率相处，让别人看见你的长处和缺点，也让别人分享你的快乐与痛苦。

帮助大学生提高调节自我、克服困难的主观能动性，提高意志行为水平，使学生不为偶发诱因所驱使显得尤为重要。人人都是自我心理的调适者，人人都有积极的心理潜能，都有自我向上的成长能力，面对挫折和障碍具有自我恢复和康复的功能。

二、方法实现的途径

1. 多种形式开设心理健康教育课程 通过开设大学生心理健康教育课程，系统地传授大学生心理健康知识。在教学模式上要努力拓展、采用多种形式进行。单纯讲授心理健康课程，师生双方缺乏教学热情和互动，缺乏愉快的情感体验，还可能使学生养成被动的性格及缺乏求知的主动性、积极性和创造性。如何使学生的求知过程变成积极主动的行为过程，使教育过程成为师生获得积极的情感体验的过程，力求学生在心理健康课程中有积极的情绪体验已成为心理健康教育的重要课题。

课程不仅有认知的发生，更有情感的体验，情感不仅是一种重要的学习气氛，本身也是教学最重要的组成部分。大学生心理健康教育课程具有实践性、互动性、体验性的教学性质，需要师生较多地互动，改变缺乏人文关怀的单纯知识传授的教学方式，采用双向的、互动的、积极开放式的教学模式。学生在课程中以角色扮演、问题讨论、活动体验等多种学习方式领会知识、探讨问题，在轻松、和谐的气氛中学习掌握自我成长的方法，将认知提高与活动体验、反思建构有机结合，将一系列专题的心理健康知识寓于情感体验、交往互动、反思领悟和行为训练中（图 1-1）。

图 1-1　学生自主体验课堂

2. 开展心理问题专题教育 心理学理论是关于人的本性的一般理论。对大学生常见心理问题开设专题教育，一方面，可把大学生常见的心理问题分成几个板块，对这几个板块开展专题教育，如大学生适应性教育、大学生学习方法教育、大学生人际交往教育、大学生恋爱和性心理教育及大学生就业教育等。另一方面，高校还可针对不同年级学生易出现的心理问题，开设针对性心理健康专题教育，帮助学生认识不同时期可能出现的心理问题，寻找正确的解决办法，如针对入校新生可以“从中学到大学的新生心理适应”为题，考试期间可以“考试焦虑及其消解”为题，针对大学生的恋爱问题则可以“大学生恋爱面面观—学会爱的艺术”为题，毕业生离校前则可以“走上社会必需的心理准备”为题等。这类讲座对象明确、针对性强、一般较受欢迎，学生可学到基本的心理健康知识。

3. 开展心理咨询，使大学生学会主动求助 使大学生了解心理咨询的基本知识，学会求助、寻求专业帮助。本章第四节设有心理咨询专项内容介绍，可供参考。

4. 对特殊群体予以特别关注 针对大学校园中的特困生等特殊群体，首先要构建有助于特困生成才的社会保障体系，目前国家有很多相关政策用以解决这一社会层面的问题；其次要构建有助于特困生成才的校园文化保障系统，尽量帮助他们减轻压力；最后还要构建有助于特困生心理健康的自我保障系统，自我的强大才是最终抵御外界困难的重要力量。

5. 建立心理危机预防和干预体系 建立宿舍、班级、学校不同级别的心理危机预防和干预体系，充分发挥学生自主监控机制，一旦发现心理危机事件，及时通知专业人员。密切关注学生异常心理、行为，有针对性地帮助学生解决心理困惑，并在专业人士指导下进行及时干预。建立学生心理健康档案，对有心理问题的学生及时提供心理辅导。

6. 心理健康教育模式多样化 善于整合学校的教育资源。充分利用校园网络、微信平台、校刊、广播及学生组织的交流刊物等各种方式进行心理健康教育，增强大学生心理保健的意识，增长心理健康的知识。每年在宣传 5 月 25 日“我爱我”日、10 月 10 日“世界精神卫生日”的前后，可通过放映心理电影、排演心理剧、阅读疗法、组织团体训练、专题讲座和心理图片展等形式关注大学生心理健康教育，兼顾积极心理品质的培养与问题的消解，充分发挥学生的主动性与创造性，注意学生的自我体验。大学生心理健康教育可将课堂教育、课外活动、心理咨询、校园心理文化建设等方面有机结合；建立心理健康教育的网络化平台，借助互联网开创心理健康教育的新模式。

采用互助、自助式教育进行大学生心理健康教育。通过各种行为、彼此有意识地施加心理影响，使参与者的心理素质向积极方向发展变化。在此过程中学生可通过各种方式满足自己的心理需求、促进心理发展、维护心理健康。采取互助式教育有利于大学生情绪的唤起和情感共鸣，达到“助人自助”的教育目标。在教育中要始终以大学生为中心，注重学生主体活动的主动性、参与性，协助、启发大学生的思考，使心理健康课成为大学生情绪调节、情绪体验的过程。自助方式：自助式心理暗示，即通过自我对话、写日记等方式对自己进行积极的心理暗示；自助式心理激励；自助式心理辅导，即让每一个学生在寻求辅导的同时都充当辅导者；自助式心理训练；自助式心理社团，即心理社团在开展活动的过程中，学生自己提出问题并解决问题，有利于提高心理健康教育的针对性和实效性。

7. 对教职员工进行心理健康知识教育 教师的心理健康对学生的影响很大。如教师人格不健全、情绪不稳定、喜怒无常，必然影响人格尚未定型的学生。教师的人格和心理健康状况，甚至比其专业知识的传授更为重要。学校有必要通过讲座、讨论、宣传等方式，提高教师的心理健康水平，为学生成长提供良好的校内健康环境。

8. 多层面大学生心理健康教育 心理素质不是单一的构成物。从内容结构上看，它是由认知、情感、意志、个性等心理品质构成的。这些心理品质经过不同方式的组合，又可外化在学生活动的不同领域，使之加上一些新的特点，表现为学生适应性的不同。如：学习适应性、交往适应性、职业适应性差异。大学生心理健康教育的目标不应只关注学生课程考试压力、恋爱问题、就业压力等，应具有多层面性，因而，还应关注幸福感、满意度、自我效能、诚实、乐观等积极指标（图 1-2）。心理健康教育要求学生学会修身养性、增强自我教育能力，矫正不良个性品质、促进个性的完善，培养学生对自己、他人、集体的良好态度与行为反应。

图 1-2　乐观情绪的培养

9. 构建大学生社会支持系统　长期以来，高校大学生心理健康教育往往将学生出现的心理问题归咎于专职教师、专职机构，只是简单的单打独斗，并没有主动联合家庭和社会形成家庭、学校、社会紧密联系，共同协作，三位一体的促进高校大学生心理健康发展的社会支持系统。人及其经验在环境中得到体现的同时，环境又在很大程度上影响人，家庭影响、文化规范、社会关系等都能够支持和发展人的能力及长处。学生所处的环境由家庭、学校、社会共同组成，创造良好的社会支持系统有赖于三者的共同努力和通力合作。三者只有共同发挥各自的资源优势，才能为学生心理健康发展创建和谐的心理环境，另外，也希望大学生能够自觉建立社会支持系统，以保障自己的心理健康。

知识链接

社会支持是你生活中的重要部分吗?

你如何描述自己的生活？花点时间写下你的生活是如何发展到目前状况的。你生活中的重大事件有哪些？你认为什么对你很重要？现在再回头看看，你写下的文字里有多少次提到过他人？

心理学家莎拉·帕斯曼（Sarah pressman）和谢尔顿·科恩（Sheldon Cohen）精确地做出了统计。他们查看了 96 位心理学家和 220 位作家的自传，计算作者提及的社会关系。然后，他们将提到的社会关系的次数与作者的寿命进行相关分析。结果发现，这些自传中用到的社交词语数量预测了作者的寿命。为什么会这样？帕斯曼和科恩解释说："自传中使用的社交词语是对作者希望与这些人发展社会关系的一种间接测量。正如我们所看到的，良好的社会关系与长寿有关。因此，自传中提及的重要社会关系在一定程度上是作者积极体验社会支持以及最终享受健康和长寿能力的一种反映。"

［引自《健康心理学》（第 7 版），作者：Shelley E. Taylor］

10. 面向未来的大学生心理健康教育　大学生心理健康教育的目标应面向未来，体现学校心理健康教育的发展性特点。所谓面向未来是指既要考虑今天的需要、适应今天的环境，还要关注大学生未来的适应与发展；不能简单地认为学生心理暂时不出现问题，其心理就是健康的，要考虑未来社会对人才心理素质的需求，考虑潜伏在学生成长过程中的心理危机，做到以预防为主，并发展有助于未来的积极的心理特征和心理品质。

扫码"学一学"

第四节　大学生心理咨询

解决大学生心理问题采用的方法首推心理咨询。因此，有必要将心理咨询的常识性知识加以简单介绍，使大学生了解心理咨询的实质，避免担心与误区，以便需要时及时进行求助。

一、心理咨询的含义

心理咨询是指心理咨询师就访谈对象（来访者或叫求助者）提出的心理问题或想加以矫正的行为问题，运用相应的心理学原理，借助一定的技术手段与来访者一起分析、研究和讨论，揭示引起心理障碍的原因，找出问题的症结，探索解决问题的可能方法和途径，共同协商出摆脱困境的对策，最后使来访者增强信心、克服障碍、提高社会适应能力，维护心理健康的过程。

知识拓展

弗洛伊德及其精神分析学说

西格蒙德·弗洛伊德（Sigmund Freud，1856~1939），精神分析学派的创始人，1856 年出生于摩拉维亚，后举家迁往维也纳。1938 年，因德国法西斯入侵奥地利被迫迁居伦敦，并于 1939 年在那里去世。

1873 年，弗洛伊德进入维也纳大学医学院，1881 年获医学博士学位，在大学期间，他曾做过神经生理学家布吕克的学生，并与医生兼生理学家布洛伊尔有良好关系。

1885 年 8 月，受布吕克教授推荐前往巴黎，跟随擅长使用催眠治疗的夏尔克学习，夏尔克的理论和方法给了弗洛伊德很大启示。弗洛伊德在用催眠方法治疗患者时发现：在催眠状态下患者的想法与现实大不一样，之后弗洛伊德发现让患者在放松状态下进行自由联想，也能获得与催眠状态下相同的效果。

1895 年，弗洛伊德与布洛伊尔共同发表了心理分析学的第一份个案报告——安娜·欧案例。同年弗洛伊德发表了《癔病的研究》，这本书被看作精神分析的奠基之作。1900 年《梦的解析》出版，书中提出梦是无意识的欲望和儿童欲望的伪装的满足；俄狄浦斯情结是人类普遍的心理情结；儿童具有性爱意识和动机。

1909 年，受美国克拉克大学校长霍尔之邀，弗洛伊德参加该校 20 年校庆和举办系列讲座，他自己本人也被授予名誉博士学位。这标志精神分析理论自此赢得国际承认。他一生中对心理学的最重大贡献是对人类无意识过程的揭示，提出了人格结构、人格发展等理论。

弗洛伊德认为意识是分层次的，它包括意识、前意识和潜意识三个层次，意识是自己能察觉的心理活动，它属于人的心理结构的表层，感知着外界现实环境和刺激，用语言来反映和概括事物的理性内容。潜意识又称无意识，则是在意识和前意识之下受到压抑的没有被意识到的心理活动，代表着人类更深层、更隐秘、更原始、更根本的心理能量。由于潜意识具有原始性，不同于社会理性，所以被压抑在意识阈下，但并未被消灭。正是这些东西从深层支配着人的心理和行为，成为人的动机和行为的源泉。前意识处于意识和潜意识之间，它可以被召回到意识层面，也可以被压抑到潜意识层面。

弗洛伊德的人格结构结构理论认为人格分为三部分，最底层为本我，是一种与生俱来的动物性的本能冲动，遵循快乐原则。中间为自我，它是从本我中分化出来受现实陶冶而渐识时务的一部分。自我充当本我与外部世界的联络者与仲裁者，并且在超我的指导下监管本我的活动，它能根据周围环境的实际条件来调节，本我和超我的矛盾代表的就是通常所说的理性或正确的判断。它按照“现实原则”行动，既要获得满足，又要避免痛苦。

最上一层是超我，即能进行自我批判和道德控制的理想化了的自我，它是儿童在生长发育过程中社会尤其是父母给予的赏罚活动中形成的。它主要包括两个方面：一方面是平常人们所说的良心，代表着社会道德对个人的惩罚和规范作用，另一方面是理想自我，确定道德行为的标准。超我的主要职责是指导自我以道德良心自居，去限制、压抑本我的本能冲动，而按至善原则活动。

弗洛伊德的人格发展理论又称性心理发展论，以身体不同部位获得性冲动的满足为标准，将人格发展划分为五个阶段，分别为口唇期、肛门期、性器期、潜伏期和生殖期。精神分析疗法的主要治疗技术有自由联想、释梦和移情等。

二、心理咨询的基本原则

为保证心理咨询工作能够顺利、有效地开展，以及更好地协助来访者解决心理问题，从来访者利益出发，咨询师必须遵循一些心理咨询的基本原则。

1. 保密原则 心理咨询中最为重要的原则。它既是咨询双方确立互相信任的咨询关系的前提，也是咨询活动顺利开展的基础。这一原则要求在没有得到对方同意的时候，咨询者不得将在咨询场合下对方的言行随意泄漏给任何人或机关。在公开案例研究或发表有关文章必须使用特定来访者的有关个人资料时，必须充分保护来访者的利益和隐私，并使其不至于被他人对号入座。任何涉及可能使得来访者资料外泄的情况，都要注意征求来访者的同意或授权。在咨询过程中如需做笔记或录音录像，必须征得来访者许可，且假如事后来访者反悔，则应按照其要求随时删除相关资料。

保密原则也不是绝对的，即保密原则存在例外。例如：对有明显自杀意图或明显危害公共安全动机的来访者，咨询师应本着生命和安全第一的人道主义原则，考虑打破保密约定，防止自杀或危害他人的情况出现。打破保密原则的条件是事先固定下来的，在咨询前期要明确告知来访者。

2. 时间限定原则 心理咨询必须遵守一定的时间限制，一般规定为每次 50 分钟左右（初次咨询可适当延长），原则上不能随意延长咨询时间或间隔，其主要原因如下。

（1）事先对咨询时间予以限定，可让来访者有一定的安全感，能够充分珍惜、有效地利用这一时间。

（2）作为日常生活中成长的刺激物，一般情况下，咨询次数为一周一次或两次比较普遍。这样可使来访者在间隔期间充分回味咨询时的体验，将其作为自身走向适应的、成长的促进剂。因此，一次两小时的咨询不如一次一小时分两次咨询的效果好。

（3）可促使来访者进行现实原则的学习，要让来访者知道咨询者也有自己的生活，除自己外，还有其他人也要寻求咨询者的帮助，自己不能随心所欲，也不能仅为自己着想。这样一些体验学习的意义，促使来访者从咨询中的快乐原则转移到现实原则而得以成长。

（4）促使来访者产生分离的体验。人生是一个分离的连续过程，与母体的分离与家庭的分离（入学、结婚）、与孩子的分离（孩子的成长、结婚）、与配偶的分离（离异、死别）、与工作的分离（离职、退休）等。这一系列的分离有些是痛苦和伤感的，但从某种意义上讲，也含有成长的意思。因此，限定一定时间，让来访者重复分离所带来的伤感和复杂体验，可促进其健康成长。

咨询时间的限定也不是绝对的，也应根据现实情况灵活掌握。根据来访者的病理状态、心理发展程度和年龄大小，适当调整限定时间或间隔、增加或减少咨询次数。

3. 自觉自愿原则 寻求帮助的来访者必须完全出于自愿。这是确立咨访关系的先决条件，没有咨询愿望和要求的人，咨询师不应主动找求助者并为其心理咨询，只有自己感到心理不适而为此烦恼，并愿意找咨询人员诉说烦恼以寻求咨询的人的心理援助，才可能收到好的效果。

某些情况下，当事人自身并无咨询意愿，但迫于父母或老师、辅导员的压力而来心理咨询。这一类来访者往往自闭倾向较强，并具有较强的抵抗情绪和自我防御，不愿意谈论实质性问题。咨询者不能排斥这种迫于他人督促前来求询的来访者，需要付出比对待一般人更多的辛劳，才能够让来访者消除抵触情绪、转变被动态度，最终建立起良好的、信任的咨访关系而展开咨询活动。

另一些情况是由他人代替当事人前来进行心理咨询。这种情况很难开展有效的咨询。因为心理咨询是与当事人进行谈话，以便帮助其解决存在的心理问题，代替者不能很好地理解和表达当事人真正的意愿，这种越俎代庖的行为很难达到预期效果。

4. 避免双重关系原则 双重关系是指咨询师和来访者之间存在除咨访关系之外的其他关系。如：朋友关系、熟人关系、恋人关系、家人关系等，这种双重关系应竭力避免。另外，最初咨询中若不存在双重关系，某些行为也应力戒，如一起吃饭、经常通电话联络等。它将损害咨询效果，损害来访者利益。咨询师不能过密地与求助者进行私人接触，甚至发展为过密的朋友关系，这将使咨询师不再能够保持中立、失去客观判断的能力，最终损害来访者的利益。

5. 重大决定延期原则 心理咨询期间，由于来访者情绪不稳，原则上应规劝其不要轻易做出诸如退学、转学、确立或终止恋爱关系等重大决定。在咨询结束后，来访者情绪得以安定、心情得以整理之后做出的决定，后悔或反悔的比率明显减小。这点应在咨询开始时予以告知。

对于有强烈自杀意愿的来访者，咨询师应依靠精神科医生或接受精神科医生的指导进行咨询为好，必要时也可得到其他有关人士的协助。针对此类咨询活动必须慎重进行，以免发生意外。

对因为特殊原因办理转学或退学不得不终止咨询的学生，咨询者需要在咨询时与来访者开诚布公地就现在面临的问题及今后的打算进行细致的讨论，必要时可通过来访者（学生）与学校、家长建立联系，以共同促进来访者的成长和问题的解决。

6. 伦理原则 心理咨询活动必须受一定伦理规范的约束。这是心理咨询所必须坚持的重要原则。其伦理规范主要表现为对从事心理咨询工作的咨询人员、团体的伦理要求。《中国心理学会临床与咨询心理工作伦理守则》对心理咨询中的伦理问题从以下七个方面做了解释：①专业关系；②隐私权与保密性；③职业责任；④心理测量与评估；⑤教学、培训和督导；⑥研究和发表；⑦伦理问题处理。

三、大学生心理咨询的意义和特点

1. 大学生心理咨询的意义

（1）是解决大学生心理问题的主要方式　大学生作为一个特殊群体，心理问题具有特殊性。大学生常见的心理问题主要有学习心理问题、人际关系问题、恋爱问题、性心理问题、神经症性问题等。心病还需心药医，心理咨询工作是解决大学生各种心理问题的主要方式。通过心理咨询，通过专业人员的指导分析心理问题产生的原因，并提出可行的解决方法。大学生还可以在心理咨询师的帮助下，利用咨询中习得的方法，经常进行心理自查，对发现的心理问题及时进行调适和纠正。

（2）有助于解决学习生活中的问题，缓解心理压力　当代大学生中存在较强的压抑感，主要表现为孤独、苦闷、自卑、心理压力大。其引起的原因各有不同，有的大学生由于离开家庭，个人在生活上有一种无助感；部分大学生由于个人感情问题，如恋爱受挫，有一种失落感；有的大学生对大学生活期望太高，当现实不能满足时感到压抑；有的大学生存在厌学情绪，对学习本身失去兴趣或对学习的目的产生怀疑；有的大学生面对当前的社会就业压力，对未来就业前途感到渺茫。由于大学生对所承担的学习任务或社会责任感觉困难，所以心理压力剧增。心理咨询可帮助大学生解决大学学习生活中的问题，缓解心理压力。心理咨询能有效地帮助大学生在面临挫折时，学会调动自身的积极因素或学会寻求社会支持，寻找到更为积极、有效的应对挫折的方法，进而减少焦虑的情绪，保持身心的相对稳定和平衡。

（3）有助于建立和谐的人际关系，更好地适应学校及社会环境　人际关系紧张往往是大学生最常遇见的问题，也成为他们主要的压力源，其表现主要有缺少知心朋友，与人交往不畅、关系平淡，甚至存在社交恐惧等。其中，对他人的不信任是影响大学生人际关系的重要因素。不良的人际关系使他们感到压抑和寂寞，若在学习等其他压力之上合并人际关系紧张，会使身心健康严重受损。心理咨询有助于大学生学会人际交往技巧，保持健康的人际关系，乐于与人交往，能够接受他人、悦纳他人，能认可别人存在的重要性，在与他人交往中，能以尊重、信任、友爱、宽容、理解的态度与人相处，能分享、接受、给予爱和友谊，与集体保持协调的关系，能与他人同心协力、合作共事，乐于助人。在此基础上形成良好的社会适应。

2. 大学生心理咨询的特点

（1）调节与适应性　在大学校园中，来访者一般为轻度的心理问题，并不需要进行特殊矫治，而主要立足于采取调节的方法，以调动学生自身的潜能，通过学校心理咨询手段，调节学生的不良情绪反应、不良个性倾向，克服行为的轻度偏移等，从而使学生有效适应学习环境，增强解决问题的能力，获得对挫折的有效、积极的应对方式，帮助学生获得人际交往的能力，了解学习方法，合理安排自己的生活，认清并把握自己的能力、兴趣和性格特征等；增强学生生活学习的勇气和信心，进而达到对学校生活的良好适应，并为未来适应更为广泛的社会环境奠定心理素质基础。

（2）启发与教育性　心理咨询重在启发，但也应有教育性，这是学校心理咨询的特殊性决定的。因为大学生还未真正进入社会，仅仅是启发有时不能使其理解对个体长远咨询目标的认同，在这种情况下启发与教育的咨询方式应并行存在。启发是指通过咨询启发大学生获得合理的认知方式，进而建立有建设性的行为方式；教育是指学校心理咨询在深入地了解学生心理个体差异的基础上进行的个别指导。两者相辅相成，帮助学生在学习生活、人际关系处理及就业等问题上减少或有效解决心理冲突，求得心理健康成长。

四、大学生心理咨询的内容

调查发现，在咨询类别中，大多数为发展性咨询，而障碍性咨询所占比例较低，且皆为多次来访。这个结论表明学校心理咨询主要是针对发展性问题，即成长过程中遇到的困扰。因此，在高校心理咨询过程中要做的是帮助学生认识自我、接纳自我、完善自我，这些工作在课程、讲座、团体咨询等方式的心理健康教育活动中可能会取得更好的效果。个体咨询囿于其“一对一”的形式，在维护全体学生心理健康方面的效率不高，学校应该开设心理健康辅导课程、团体咨询和讲座，普及心理健康知识，培养学生自我教育能力，并且注重将心理健康教育渗透到课程中去，营造良好的校园氛围，从诸多途径提高大学生心理健康水平。

根据应激源分类，大学生的咨询人次排列在前三位的依次是人际关系、个性与人格、职业生涯规划，可见人际关系等三个方面仍是困扰大学生心理健康的最主要应激源。因此，心理健康教育工作应具有针对性，在较为集中的问题上给予更多的关注。例如开展职业生涯规划、人际关系训练等团体活动，鼓励自我探索，从个性人格等方面完善自我。

五、大学生心理咨询的主要模式——发展性心理咨询

1. 概念 发展性心理咨询（又称发展性辅导）是一种以全体学生为对象，在人本主义心理学理论的引领下，以人格结构五因素模型和毕生发展心理观等为理论框架，采用班级辅导、个别辅导、小团体辅导等多元化的辅导措施，并通过支持保障等网络系统，提供一些对学生成长必要的经验，以发展学生的自我潜能，完善个人人格为目标的活动。

发展性心理咨询根据个体个性特点和心理发展的一般规律，帮助不同时期的个体顺利地完成心理发展课题，正确面对现实，调整心态，解决心理不适，同时更好地认识自己和社会，促使个体潜能充分得到发挥，促进个体全面发展，形成健全人格。它侧重于心理发展任务，着重于某一年龄阶段的发展问题，具有群体性。重点解决正常发展过程中的困惑和矛盾，更重视对大学生发展过程中出现的障碍问题的早期发现和预防，根据学生年龄阶段的发展课题，决定咨询内容和方法。以集体咨询和小组咨询为主，以辅导教育方法为主，带有教育的性质，强调超前性和预防性。

2. 发展 20 世纪 30 年代末，世界经济发生了剧烈变化，人们生活动荡不安。学校把情绪障碍作为心理咨询的工作重点，这为学校的心理咨询的发展提供了实践基础。1942 年，罗杰斯在他的《咨询和心理治疗》一书中提出了“非指导性治疗”和“咨客中心疗法”，倡导的基本思想不是治疗患者的行为，而是依据患者进行自我探索、内省、认识和判断自我的价值，挖掘自己的潜力，认识自己的问题，改变自己的病症。罗杰斯的观点拓宽了学校心理咨询的内容，推进了学校心理咨询事业的发展，为学校发展性咨询的产生提供了理论依据。

20 世纪 50 年代，世界经济逐渐复苏，社会基本稳定，人们开始关注个人的发展，渴望自身能力得到发挥，埃里克森的人格发展理论应运而生。他认为自我意识的发展将持续一生，并把自我意识的形成和发展划分为八个阶段，每个发展阶段都包含积极和消极两方面的品质。如各阶段都能保持向积极的品质发展，就是圆满完成这一阶段的任务，实现健全的人格，否则就产生社会心理危机，导致人格不健全，给终身发展带来影响。埃里克森的

这种终身发展观为发展性咨询理论的形成奠定了基础。维格斯特认为，人生的每个阶段都是相辅相成的，如能顺利地完成特殊时期的发展课题，就会获得成就感，实现人生价值，同时促进下一特殊时期的发展课题，反之，就会影响人们的情绪，可能产生情绪障碍，影响下一时期的发展课题。他所提出的“发展课题”为以发展为主导的心理咨询理论提供了重要的理论基础。

此后，“以帮助学生最佳发展，努力排除正常发展障碍”为目标的发展性心理咨询应运而生。布洛克尔是代表人物之一，他在《发展性咨询》一书中指出，发展性咨询关心的是正常个体在不同发展时期的任务和应对的方法，特别强调各种经验应用和重视智力潜能的开发，以及各种心理冲突和危机的干预和早期预防，以便更好地帮助个体顺利完成不同发展阶段的任务。咨询的重点从重治疗、重危机干预转向重预防、重发展。学校心理咨询中这些表现有着明显的优势，也就是说，发展性咨询模式的特征特别适合于学校的要求和学校的环境。

发展性心理咨询的提出不仅是学校心理辅导，也是整个心理咨询事业发展的必然趋势。发展性咨询的提出标志着心理咨询迈入了一个重要的发展时期，即由重障碍、重矫治的咨询模式转向重发展、重预防的咨询模式，由服务于少数人转向多数人，由少数专业人员从事的工作，发展为经过培训后，众多教育、心理、医务、社会工作者可以参与的活动，由以障碍性内容为主转向以发展性内容为主，由以消除心理障碍为目的转向以促进心理发展为目的，从而形成了现代意义上的心理咨询，并为心理咨询的发展开辟了广阔的天地。

3. 目标　促进大学生个体成长、学习和发展是发展性心理咨询的三个重要目标。发展性咨询从个人成长方面帮助大学生更好地认识自我、接纳自我、发展自我和协调自我。在学习方面不仅仅指学业上的学习，还包括使大学生会生活、会知识学习、会思考、会创造、会关心和会自我管理，这些方面均需要学习。发展是指全面的发展，包括了适应良好和心理健康，成为全面和谐发展的现代人。由此可见，心理咨询根本目标和发展性心理咨询的目标基本是一致的。

目前，大学生的主要问题集中在发展性问题上，障碍性问题、心理危机干预等在大学生中相对偏少，同时矫治的最终目的也是为了发展。因而有针对性地进行发展性心理咨询，或者说以发展性咨询为主，以障碍性咨询等为辅将有助于大学生的健康发展，从而使心理咨询的作用得到最有效的发挥。

心理训练

活动一：我是谁

1. 目的　提供一个新颖的方法来相互认识。

2. 内容

（1）向团队解释本练习的目标：通过个人选择代表自己的某一事物来达到互相认识的目的。

（2）告知他们每人在教室里找一个能够代表自己个性特征或表达自己身份的事物（可是实物也可是事先写在纸上的象征物）。

（3）让每一个参加者展示他（她）所选择的事物，并解释其所表达的含义（如：我选择了一块石头，因为它坚硬、光滑、色彩丰富等）。

3. 讨论问题

（1）你从其他参与者身上学到了什么？

（2）为何在各式各样的物品中选择了此类物品？解释其特征。

（3）你对其他参加者了解到何种程度？

4. 物质要求　教师事前要准备一些物品，或用纸写上物品的名称。

5. 时间要求　大约 25 分钟。

活动二：滚雪球

1. 目的　互相认识、互相了解；促进彼此的沟通与交流。

2. 内容

（1）介绍规则。给每位成员 2 分钟时间，思考如何以最好的方式介绍自己的名字和特点。领导者可先进行自我介绍作为示范。

（2）小组内进行认识和记忆。

（3）每组按顺时针方向，从某个成员开始介绍自己。要求：先用一句话介绍自己，句中必须包含 2 个信息，姓名及自己与众不同的特点。如：我是含蓄的杨涛。从第二个成员开始，每个成员在用一句话介绍自己时，必须从上一个人开始讲起，如：我是坐在含蓄的杨涛旁边的，活泼好动的王晴。直到所有成员介绍完毕。

（4）所有成员都介绍完自己后，领导者引导成员进行思考和讨论：当别人准确说出你的名字时，你内心的感受如何？当别人叫不出你的名字时，你的感受又如何？

心理测验

大学生心理健康状况自我测验

指导语：以下 40 道题，如感到“常常是”划“√”；“偶尔是”划“△”；“完全没有”划“×”。

1. 平时不知为什么总觉得心慌意乱、坐立不安。(　　)
2. 上床后，怎么也睡不着，即使睡着也容易惊醒。(　　)
3. 经常做噩梦、惊恐不安，早晨醒来就感到倦怠无力、焦虑烦躁。(　　)
4. 经常早醒 1~2 小时，醒后很难再次入睡。(　　)
5. 学习压力常使自己感到非常烦躁、讨厌学习。(　　)
6. 读书看报甚至在课堂上也不能专心致志，往往自己也搞不清在想什么。(　　)
7. 遇到不称心的事情便较长时间地沉默寡言。(　　)
8. 感到很多事情不称心，无端发火。(　　)
9. 哪怕是一件小事情，也总是很放不开、整日思索。(　　)
10. 感到现实生活中没有什么事情能引起自己的乐趣，郁郁寡欢。(　　)

11. 老师讲概念，常常听不懂，有时懂得快，忘得也快。(　　)

12. 遇到问题常常举棋不定，迟疑再三。(　　)

13. 经常与人争吵发火，过后又后悔不已。(　　)

14. 经常追悔自己做过的事，有负疚感。(　　)

15. 一遇到考试，即使有准备也紧张焦虑。(　　)

16. 一遇到挫折，便心灰意冷，丧失信心。(　　)

17. 非常害怕失败，行动前总是提心吊胆，畏首畏尾。(　　)

18. 感情脆弱，稍不顺心就暗自流泪。(　　)

19. 自己瞧不起自己，觉得别人总在嘲笑自己。(　　)

20. 喜欢跟比自己年幼或能力不如自己的人一起玩或比赛。(　　)

21. 感到没人理解自己，烦闷时别人很难使自己高兴。(　　)

22. 发现别人在窃窃私语，便怀疑是在背后议论自己。(　　)

23. 对别人取得的成绩或荣誉常常表示怀疑，甚至嫉妒。(　　)

24. 缺乏安全感，总觉得别人要加害自己。(　　)

25. 参加春游等集体活动时，总有孤独感。(　　)

26. 害怕见陌生人，人多时说话就脸红。(　　)

27. 黑夜行走或独自在家有恐惧感。(　　)

28. 一旦离开父母，心里就不踏实。(　　)

29. 常怀疑自己接触的东西不干净，反复洗手或换衣服，对情节极端在意。(　　)

30. 担心是否锁门和可能着火，反复检查，经常躺在床上又起来确认，或刚出门又返回检查。(　　)

31. 站在经常有人自杀的场所、悬崖边、大厦顶、阳台上，有摇摇晃晃要跳下去的感觉。(　　)

32. 对他人的疾病非常敏感，经常打听，生怕自己也身患相同的疾病。(　　)

33. 对特定的事物、交通工具（电车、公共汽车等）、尖状物及白色墙壁等稍微奇怪的东西有恐惧倾向。(　　)

34. 经常怀疑自己发育不良。(　　)

35. 一旦与异性交往就脸红心慌或想入非非。(　　)

36. 对某个异性伙伴的每一个细微行为都很注意。(　　)

37. 怀疑自己患了癌症等严重不治之症，反复看医书或去医院检查。(　　)

38. 经常不断头疼，并依赖止疼或镇静药物。(　　)

39. 经常有离家出走或脱离集体的想法。(　　)

40. 感到内心痛苦、无法解脱，只能自伤或自杀。(　　)

计分与评价：划“√”得2分，“△”得1分，“×”得0分。

0~8分：心理非常健康，请你放心。

9~16分：大致属于健康范围，但应有所注意，也可找老师或同学聊聊。

17~30分：你在心理方面有些障碍，应采取适当方法进行调适或找心理辅导老师帮助。

31~40分：黄牌警告，有可能患有某些心理疾病，应找专门的心理医生进行检查治疗。

41分以上：有较严重的心理障碍，应及时找专门的心理医生治疗。

思考题

1. 什么叫心理健康？
2. 简述心理健康的标准。
3. 大学生常见的心理问题有哪些？
4. 大学生常见心理问题的解决方法与途径有哪些？
5. 简述大学生心理咨询的主要模式。

（郑开梅）

扫码“练一练”

第二章

大学生心理异常的辨识与处理方法

学习目标

1. 掌握大学生心理异常症状的辨识方法。
2. 熟悉大学生常见的心理异常种类。
3. 了解心理异常的标准及心理异常的处理方法。

案例导入

小陈，女，18岁，学生。刚上大学时能够正常学习，然而半年后的一天同学发现她倒在地上，嘴里不停地喊妈妈的名字，脚乱蹬，手比画奇怪的姿势，不回应周围人的问话，对周围师生有攻击行为。你认为小陈是什么问题，应如何解决？

扫码“学一学”

第一节　概　述

提到心理异常你可能会问，心理不健康是不是心理异常呢？两者是什么关系呢？通常认为心理异常是一种病态的表现，与心理正常相对应。而在心理正常范畴内又分为心理健康与心理不健康。大学生群体的心理问题主要体现在心理不健康，心理异常中重性精神障碍比较少见，但较轻的心理异常如神经症也不罕见。大学生心理咨询的对象主要是心理不健康而不是心理异常者，辨识的目的是为了鉴别自己的工作对象和必须转介寻求医生帮助的范围，以避免造成不应有的后果。

一、心理异常的定义

心理异常（mental disorders）也称心理障碍或变态心理，其本质意义是指人的心理活动处于非正常状态，这通常是一个统计学的概念。目前，心理学界对心理异常并无统一的定义，故对心理异常的定义需要做更全面的分析和理解。

首先，心理异常与正常之间有没有绝对的界限呢？人的心理从正常到异常并没有一个绝对的分界点。因而正常和异常应该没有绝对的界限。另外，心理异常的人是不是终其一生都是不正常的呢？回答依然是否定的。随着治疗或干预手段的介入，甚至环境、境遇的改变，或许仅仅是时间的推移，异常的心理也可能变成正常。再者，心理异常也有轻重之分，严重精神障碍（如：精神分裂症）表现为心理活动严重受损，行为紊乱脱离现实，甚至不能理解和认识自身的现状；轻度心理障碍（如：神经症）虽然内心冲突严重，自身感觉痛苦，但生活能够自理且有自知力，即对自身精神状况能够清晰认识。最后要强调的是：只有精神专科医生才能对心理异常具体疾病给出相应的诊断，切不可随意使用。学习本章的目的主要是使大学生明确自己或他人在何种情形下应去寻求专业的帮助。

二、心理异常的标准

人的心理是复杂的，正常心理活动和异常心理活动之间的差别常常是相对的，因而判断人的心理活动是否异常实际上是困难的。不同的人由于专业背景、生活经验、价值取向及文化背景的不同，对异常心理的判断标准也可能不同。通常采用由李心天提出的如下标准。

（一）经验标准

包括常人自身经验和专业观察者的经验。前者，如自己觉得不能控制自身的行为、情绪抑郁或焦虑等，觉得自己处于心理异常状态。专业观察者经验，如观察者把被观察者的行为进行分析，根据自己的理论知识和临床经验进行判断，以确定被观察者是否处于异常范围。对于受过专业训练的人来说，经验标准虽然带有主观性，但仍具有重要的参考价值。

（二）统计学标准

运用统计学方法将个人的心理状况与整体人群进行比较。统计学发现：人群心理特征的测量结果常呈正态分布，即大多数处于居中的水平，只有少数与平均水平相差较大。由该统计学标准看，被观察者的心理行为与大多数人的心理行为相符合时即为正常，而与群体平均值相差较大则为异常。这个标准在现实应用中也存在问题：即使有些被观察者心理特征偏离度很大，也不一定就存在心理异常，如高智商就是其一。另外，还有一些被观察者心理特征或状态并不符合正态分布。

（三）社会适应标准

在正常情况下，人体维持着生理、心理的平衡状态，人能依照社会生活的需要适应环境和改造环境。因此，正常人的行为符合社会准则，能根据社会要求和道德规范行事，亦即其行为符合社会常模为适应性行为。如果由于器质、功能的缺陷使得个体能力受损，不能按照社会认可的方式行事，致使其行为后果对本人或社会不适应的时候，则认为此人有心理异常。这里正常或异常主要是与社会常模比较而言。

（四）医学标准

将心理问题按照医学模式所得到的标准。如果一个人身上表现出的某种心理现象或行为可以找到病理依据，则认为此人有精神疾病。其心理异常表现则被视为疾病的症状，其产生原因则归结为脑功能失调。这一标准为临床医生广泛采用，但是诊断范围相对狭小是其不足之处。

以上四个标准从不同角度诠释了心理异常存在统计学偏移、社会规范偏移及个人存在痛苦体验等特点，以上标准各有所长，需进行综合评判，单从一个标准做出的结论一般会有失偏颇。

三、常见心理异常症状的识别

（一）幻觉

在外界没有相应现实刺激条件下产生的知觉，即无对象性知觉。根据感觉器官的不同，分为幻视、幻听、幻嗅、幻味和幻触等。

1. 幻视 患者能看到常人在同样情况下看不到的事物。它可以和外界的事物一样，也可以不同，即缺乏具体形态和明确结构。前者，如看到和现实一样的人形、花朵；后者，如只看到片段式火花等，可见于精神分裂症等患者。

2. 幻听 这种听到的非真实刺激的声音可以是言语性的，如评论性幻听；也可以是非言语性的，如单纯的流水声。幻听是精神分裂症等精神类疾病最常见的一种幻觉。

3. 幻嗅 患者嗅到实际没有现实刺激的气味。常见于精神分裂症。

4. 幻味 患者尝到水中或食物中有特殊的怪味。常见于精神分裂症。

5. 幻触 患者感到皮肤或黏膜上有特殊的触觉，如针刺等。可见于精神分裂症、脑器质性精神病。

另外，幻觉按来源可分为真性幻觉和假性幻觉。按幻觉产生的条件又可分为功能性幻觉、心因性幻觉等类型。

（二）思维障碍

1. 思维形式障碍

（1）思维奔逸　一种兴奋性的思维联想障碍，主要指思维活动量的增加和思维联想速度加快。患者表现为语量多、语速快，口若悬河、滔滔不绝、词汇丰富、诙谐幽默。患者自诉脑子反应灵敏。

这一症状严重时，患者谈话的内容中将夹杂着很多音韵的联想（音联）或字意联想（意联），即患者按某些词汇的音韵相同或某句子在意义上相近的联想而转换主题。

患者很容易被环境中的变化所吸引，其谈话内容和主题也随之转换（随境转移）。多见于躁狂状态。

（2）思维迟缓　一种抑制性的思维联想障碍。其表现与上述思维奔逸相反，以思维活动显著缓慢、联想困难、思考问题吃力、反应迟钝为主要临床表现。患者语量少、语速慢，语音低沉、反应迟缓。患者自诉脑子不灵了，脑子迟钝了。

这一症状严重时，虽然患者本人非常努力，但是一篇作文或一篇简短的发言稿，经过很长时间还是写不出来，学习或工作效率很低，患者因此而苦恼。如：医生问患者“你现在上什么学?”患者常思考很长时间才回答：“我上大一。”多见于抑郁状态。

（3）思维贫乏　患者思想内容空虚，概念和词汇贫乏，对一般性的询问往往无明确的应答性反应或回答得非常简单。回答时的语速并不减慢，这是思维贫乏与思维迟缓精神症状鉴别的要点之一。

患者平时沉默寡言，很少主动讲话，被询问时则回答：“没有什么要想的，也没有什么可说的。”患者对上述精神症状漠然处之，并不以为是精神障碍的表现。多见于精神分裂症等。

（4）思维松弛或思维散漫　患者的思维活动表现为联想松弛，内容散漫。交谈中患者对问题的叙述不够中肯，也不很切题，给人感觉患者的回答是“答非所问”，与其交谈有一种十分困难的感觉。

例如，某技校学生，笔试时监考老师已发现有一道问答题，其所答内容与所问问题毫无关系，曾前后两次提醒这位学生要好好审题。学生对答题内容仍不做任何修改，还说："我已经看过了，这道题就这样回答。"可见于精神分裂症早期。

（5）破裂性思维　患者在意识清楚的情况下，思维联想过程破裂，谈话内容缺乏内在意义上的连贯性和应有的逻辑性。

患者在言谈或书信中，其单独语句在语法结构上是正确的，但主题之间、语句之间却缺乏内在意义上的连贯性和应有的逻辑性。因此，旁人无法理解其意义。

这是精神分裂症特征性的思维联想障碍之一，对精神分裂症的诊断有重要参考价值。

（6）思维不连贯　严重的破裂性思维，在意识清楚的情况下，不但主题之间、语句之间缺乏内在意义上的连贯性和应有的逻辑性，而且在个别词句之间也缺乏应有的连贯性和逻辑性，言语更加支离破碎，语句片断，毫无主题可言，称为语词杂拌。

需要特别指出的是，如果语词杂拌不是在意识清楚情况下出现的，而是在意识障碍情况下出现的，则这时候的精神症状就不能称为破裂性思维，而应该称之为思维不连贯。虽然破裂性思维时的语词杂拌在临床现象学方面很难与思维不连贯时的语词杂拌进行区分，但两者在临床上的严格区分却是非常重要的。

区别两者的要点在于后者是在意识障碍情况下出现的。思维不连贯多见于脑器质性和躯体疾病所致精神障碍有意识障碍时。

（7）思维中断　患者无意识障碍，又无明显的外界干扰等原因，思维过程在短暂时间内突然中断，常常表现为言语在明显不应该停顿的地方突然停顿。这种思维中断并不受患者意愿的支配，有的患者在回答医生对上述现象的提问时说："当时我心里明白，但脑子里一片空白。"患者可伴有明显的不自主感。多见于精神分裂症。

（8）思维插入和思维被夺　患者在思考的过程中突然出现一些与主题无关的意外联想，患者对这部分意外联想有明显的不自主感，认为这种思想不是属于自己的，是别人强加给他的，不受其意志的支配，称思维插入。若患者在思考的过程中突然认为自己的一些思想被外界的力量掠夺走了，称思维被夺。多见于精神分裂症。

（9）思维云集　又称强制性思维，是指一种不受患者意愿支配的思潮，强制性地大量涌现在脑内，内容往往杂乱多变、毫无意义、毫无系统，与周围环境也无任何联系。这些内容往往突然出现、迅速消失。

有的患者说："这些乱七八糟想法的出现，就像夏天天空中的云彩一样，突然乌云密布，突然乌云消失，又见阳光。"

强制性思维与思维插入和思维被夺的区别在于：思维插入和思维被夺时，患者还有属于自己的、受患者意愿支配的思维活动；而在强制性思维时，患者认为他的思维活动已经完全不受自己意愿的支配，已经没有属于自己的思维活动了。强制性思维多见于精神分裂症。

（10）病理性赘述　患者在与人交谈过程中不能简单明了、直截了当地回答问题，在谈话过程中夹杂了很多不必要的细节，患者并不觉得自己说话啰嗦，反而认为这些都是其认真交谈和回答问题时必不可少的内容。患者不听劝说，坚持要按照他原来的想法把话讲完。患者在讲了很多完全可以省略的谈话内容以后，最终讲出了其本次谈话的主题和中心思想。

多见于脑器质性精神障碍。

（11）病理性象征性思维　患者主动地以一些普通的概念、词句或动作来表示某些特殊的、不经患者解释别人无法理解的含意。

例如，某患者只要睁眼醒来就紧紧抱住冰冷的暖气片不松手，甚至在一日三餐时也不松手。医护人员询问其原因何在，患者说："因为暖气片是工人阶级制造的，我决心和剥削阶级家庭划清界限，永远和工人阶级在一起。"

本例为精神分裂症患者复发时上述的精神症状再现。这一症状反映出形象概念与抽象概念之间的联想障碍，即患者混淆了具体的形象概念（暖气片）与抽象概念（工人阶级）之间的界限。病理性象征性思维多见于精神分裂症。

正常人可以有象征性思维，如以鸽子象征和平，以红色象征喜庆、热烈等。这样做是以传统和习惯为基础，已约定俗成，彼此能够理解，且不会把象征的东西当成现实的东西。

（12）语词新作　患者自己创造一些图形、文字符号，并赋予其特殊的含意。有时把几个无关的概念或几个不完全的词拼凑成新的词，以代表某种新的概念或某种新的含意。例如，患者认为"蚉"字读"矛虫"，是毛毛虫的意思，另有患者认为"%"代表离婚。多见于精神分裂症。

（13）逻辑倒错性思维　以思维联想过程中逻辑性的明显障碍为主要特征。患者的推理过程十分荒谬，既无前提又缺乏逻辑根据。尽管如此，患者却坚持己见，不可说服。多见于精神分裂症。

2. 思维内容障碍

（1）妄想　一种脱离现实的病理性信念。主要特点：以毫无根据的设想为前提进行推理，违背思维逻辑，得出不符合实际的结论，并对荒唐的结论坚信不疑，不能通过摆事实、讲道理进行知识教育及自己的亲身经历来纠正这种荒唐结论。

按内容归类的妄想如下。

1）关系妄想　患者把实际与他无关的事情想成与他本人有关系。例如，患者认为电视里在演他和他们家的事，因而关闭电视机。认为报纸上的内容是影射他和他们家，因而气愤地把报纸摔在一边。认为马路上陌生人之间的谈话是在议论他，咳嗽吐痰是针对他、蔑视他，因而拒绝走出家门。多见于精神分裂症。

2）被害妄想　患者坚信周围某人或某些团伙对他进行跟踪监视、打击、陷害，甚至在其食物和饮水中放毒等。受妄想的支配可有拒食、控告、逃跑，或出现伤人、自伤等行为。多见于精神分裂症和偏执性精神病。

3）特殊意义妄想　患者认为周围人的言行、日常举动，不仅与他有关，而且有一种特殊的含义。例如，某男性患者回家后见妻子在逗小孩玩，边滚煮熟的鸡蛋边说："滚蛋，滚蛋。"患者听到以后内心已不悦，其妻不知，又将一个削好皮的梨分给患者一半，患者当即勃然大怒："想和我离婚，没有那么容易。"多人解劝无效。

4）物理影响妄想　患者认为自己的思维、情感、意志行为活动受到外界某种力量的支配、控制和操纵，患者不能自主，称影响妄想。若患者认为这种操纵其精神活动的外力是由某种先进仪器所发出的激光、X 线、红外线、紫外线等物理因素，就称物理影响妄想。多见于精神分裂症。

5）夸大妄想　患者夸大自己的财富、地位、能力、权利等。可见于躁狂、精神分裂症等。

6）自罪妄想　又称罪恶妄想。患者毫无根据地认为自己犯了严重错误和罪行，甚至自己是罪大恶极、死有余辜、应受惩罚，以至拒食或要求劳动改造以赎其罪。主要见于抑郁发作，也可见于精神分裂症等其他精神疾病。

7）疑病妄想　患者毫无根据地坚信自己患了某种严重躯体疾病或不治之症而到处求医，即使通过一系列详细检查和多次反复的医学验证都不能纠正其歪曲的信念。严重的疑病妄想，患者认为“内脏已经腐烂了”“本人已不存在，只剩下一个躯体空壳了”，又称虚无妄想。多见于精神分裂症，也可见于更年期和老年期精神障碍。

8）嫉妒妄想　患者坚信其配偶或恋爱对象对其不忠，另有外遇。因此，患者跟踪监视配偶的日常活动，甚至检查配偶的内裤等，想方设法寻找所谓的证据。多见于精神分裂症等。

9）钟情妄想　这种妄想实际是一种被钟情妄想，患者坚信某异性对自己产生了爱情，即使遭到对方严词拒绝，反而认为对方是在考验自己对爱情的忠诚。多见于精神分裂症。

10）内心被揭露感　又称被洞悉感。患者认为其内心的想法或者自己本人及其与家人之间的隐私，未经患者语言文字的表达别人就知道了。很多患者不清楚别人是通过什么方式、方法了解到他内心想法的。被洞悉感的产生，常见下列两种情形：首先，患者虽然坚信上述想法正确，但却说不出自己怎么会有这种想法的，以及根据什么才有这种想法的；第二种情况与前者有所不同，被洞悉感是患者在其他精神症状的基础上，做出的病态的推理和判断。

例如，一名大学生，对近来宿舍同学多次谈论有关买衣服的事情十分在意。因为她前几天就给自己喜欢的男生买了一件衣服，于是认为这些谈话都是在讥笑自己主动给男生买衣服，嘲讽自己主动追求男生，并且认为自己的个人想法甚至隐私别人也全都知道。经慎重直接、间接调查，宿舍同学从来不知道她给男生买衣服这件事，家人给予百般解释，她仍不相信。多见于精神分裂症。

另外，按照妄想的起源以及妄想与其他精神症状的关系还可分为原发性妄想和继发性妄想。

（2）强迫观念　又称强迫性思维，是指某一种观念或概念反复地出现在脑海中。患者自己知道这种想法是不必要的，甚至是荒谬的，并力图加以摆脱，但事实上常常是违背患者的意愿，想摆脱又摆脱不了，患者为此而苦恼。

强迫观念可以表现为反复回忆某些事情经过（强迫性回忆）、反复思索某些毫无意义的问题（强迫性穷思竭虑）、总怀疑自己的行动是否正确（强迫性怀疑）、脑中总是出现一些对立的观念（强迫性对立观念）等。

强迫观念常伴有强迫动作。强迫观念与强制性思维的临床意义完全不同，必须注意鉴别。强迫观念多见于强迫症。强制性思维多见于精神分裂症。

（3）超价观念　一种在意识中占主导地位的错误观念。它的发生虽然常常有一定的事实基础，但患者的这种观念是片面的、是与实际情况有出入的。只是由于患者的这种观念带有强烈的感情色彩，因而患者才坚持这种观念不能自拔，并且明显地影响自己的行为。多见于人格障碍和心因性精神障碍。

（三）记忆障碍

1. 记忆增强 仿佛记忆能力比基础记忆要好，过去不能回忆的甚至是细枝末节统统都能回忆起来了。常见于躁狂状态。与之对应的是记忆减退，由于在大学生中属非常见症状，在此不再赘述。

2. 遗忘 对局限于某一事件或某一时期内的经历不能回忆。如脑外伤之后等时有发生，根据创伤时间点，有顺行性遗忘和逆行性遗忘之分。由心理因素引起的遗忘称为心因性遗忘，通常与事件相关的情感因素有关。

（四）自知力障碍

自知力指个体对其自身精神病态的认识和批判能力。自知力是判断一个人是否是精神分裂症等重性精神障碍的重要指标。一般情况下，精神分裂症患者没有自知力或部分丧失自知力，即否认自己有病，拒绝就医。神经症等相对较轻的心理异常患者，则具有自知力，即知道或不否认自己有病，主动要求就医。

（五）情感障碍

大学生常见情感障碍症状如下。

1. 情感高涨 患者处于高情感状态中，自觉心中高兴、充满幸福、自我评价过高，精力充沛、爱管闲事、睡眠减少，出手大方甚至乱买东西、挥霍。情感高涨时患者行为言语具有感染力。有时易激惹。常见于躁狂状态。

2. 情感低落 与情感高涨对应的情感状态。患者感觉高兴不起来，常表情痛苦或面带悲伤。自我评价过低，精力不足、失眠或睡眠过多。对过去感兴趣的东西也丧失兴趣，甚至自罪自责，严重者有自杀想法或行为。常见于抑郁发作。

3. 焦虑 个体在缺乏事实依据的基础上，对自身或其他问题感到过分担心，紧张恐惧，仿佛将要大祸临头，惶惶不可终日。常伴自主神经功能紊乱症状。

4. 情感迟钝 患者在一般情况下对能引起鲜明情感反应的事情反应平淡，缺乏相应的情感反应；情感迟钝是一种情感质的改变，即人类特有的高级、精细情感逐渐受损。常见于精神分裂症的早期。

5. 易激惹 外界刺激很小，却引发患者强烈的情感反应。可见于躁狂状态等精神障碍。要注意的是，若一个人从小就爱发脾气，属个性问题，不应以易激惹论之。

（六）意志行为障碍

1. 意志增强 患者病理性的意志增强。主要体现在意志活动增多。虽然看上去整天忙忙碌碌，但常虎头蛇尾，难以见到实效。常见于躁狂状态。偏执型精神病患者在被害妄想的驱使下，常常经年累月地寻找被害证据，这也是意志增强的表现。

2. 意志减退 与意志增强相反，是指意志活动减少，患者失去做事的兴趣，很简单的活动也不愿或觉得不能进行。主要见于抑郁发作患者。

3. 强迫动作 一种违反本人意愿却反复出现的动作，患者明知没有必要却无法克制，为此感到十分痛苦。如强迫清洗、强迫检查等。常见于强迫症。

扫码“学一学”

第二节　心理异常的分类

目前，我国使用的主要有三种诊断标准：DSM-V（美国：《精神疾病的诊断和统计手册》第5版)、ICD-10（WHO:《国际疾病及相关健康问题统计分类标准》第10版）和我国自身修订的CCMD-3（《中国精神疾病分类与诊断标准》第3版）。由于标准不同，分类的方式也有所差异。我国的CCMD-3中将心理异常分为：器质性精神障碍；精神活性物质或非成瘾物质所致精神障；精神分裂症（分裂症）和其他精神病性障碍；心境障碍（情感性精神障碍）；癔症、应激相关障碍、神经症；心理因素相关生理障碍；人格障碍、习惯与冲动控制障碍、性心理障碍；精神发育迟滞与童年和少年期心理发育障；童年和少年期的多动障碍、品行障碍、情绪障碍和其他精神障碍和心理卫生情况共10类。

下面就大学生群体能够见到的心理异常类型进行介绍。

一、精神分裂症

1. 概述　精神分裂症是一组病因未明的精神疾病，是心理异常中相对较重的疾患，多起病于青壮年。在大学生中有散在病例出现，常缓慢起病，主要表现为特征性的感知、思维、情感和行为的障碍及精神活动与环境的不协调。通常意识清晰，智能完好。患者在疾病过程中可出现认知功能损害，反复加重，呈慢性病程，病情严重时患者常因认识不到自己的疾病而不会主动就医，部分患者有发展为衰退的可能，但部分患者亦可保持痊愈或基本痊愈状态。

2. 主要表现　精神分裂症患者常有下述症状出现：①反复出现的言语性幻听；②明显的思维松弛、思维破裂、言语不连贯、思维贫乏或思维内容贫乏；③思想被插入、被撤走、被播散、思维中断或强制性思维；④被动、被控制或被洞悉体验；⑤原发性妄想（包括妄想知觉、妄想心境）或其他荒谬的妄想；⑥思维逻辑倒错、病理性象征性思维或语词新作；⑦情感倒错或明显的情感淡漠；⑧紧张综合征、怪异行为或愚蠢行为；⑨明显的意志减退或缺乏，可能有自知力障碍，并有社会功能严重受损或无法进行有效交谈等。

3. 分类　精神分裂症主要分为偏执型、青春型（瓦解型）、紧张型、单纯型、未定型和其他型或待分类的分裂症等类型。

（1）偏执型分裂症　以妄想为主，常伴有幻觉，以听幻觉较多见。

（2）青春型（瓦解型）分裂症　常在青年期起病，以思维、情感、行为障碍或紊乱为主。例如：明显的思维松弛、思维破裂、情感倒错、行为怪异。

（3）紧张型分裂症　以紧张综合征为主，其中以紧张性木僵较常见。

（4）单纯型分裂症　以思维贫乏、情感淡漠或意志减退等阴性症状为主，从无明显的阳性症状；社会功能严重受损，趋向精神衰退；起病隐袭，缓慢发展，病程至少2年，常在青少年期起病。

（5）未定型分裂症

（6）其他型或待分类的分裂症

案例：小兰，女，19岁，大二学生。近几天她常听到宿舍外，有老师和同学谈论她的声音，如说她故意不参加班级活动、不爱学习、拿同学东西等。小兰找不到谈论她的人，而认为老师不愿意跟她见面。虽然没有任何人听到这种声音，但小兰坚持说能听到，因此常向窗外说："你们冤枉我……"你认为小兰可能是什么问题？

知识拓展

精神分裂症名称由来

法国医生 Morel（1856）最早将在青年时发病，表现为退缩、怪异、最后衰退的疾病称为早发痴呆。德国学者 Kahlbaum（1874）描述了伴有全身肌肉紧张的精神病，称之为紧张症。Hecker（1871）则将发病于青春期而具有荒谬、愚蠢行为的疾病称为青春痴呆。德国 Kraepelin（1896）在大量的、各种不同的症状中归纳出这些疾病的共同特征，认为这些并非独立的疾病，而是同一疾病的不同类型，统称为早发性痴呆。瑞士精神病学家 Bleuler（1911）认为痴呆和早期发病并非这种疾病必不可少的特征，它的基本障碍是缺乏一致性，是在思维、感受、意志及人格的主观感觉上表现出不一致性、不完整性，是一种分离破裂的障碍，因而提出了精神分裂症这个新名称，并一直沿用至今。

“schizophrenia”一词可以直译作“分裂的心智”，它的希腊词根是“schizein（撕裂）”和“phren（心智）”。Bleuler 于 1908 第一次提出了这个概念，用来描述人格、思想、记忆、知觉之间的功能分离。他随即提出了“4A”症状诊断标准。对精神分裂症患者而言，情感和认知不是作为一个整合体来进行加工的。情感可能与知觉分离，而知觉可能与现实分离。正如他所说的“人格失去了完整性”。人们常常混淆“精神分裂症”和“人格分裂”，这种误解可能源自字面上的理解，精神分裂症患者可能存在幻听、幻视，但他们不存在于多个人格之间来回变换的情形。

二、心境障碍

心境障碍（情感性精神障碍）是以明显而持久的心境高涨或低落为主的一组精神障碍，并有相应的思维和行为改变。可有精神病性症状，如幻觉、妄想。大多数患者有反复发作的倾向，每次发作多可缓解，部分可有残留症状或转为慢性。在大学生中心境障碍主要为躁狂发作和抑郁发作。

（一）躁狂发作

1. 概述 躁狂发作以心境高涨为主，与其处境不相称，可从高兴愉快到欣喜若狂，某些病例仅以易激惹为主。病性轻者社会功能无损害或仅有轻度损害，严重者可出现幻觉、妄想等精神病性症状。

2. 主要表现 ①注意力不集中或随境转移；②语量增多；③思维奔逸（语速增快、言语迫促等）、联想加快或意念飘忽的体验；④自我评价过高或夸大；⑤精力充沛、不感疲乏、活动增多、难以安静或不断改变计划和活动；⑥鲁莽行为（如挥霍、不负责任或不计后果的行为等）；⑦睡眠需要减少；⑧性欲亢进。

严重者损害社会功能，可给他人造成危险或不良后果。

（二）抑郁发作

1. 概述 抑郁发作以心境低落为主，与其处境不相称，可从闷闷不乐到悲痛欲绝，甚至发生木僵。严重者可出现幻觉、妄想等精神性症状。某些病例的焦虑与运动性激越很显著。

2. 主要表现 抑郁发作以心境低落为主，并常见下列症状：①兴趣丧失、无愉快感；②精力减退或疲乏感；③精神运动性迟滞或激越；④自我评价过低、自责或有内疚感；⑤联想困难或自觉思考能力下降；⑥反复出现想死的念头或有自杀、自伤行为；⑦睡眠障碍，如失眠、早醒或睡眠过多；⑧食欲降低或体重明显减轻；⑨性欲减退。

严重者社会功能受损，给本人造成痛苦或不良后果。

心理测验

抑郁自评量表（SDS）

指导语：表 2-1 中有 20 条文字，请仔细阅读每一条，把意思弄明白，然后根据自己最近一周的实际感觉，在适当的栏中划“√”。

表 2-1 抑郁自评量表（SDS）

题 目	偶或无	有时	经常	持续
1. 我觉得闷闷不乐，情绪低沉				
2. 我觉得一天当中早晨的心情最好				
3. 我要哭或想哭				
4. 我晚上睡眠不好				
5. 我吃饭和平常一样多				
6. 我与异性接触时和以往一样感到愉快				
7. 我感到体重减轻				
8. 我为便秘烦恼				
9. 我的心跳比平时快				
10. 我无缘无故地感到疲乏				
11. 我的头脑跟往常一样清楚				
12. 我做事情像平时一样不感到困难				
13. 我坐卧不安，难以保持平静				
14. 我对未来抱有希望				
15. 我比平时容易生气激动				
16. 我觉得做出决定是容易的				
17. 我觉得自己是个有用的人，有人需要我				
18. 我的生活过得很有意思				
19. 假如我死了，别人会生活得更好				
20. 平时感兴趣的事，我仍然照样感兴趣				

计分与评价：正向题从“偶或无”到“持续”分别得 1、2、3、4 分，反向题得分为 4、3、2、1。反向题为：2、5、6、11、12、14、16、17、18、20。粗分 = 20 题得分之和，标准分 = 粗分×1.25，取整数部分。SDS 标准分的分界值为 53，53～62 为轻度抑郁，63～72 为中度抑郁，72 分以上为重度抑郁。

（三）持续性心境障碍

在持续性心境障碍中，恶劣心境在大学校园中不为罕见。它是指持续存在心境低落，但不符合任何一型抑郁的症状标准，同时无躁狂症状。社会功能受损较轻，自知力完整或较完整。在2年周期中，很少有持续2个月的心境正常间歇期。

三、应激相关障碍

一组主要由心理、社会（环境）因素引起异常心理反应而导致的精神障碍，也称反应性精神障碍。决定本组精神障碍的发生、发展、持续时间及症状表现的主要因素：①生活事件和生活处境，如剧烈的超强精神创伤或生活事件，或持续的困难处境均可成为直接病因；②社会文化背景；③人格特点、教育程度、智力水平及生活态度和信念等。

（一）急性应激障碍

以急剧和（或）严重的精神刺激作为精神打击的直接原因，症状主要为带有强烈恐惧体验的精神运动性兴奋，行为有一定盲目性或有情感迟钝的精神运动性抑制（如反应性木僵），可有轻度意识模糊。严重者社会功能严重受损。在受刺激后若干分钟至若干小时发病，病程短暂，一般持续数小时至1周，通常在1月内缓解。

（二）创伤后应激障碍

由异乎寻常的威胁性或灾难性心理创伤（如地震后），导致出现并长期持续的精神障碍。主要表现：反复发生闯入性的创伤性体验重现（病理性重现）、梦魇或因面临与刺激相似或有关的境遇，而感到痛苦和不由自主地反复回想；持续的警觉性增高；持续的回避；对创伤性经历的选择性遗忘；对未来失去信心。少数患者可有人格改变或有神经症病史等附加因素，从而降低了对应激源的应对能力或加重疾病过程。精神障碍延迟发生，在遭受创伤后数日甚至数月后才出现，病程可长达数年。

症状标准为经历严重生活事件后，至少有下列1项：①不由自主地回想受打击的经历；②反复出现有创伤性内容的噩梦；③反复发生错觉、幻觉；④反复发生触景生情的精神痛苦，如目睹死者遗物、旧地重游或周年日等情况下会感到异常痛苦和产生明显的生理反应，如心悸、出汗、面色苍白等。

持续地警觉性增高，至少有下列1项：①入睡困难或睡眠不深；②易激惹；③集中注意困难；④过分地担惊受怕。

对与刺激相似或有关情境的回避，至少有下列2项：①极力不想有关创伤经历的人与事；②避免参加能引起痛苦回忆的活动，或避免到会引起痛苦回忆的地方；③不愿与人交往、对亲人变得冷淡；④兴趣爱好范围变窄，但对与创伤经历无关的某些活动仍有兴趣；⑤选择性遗忘；⑥对未来失去希望和信心。严重者社会功能受损。病程标准为精神障碍延迟发生（在遭受创伤后数日至数月后，罕见延迟半年以上才发生），符合症状标准至少已3个月。

（三）适应障碍

这是大学生最常见的心理异常现象，尤其在刚入学期间。适应障碍是指因长期存在应激源或困难处境，加上自身存在一定的人格缺陷，产生以烦恼、抑郁等情感障碍为主，同时有适应不良的行为障碍或生理功能障碍，并使社会功能受损。持续时间虽然较长，但一般不超过6个月。通常在应激性事件或生活改变发生后1个月内起病。随着时过境迁，刺激的消除或者通过调整形成了新的适应，心理异常随之缓解。主要特点：①有明显的生活事件为诱因，尤其是生活环境或社会地位的改变，如大学生新入学阶段，同学从不同的环境、地域、家庭进入陌生的城市和人际环境等成为诱因；②有理由推断生活事件和人格基础对导致适应障碍均起着重要的作用。

适应障碍以抑郁、焦虑、恐惧等情感症状为主，并可能合并适应不良的行为障碍，如退缩、不注意卫生、生活无规律等。在某些情形下甚至导致攻击或反社会行为，或合并生理功能障碍，如睡眠不好、食欲不振等；严重者影响学习、工作。

四、神经症

神经症是一组主要表现为焦虑、抑郁、恐惧、强迫或神经衰弱等症状的精神障碍，患者存在持久的心理冲突，并能够觉察或体验到这种冲突而深感痛苦，且妨碍心理或社会功能。本障碍有一定的人格基础，起病常受心理社会（环境）因素影响。症状没有可证实的器质性病理改变为基础，与患者的现实处境不相称，但患者对存在的症状感到痛苦和无能为力，自知力完整或基本完整。

（一）恐惧症（恐怖症）

一种以过分和不合理地惧怕外界客体或处境为主的神经症。患者明知没有必要，但仍不能防止恐惧出现，恐惧发作时往往伴有显著的焦虑和自主神经症状。患者极力回避所害怕的客体或处境，或带着畏惧去忍受。

恐惧症主要有以下症状：①对某些客体或处境有强烈恐惧，恐惧和程度与实际危险不相称；②发作时有焦虑和自主神经症状；③有反复或持续的回避行为；④知道恐惧过分、不合理或不必要，但无法控制等。恐惧症又分为场所恐惧症、社交恐惧症和特定恐惧症。

1. 场所恐惧症　害怕对象主要为某些特定环境，如广场、闭室、黑暗场所、拥挤场所、交通工具（如拥挤的船舱、火车车厢）等，其关键特征是过分担心处于上述情境时没有即刻能用的出口。

2. 社交恐惧症　害怕对象主要为社交场合（如在公共场合进食、说话、聚会、开会或怕自己做出一些难堪的行为等）和人际接触（如在公共场合与人接触、怕与他人目光对视或怕在与人群相对时被人审视等）；常伴有自我评价和害怕批评。

3. 特定恐惧症　害怕对象是场所恐惧和社交恐惧未包括特定物体或情境，如动物（如昆虫、鼠、蛇等）、高处、黑暗、雷电、鲜血、外伤、打针、手术或尖锐锋利物品等。

（二）焦虑症

一种以焦虑情绪为主的神经症。主要分为惊恐障碍和广泛性焦虑两种。焦虑症的焦虑症状是原发的，不是继发于某些疾病之后。

1. 惊恐障碍　一种以反复的惊恐发作为主要原发症状的神经症。这种发作并不局限于任何特定的情境，具有不可预测性。惊恐发作主要出现以下症状：①发作无明显诱因，无相关的特定情境，发作不可预测；②在发作间歇期，除害怕再发作外，无明显症状；③发作时表现出强烈的恐惧、焦虑及明显的自主神经症状，并常有人格解体、现实解体、濒死恐惧或失控感等痛苦体验；④发作突然开始，迅速达到高峰，发作时意识清晰，事后能回忆。在 1 个月内至少有 3 次惊恐发作，或在首次发作后继发害怕再发作的焦虑持续 1 个月。

2. 广泛性焦虑 一种以缺乏明确对象和具体内容的提心吊胆及紧张不安为主的焦虑症，并有显著的自主神经症状、肌肉紧张及运动性不安。患者因难以忍受又无法解脱而感到痛苦。以持续的原发性焦虑症状为主，并常出现以下症状：①以常常或持续的无明确对象和固定内容的恐惧或提心吊胆；②伴自主神经症状或运动性不安。严重时社会功能受损，患者因难以忍受又无法解脱而感到痛苦。一般持续 6 个月方可诊断。

心理测验

焦虑自评量表（SAS）

指导语： 表 2-2 中有 20 条文字，请仔细阅读每一条，把意思弄明白，然后根据自己最近一周的实际感觉，在适当的栏中划“√”。

表 2-2 焦虑自评量表（SAS）

题 目	偶或无	有时	经常	持续
1. 我觉得比平时容易紧张和着急				
2. 我无缘无故地感到害怕				
3. 我容易心里烦乱或觉得惊恐				
4. 我觉得可能将要发疯				
5. 我觉得一切都很好，也不会发生什么不幸				
6. 我手脚发抖打颤				
7. 我因为头疼、颈痛和背痛而苦恼				
8. 我觉得容易衰弱和疲乏				
9. 我觉得心平气和，并且容易安静地坐着				
10. 我觉得心跳得很快				
11. 我因为一阵阵头晕而苦恼				
12. 我有过晕倒发作或觉得要晕倒				
13. 我呼气、吸气都感到很容易				
14. 我的手脚麻木和刺痛				
15. 我因为胃痛和消化不良而苦恼				
16. 我经常要小便				
17. 我的手脚经常是干燥温暖的				
18. 我脸红发热				
19. 我容易入睡，并且一夜睡得很好				
20. 我做噩梦				

评分与评价：正向题从“偶或无”到“持续”分别得1、2、3、4分，反向题得分为4、3、2、1。反向题为：5、9、13、17、19。粗分=20题得分之和，标准分=粗分×1.25，取整数部分。SAS标准分分界值为50，50~59为轻度焦虑，60~69为中度焦虑，69分以上为重度焦虑。

（三）强迫症

一种以强迫症状为主的神经症，其特点是有意识的自我强迫和反强迫并存，二者强烈冲突使患者感到焦虑和痛苦；患者体验到观念或冲动系来源于自我，但违反自己意愿，虽极力抵抗，却无法控制；患者也意识到强迫症状的异常性，但无法摆脱。病程迁延者要以仪式动作为主而精神痛苦减轻，但社会功能严重受损。

常见的强迫症状：①以强迫思想为主，包括强迫观念、回忆或表象、强迫性对立观念、穷思竭虑、害怕丧失自控能力等；②以强迫行为（动作）为主，包括反复洗涤、核对、检查或询问等；③上述的混合形式。患者称强迫症状起源于自己内心，不是被别人或外界影响强加的；强迫症状反复出现，患者认为没有意义，并感到不快，甚至痛苦，试力抵抗，但不能奏效。严重者社会功能受损。符合症状标准至少已3个月。

案例：李某从小就爱钻牛角尖，对一些问题花了很多时间，但也觉得没必要。拿起茶杯，在想这个东西为什么叫茶杯，不叫别的。刚想出很多理由解决它，又想到茶杯这个词是从什么时候开始有的。

（四）躯体形式障碍

一种以持久的担心或相信各种躯体症状的优势观念为特征的神经症。患者因这些症状反复就医，各种医学检查阴性和医生的解释均不能打消其疑虑。即使有时存在某种躯体障碍也不能解释所诉症状的性质、程度或其痛与优势观念，经常伴有焦虑或抑郁情绪。尽管症状的发生和持续与不愉快的生活事件、困难或冲突密切相关，但患者常否认心理因素的存在。本障碍男女均有，为慢性波动性病程。

以躯体症状为主，但也会有下列表现：①对躯体症状过分担心（严重性与实际情况明显不相称），但不是妄想；②对身体健康过分关心，如对通常出现的生理现象和异常感觉过分关心，但不是妄想；③反复就医或要求医学检查，但检查结果阴性和医生的合理解释均不能打消其疑虑。严重者社会功能受损。符合症状标准至少已3个月。

躯体形式障碍中，大学生群体能够见到的主要为躯体化障碍。这是一种以多种多样、经常变化的躯体症状为主的神经症。症状可涉及身体的任何系统或器官，最常见的是胃肠道不适（如疼痛、打嗝、返酸、呕吐、恶心等），异常的皮肤感觉（如瘙痒、烧灼感、刺痛、麻木感、酸痛等），皮肤斑点，并常存在明显的抑郁和焦虑。常伴有社会、人际及家庭行为方面长期存在的严重障碍。

（五）神经衰弱

一种以脑和躯体功能衰弱为主的神经症，以精神易兴奋却又易疲劳为特征，表现为紧张、烦恼、易激惹等情感症状及肌肉紧张性疼痛和睡眠障碍等生理功能紊乱症状。这些症状不是继发于躯体或脑的疾病，也不是其他任何精神障碍的一部分，多缓慢起病，就诊时往往已有数月的病程，并可追溯导致长期精神紧张、疲劳的应激因素。偶有突然失眠或头痛起病，却无明显原因者。病程持续或时轻时重。

五、心理因素相关生理障碍

心理因素相关生理障碍指一组与心理社会因素有关的，以进食、睡眠及性行为异常为主的精神障碍。

（一）进食障碍

一组以进食行为异常为主的精神障碍，主要包括神经性厌食、神经性贪食等。

1. 神经性厌食 一种多见于青少年女性的进食行为异常，特征为故意限制饮食，使体重降至明显低于正常的标准，为此采取过度运动、引吐、导泻等方法以减轻体重。常过分担心发胖，甚至已明显消瘦仍自认为太胖，即使医生进行解释也无济于事。部分患者可以用胃胀不适、食欲下降等理由来解释其限制饮食。常有营养不良、代谢和内分泌紊乱等症状。有的患者可有间歇发作的暴饮暴食。本症并非躯体疾病所致的体重减轻，患者节食也不是其他精神障碍的继发症状。诊断要点：①明显的体重减轻，比正常平均体重减轻 15%以上，或 Quetelet 体重指数为 17.5 或更低［正常体重期望值可用身高厘米数减 105，得正常平均体重（千克）数；或用 Qurtrlet 体重指数=体重（千克）/身高（米）^{2} 进行评估］，或在青春期前没有达到所期望的躯体增长标准，并有发育延迟或停止。②故意采用回避“导致发胖的食物”；自我诱发呕吐；自我引发排便；过度运动；服用厌食剂或利尿剂等方法造成体重减轻。③常可有病理性怕胖——一种持续存在的异乎寻常的害怕发胖的超价观念，并且患者给自己制订一个过低的体重界限，这个界值远远低于其病前医生认为是适度的或健康的体重。④常可有下丘脑-垂体-性腺轴的广泛内分泌紊乱。⑤症状至少已 3 个月。⑥可有间歇发作的暴饮暴食。

2. 神经性贪食 一种进食障碍，特征为反复发作和不可抗拒的摄食欲望及暴食行为，患者有担心发胖的恐惧心理，常采取引吐、导泻、禁食等方法以消除暴食引起发胖的极端措施。可与神经性厌食交替出现，两者具有相似的病理心理机制及性别、年龄分布。多数患者是神经性厌食的延续者，发病年龄较神经性厌食晚。本症并非神经系统器质性病变所致的暴食，也不是癫痫、精神分裂症等精神障碍继发的暴食。发作性暴食至少每周 2 次，持续 3 个月。

（二）非器质性睡眠障碍

指各种心理社会因素引起的非器质性睡眠与觉醒障碍。大学生中主要存在失眠和梦魇两种。

1. 失眠症 一种以失眠为主的睡眠质量不满意状况，其他症状均继发于失眠，包括难以入睡、睡眠不深、易醒、多梦、早醒、醒后不易再睡等或白天困倦。失眠可引起患者焦虑、抑郁或恐惧心理并导致精神活动效率下降，妨碍社会功能。一般具有失眠和极度关注失眠结果的优势观念。严重者对睡眠数量、质量的不满引起其明显的苦恼或社会功能受损。若进行诊断至少每周发生 3 次，并至少持续 1 个月。

2. 梦魇 在睡眠中被噩梦突然惊醒，对梦境中的恐怖内容能清晰回忆，并心有余悸。通常在夜间睡眠的后期发作。主要症状表现：①从夜间睡眠或午睡中惊醒，并能清晰和详细地回忆强烈恐惧的梦境，这些梦境通常危及生存、安全或自尊。②一旦从恐怖的梦境中惊醒，能迅速恢复定向和完全苏醒。③患者感到非常痛苦。

症状以脑和躯体功能衰弱症状为主，特征是持续和令人苦恼的脑力易疲劳（如感到没有精神、自感脑子迟钝、注意力不集中或不持久、记忆差、思考效率下降）和体力易疲劳，经过休息或娱乐不能恢复，并至少有下列 2 项：①情感症状，如烦恼、心情紧张、易激惹等，常与现实生活中的各种矛盾有关，感到困难重重，难以应付。可有焦虑或抑郁，但不占主导地位；②兴奋症状，如感到精神易兴奋（如回忆和联想增多，主要是对指向性思维感费力，而非指向性思维却很活跃，因难以控制而感到痛苦和不快），但无言语运动增多。有时对声光很敏感；③肌肉紧张性疼痛（如紧张性头痛、肢体肌肉酸痛）或头晕；④睡眠障碍，如入睡困难、多梦、醒后感到不解疲乏，睡眠感丧失，睡眠觉醒节律紊乱；⑤其他心理、生理障碍。如头晕眼花、耳鸣、心慌、胸闷、腹胀、消化不良、尿频、多汗、阳痿、早泄或月经紊乱等；严重者因明显感到脑和躯体功能衰弱，影响其社会功能，为此感到痛苦或主动求治。符合症状标准至少已 3 个月。

六、人格障碍

一组以人格结构和人格特征偏离正常为特征的精神障碍。患者对环境适应不良，明显影响社交和职业功能，患者自己感到痛苦，但对自己的人格缺陷缺乏正确的判断。人格障碍开始于童年、青少年或成年早期，并一直持续到成年或终生。人格障碍的具体分型参见第四章。

上述呈现的精神症状及疾病的内容仅是心理异常的轻浅部分，切不可认为这就是心理异常的全部，其实这离它的核心内容还相距甚远，之所以提供这些内容，是希望大学生心理咨询者排除自己的工作对象及时转介，避免引起更为严重结果，也为大学生判定是否需要专科的帮助提供依据。所提供的线索，也可供有志者循着路径继续追根溯源。

第三节 心理障碍与精神疾病的病因及其影响因素

扫码“学一学”

心理障碍和精神疾病的病因复杂，学者们做了大量的研究，仍没有找到大多数精神疾病的明确病因与发病机制；但一般认为，精神疾病与其他躯体疾病一样，均是生物、心理、社会（文化）因素相互作用的结果。

一、生物学因素

（一）遗传因素

家系法、双生子法等经典的遗传学研究表明，遗传因素在精神分裂症、躁狂抑郁症、人格障碍、精神发育迟缓、偏执性精神障碍等精神疾病的发生中有一定的影响。以精神分裂症为例，国内学者曾对 1196 名精神分裂症患者的上下五代两系（父系和母系）的 54576 位亲属进行调查，发现其中有 956 人患过精神病，家属的患病率为 17.5%，比当地没有精神病家族史的人 2.8% 的患病率高 6.2 倍，且血缘关系越近，患病率越高。

对双生子的研究也表明，遗传信息几乎相同的单卵双生子同病率（56.7%）是双卵双生子同病率（12.7%）的 4.5 倍。其他研究也证明，遗传因素是导致精神分裂症发病的主要因素。有关分子遗传学的研究表明，精神分裂症等严重的精神疾病的遗传方式可能是通过多对基因共同作用致病的。目前普遍认为，最有可能的精神分裂症易感基因位点分别位于6号、8号、13号和22号染色体上。

遗传因素所产生的影响程度称为遗传度。必须强调的是，即使有较高的遗传度，环境因素（如社会心理、营养、健康保健等）在疾病的发生发展、严重程度、表现特点、病程及愈后等方面仍起着非常重要的作用。

（二）器质性因素

1. 感染因素 早在20世纪初期，人们就已经知道微生物感染会破坏和影响中枢神经系统的功能，导致精神障碍。常见的感染因素包括病毒、细菌、螺旋体、真菌、原虫等。例如：通过性传播的梅毒螺旋体首先引起生殖系统症状，在多年的潜伏后，可能会进入脑内，导致神经梅毒，使神经系统发生退行性病变，如痴呆、精神病性症状及麻痹等。许多学者认为，早年中枢神经系统病毒或类病毒感染可能是分裂症产生的先决条件，主要病毒种类有疱疹病毒、巨细胞病毒、腺病毒等。

2. 躯体疾病因素 躯体疾病所致精神障碍是由于脑以外的躯体疾病、躯体感染、内脏器官疾病、内分泌障碍、营养代谢疾病等引起脑功能紊乱而产生的精神障碍。例如：甲状腺激素分泌过多可导致甲状腺功能亢进，患者的精神症状主要表现为精神运动性兴奋，如失眠、烦躁、易激惹等，严重者还可能出现精神病性症状，如幻觉、妄想等。国内有专家对166个精神分裂症家系进行了调查，发现高热惊厥、婴幼儿期患严重躯体疾病可能增加精神分裂症的易感性。

3. 中毒因素 精神活性物质所致的精神障碍。例如：工业废品中的毒物、镇静类、催眠药物、阿片类药物（如吗啡等）、酒精、烟草等，进入人体内会影响中枢神经系统，进而引发精神症状。

二、心理和社会因素

（一）性格特征

性格是一种与社会最密切相关的人格特征，它体现了人们对现实和周围世界的态度，并表现在行为举止中。一个性格开朗、乐观的人，对他人也坦率、热情，思想和感情易于交流，思维灵活易于变通，进而在心理应激过程中对挫折表现出较强的耐受性；一个拘谨、内向、敏感、抑郁的人，不太喜欢与别人分享自己的思想和感情，喜欢独立思考，若自身不能积极调整心态，则容易陷入思维的怪圈而不能自拔，从而在面对心理应激时表现出较差的耐受性，进而出现各种心理疾病。

（二）应激性生活事件的刺激

所谓应激，是个体对察觉和认识到的某种有重负或威胁的情境或事件所做出的一种保护性反应。广义上来讲，凡能引起个体高度紧张的生活事件都叫应激性生活事件，亦称应激源。根据应激性生活事件的严重程度和影响面，可将其分为：严重的灾难，如地震、洪水、旱灾与饥荒、大面积的传染性疾病暴发、战争、空难等；一般性公共事件，如一般的传染病流行、食物中毒等；个体的应激事件，如离婚、家庭暴力、事业失败、慢性疾病等。同一生活事件对不同的性别、年龄、文化背景的个体乃至同一个体的不同时期可能具有不同的意义。生活事件即便是一种客观存在，但要成为精神压力还必须经过个体的主观感受。

精神刺激的强度一方面受到生活事件本身性质、特点的影响，另一方面还受到个体的需要、动机、个性、以往经历及神经生物学特性的制约。

（三）环境因素

包括社会环境和自然环境两方面的影响。社会环境诸如社会变动、被迫迁移、居住拥挤、事故频发、人际关系紧张等；自然环境诸如气候变化、空气污染、噪声干扰等，这些均可导致精神疾病。

（四）文化因素

民族文化、社会风气、信仰和风俗习惯对精神疾病的发生和精神异常的内容有着一定的影响。例如，中国传统文化中过分强调社会性取向，使中国人的早期社会化大多经历依赖、求同、自抑等方面的训练和塑造，中国人的强迫症、抑郁症、焦虑症的形式和特点便与此有直接或间接的关联；有些民间迷信甚至是导致文化相关精神障碍的直接病因；移民和迁徙所带来的环境与文化的不适应也常常是精神疾病发病的重要社会原因。

总而言之，随着自然科学和人文社会科学的发展，人们对精神疾病产生原因的认识也在逐渐深化和发展。

扫码“学一学”

第四节　大学生常见心理障碍的处理方法

精神疾病重在预防，尽量做到早发现、早诊断、早治疗。一般来说，高校精神疾病的防治工作和措施要注意以下几点。

一、完善对大学新生心理健康的检测与评估

大学生的精神疾病绝非突然发生，大多在中、小学阶段就显示出异常征兆，但由于精神病患者的智力并不低下，他们仍可通过高考而进入大学。因此，为了提高高校人才培养的质量，及时发现有轻微精神疾病的新生，减少发生新生适应不良的人数，避免恶性事件的发生，对大学新生开展心理健康状况测量和评估已经成为许多高校的普遍做法。对于疑似有心理障碍和自杀倾向的大学生，不仅要做进一步的专业性心理测评和风险评估，而且要保持动态监测，充分利用心理检测收集到的各种信息，有针对性地指导大学生的心理健康与咨询工作。当发现任何大学生有精神反常现象和精神病复发征兆时，应及时报告辅导员和其法定监护人，使其得到及时诊治。

二、加强大学生心理健康教育与强化咨询

绝大多数大学生的心理问题是发展性和教育性的，普及心理健康知识，加强大学生的心理健康教育，增强心理健康意识，传授心理保健的技巧和方法，提高耐受挫折的能力，妥善处理在学习、交友、恋爱、经济、择业等方面的问题与矛盾都是预防精神疾病的根本性措施。除了课题教育和课外活动之外，设置心理咨询机构也是维护大学生心理健康的重要措施。心理咨询不仅能具体帮助当事人解决许多心理困惑，提供精神支持，而且能指导当事人学习新的应对方式和提高适应环境的能力，指导其求医寻药，制订精神康复计划，使之对大学生的服务更加及时和个性化。

三、加强学校与医院之间的联系

由于高校心理健康教育与咨询工作主要是发展性和教育性的，因而对于变态心理和精神疾病的鉴别、诊断以及处置的能力明显不足，早期发现精神疾病和及时转诊有病的学生到专科医院就诊也遇到许多实际困难。根据西方发达国家高校的成功经验，如果在高校和有关精神服务机构之间建立一种合作的工作联盟，将有利于提高早期发现精神疾病的比率，有助于解决转诊和治疗过程中的许多实际问题。这种工作联盟的内容主要涉及：聘请精神服务机构的专家担任学校心理健康教育和咨询顾问，专家到学校开展心理健康普及教育，协助校方就疑似有精神障碍的学生进行鉴别诊断，当学生家长就学生的精神疾病有任何疑问时，可建议直接向专家咨询；双方还在学生住院、康复交接、疗效评估等方面达成合作协议。

心理测验

症状自评量表（SCL-90）

指导语：表 2-3 列出了有些人可能会有的问题，请仔细地阅读每一条，然后根据最近一周内下述情况影响你的实际感觉，在每个问题后标明该题的程度得分。其中，“没有”选 1，“很轻”选 2，“中等”选 3，“偏重”选 4，“严重”选 5。

表 2-3　症状自评量表（SCL-90）

题　目	1	2	3	4	5	题　目	1	2	3	4	5
1. 头痛						16. 听到旁人听不到的声音					
2. 神经过敏，心中不踏实						17. 发抖					
3. 头脑中有不必要的想法或字句盘旋						18. 感到大多数人都不可信任					
						19. 胃口不好					
4. 头昏或昏倒						20. 容易哭泣					
5. 对异性的兴趣减退						21. 同异性相处时感到害羞不自在					
6. 对旁人责备求全											
7. 感到别人能控制自己的思想						22. 感到受骗，中了圈套或有人想抓住自己					
8. 责怪别人制造麻烦											
9. 忘记性大						23. 无缘无故地突然感到害怕					
10. 担心自己的衣饰整齐及仪态的端正						24. 自己不能控制地大发脾气					
						25. 怕单独出门					
11. 容易烦恼和激动						26. 经常责怪自己					
12. 胸痛						27. 腰痛					
13. 害怕空旷的场所或街道						28. 感到难以完成任务					
14. 感到自己的精力下降，活动减慢						29. 感到孤独					
						30. 感到苦闷					
15. 想结束自己的生命						31. 过分担忧					

续表

题　目	1	2	3	4	5
32. 对事物不感兴趣					
33. 感到害怕					
34. 感情容易受到伤害					
35. 旁人能知道自己的私下想法					
36. 感到别人不理解、不同情自己					
37. 感到人们不友好，不喜欢自己					
38. 做事必须做得很慢以保证做得正确					
39. 心跳得很厉害					
40. 恶心或胃部不舒服					
41. 感到比不上他人					
42. 肌肉酸痛					
43. 感到有人在监视、谈论自己					
44. 难以入睡					
45. 做事必须反复检查					
46. 难以做出决定					
47. 怕乘电车、公共汽车、地铁或火车					
48. 呼吸有困难					
49. 一阵阵发冷或发热					
50. 因为感到害怕而避开某些东西、场合或活动					
51. 脑子变空了					
52. 身体发麻或刺痛					
53. 喉咙有梗塞感					
54. 感到前途没有希望					
55. 不能集中注意力					
56. 感到身体的某一部分软弱					
57. 感到紧张或容易紧张					
58. 感到手或脚发重					
59. 想到死亡的事					
60. 吃得太多					
61. 当别人看着你或谈论你时感到不自在					
62. 有一些不属于自己的想法					
63. 有想打人或伤害他人的冲动					
64. 醒得太早					
65. 必须反复洗手、点数目或触摸某些东西					
66. 睡得不稳不深					
67. 有想摔坏或破坏东西的冲动					
68. 有一些别人没有的想法或念头					
69. 感到对别人神经过敏					
70. 在商店或电影院等人多的地方感到不自在					
71. 感到任何事情都很困难					
72. 一阵阵恐惧或惊恐					
73. 感到在公共场合吃东西很不舒服					
74. 经常与人争论					
75. 单独一个人时神经很紧张					
76. 别人对你的成绩没有做出恰当的评价					
77. 即使和别人在一起也感到孤单					
78. 感到坐立不安心神不定					
79. 感到自己没有什么价值					
80. 感到熟悉的东西变成陌生或不像是真的					
81. 大叫或摔东西					
82. 害怕会在公共场合昏倒					

续表

题目	1	2	3	4	5
83. 感到别人想占自己的便宜					
84. 为一些有关“性”的想法而很苦恼					
85. 认为应该因为自己的过错而受到惩罚					
86. 感到要很快把事情做完					
87. 感到自己的身体有严重问题					
88. 从未感到和其他人很亲近					
89. 感到自己有罪					
90. 感到自己的脑子有毛病					

计分与评价：SCL-90 的统计指标主要有以下内容，但比较常用的为总分和因子分。

1. 总分　90 个项目所得分之和，能反映病情严重程度。

2. 总症状指数（总均分）= 总分÷90，表示从整体层面，该受测者自我感觉的严重程度。

3. 阳性项目数　单项分≥2 的项目数，表示受测者有“症状”的项目有多少。

4. 阴性项目数　单项分=1 的项目数，表示受测者“无症状”的项目有多少。

5. 阳性症状均分　(总分-阴性项目数)÷阳性项目数，表示受测者在“有症状”项目中的平均得分，反映该受测者自我感觉不佳的项目，其严重程度介于的范围。

6. 因子分　因子分=组成某一因子的各项目总分÷组成某一因子的项目数。

共包括 10 个因子，即所有 90 项目分为 10 大类。每一因子反映受测者某一方面的情况，通过因子分可了解受测者的症状分布特点，并可做出廓图分析。

10 个因子的具体项目计算如下。

（1）躯体化　1.　4.　12.　27.　40.　42.　48.　49.　52.　53.　56.　58.（共 12 项）

（2）强迫症状　3.　9.　10.　28.　38.　45.　46.　51.　55.　65.（共 10 项）

（3）人际关系敏感　6.　21.　34.　36.　37.　41.　61.　69.　73.（共 9 项）

（4）抑郁　5.　14.　15.　20.　22.　26.　29.　30.　31.　32.　54.　71.　79.（共 13 项）

（5）焦虑　2.　17.　23.　33.　39.　57.　72.　78.　80.　86.（共 10 项）

（6）敌对　11.　24.　63.　67.　74.　81.（共 6 项）

（7）恐怖　13.　25.　47.　50.　70.　75.　82.（共 7 项）

（8）偏执　8.　18.　43.　68.　76.　83.（共 6 项）

（9）精神病性　7.　16.　35.　62.　77.　84.　85.　87.　88.　90.（共 10 项）

（10）其他　19.　44.　59.　60.　64.　66.　89.（共 7 项）

量表作者并未提出分界值，按全国常模结果，总分超过 160 分或阳性项目数超过 43 项或任一因子分超过 2 分，可考虑筛选阳性，需进一步检查。

思考题

1. 什么是幻觉？
2. 精神分裂症的主要症状是什么？
3. 抑郁发作怎样识别？
4. 适应障碍有哪些主要表现？
5. 当认为大学生可能是心理异常时最好的处理办法是什么？

（郑开梅　司丽华）

扫码"练一练"

第三章

大学生自我意识

学习目标

1. 掌握自我意识的含义与特点。
2. 了解大学生自我意识的培养方法。

案例导入

小丁来自农村，当年因家境不佳，故以优异的成绩“屈就”某师范大学。这使他从上大学的第一天起就有一种比其他学校大学生差的感觉。他从内心深处希望改变这一历程。在大学四年的学习中，他一方面努力完成学业，另一方面也为生计奔波。在别人眼里他始终是个坚强而有头脑的人，而他却不这么认为，他觉得这只是自己一种无奈的选择。平常的他可与周围的每个人融洽相处，加上他的阅历较多，所以总会有新奇的事说给别人听，让人感觉似乎他是个很开朗的人，但他说这不是真实的他。他不敢与人谈家、谈学校、谈那份奔波的辛苦。这些都是他心底最隐秘的东西，是他感到极度自卑的地方，想改变却又是徒劳的，他认为这个自卑的“我”才是真正的“我”，而那个外在的“我”不过是个假象而已，从来也不曾存在过。

小丁的“痛苦”，是陷入了自我意识的误区。他无法将“外在的我”与“内在的我”统一起来，认为自己的“外在的我”只是个假象而已，并不真正存在，从而不能在心理上认同这样的自我形象，只认定那个“自卑”的自我形象。所以，无论事实上他有多优秀、多出色、多成功，他都不能真正认同，内心还是自卑的。大学生正处于自我意识发展和完善的重要时期，如何正确地认识自我、积极地悦纳自我、勇敢地挑战自我已经成为大学生亟须解决的问题。

扫码“学一学”

第一节　概　述

一、自我意识的含义

自我意识是对自己身心活动的觉察，即自己对自己的认识，具体包括认识自己的生理状况（如身高、体重、体态等）、心理特征（如兴趣、能力、气质、性格等）及自己与他人的关系（如自己与周围人们相处的关系，自己在集体中的位置与作用等）。

知识链接

斯芬克斯之谜

古希腊有个传说，在一个王国城堡的附近有个女魔，叫斯芬克斯。她整天守着那条过往行人必经的路，让人猜一个谜：什么东西早上是四条腿，中午是两条腿，傍晚是三条腿。如行人不能答对谜底，她就会将其吃掉；如果猜出来了，她自己就会死去。无数的人都不能猜出谜底，于是王国中死去了许多的人，外面的人也不敢来这里了，王国内外充满了恐惧。终于有一天，一个叫俄底浦斯的年轻人来到了斯芬克斯的面前，说出了这个神奇“东西”的谜底——“人”。斯芬克斯死了，而这个谜语流传了下来。这个谜语说明人最重要的是要认识自己。要先了解自己、认识自己，才能最大限度地发挥自我的才能。

约翰·保罗曾经说过：“一个人的真正伟大之处，就在于他能够认识自己。”大学生处于人生的关键时期，正是处于不断地询问“我是谁?”“我从何而来?”“我将要去哪?”的时期，只有做到科学地评价自我、适时地调整自我才能不断地发展自我。

（一）自我意识的结构

从自我意识的三个层次，即知、情、意三方面分析，自我意识由自我认知、自我体验和自我调节三个子系统构成。

1. 自我认知　自我意识的认知成分，是主观自我对客观自我的认识与评价。自我认知是自己对自己身心特征的认识，自我评价是在这个基础上对自己做出的某种判断。自我认知在自我意识系统中具有基础地位，属于自我意识中“知”的范畴，它直接制约着自我体验和自我调控。

美国心理学家约翰和哈里提出了关于自我认知的理论，被称为乔韩窗口理论（图 3-1）。乔韩窗口理论把自我划分为四个领域：公开的领域、盲目的领域、秘密的领域和未知的领域。

（1）A 是公开的我，代表我们自己知道，也会让别人知道的领域，这是一些我们不能隐藏或愿意公开的。例如：我是大学生，我自己清楚，别人也知道。

	自知	不自知
他知	A 公开的我	B 盲目的我
他不知	C 秘密的我	D 未知的我

图 3-1　乔韩窗口理论

（2）B 是盲目的我，代表别人知道而自己却不知道的领域。我们自己没有意识到或无意识地在别人面前表现出来的部分，比如生理或言语上的姿态、习惯动作等。例如：某人说话很快，自己不觉得，但别人很清楚。

（3）C 是秘密的我，代表我们自己知道，别人不知道的领域。我们不愿在别人面前显露出来，属于个人的隐私。例如惭愧的往事、内心的痛楚等。

（4）D 是未知的我，代表我们自己不知道，别人也不知道的领域，属于无意识的部分。它们是基于某些原因而没有被意识到的动机，可是它能驱使我们去做某些事情，而我们自己却无法了解受哪些动机在指使。乔韩窗口理论认为，每个人的自我都由这四部分构成，但每个人四部分的比例是不同的。随着人的成长及生活经历的丰富，自我的四个部分会发生变化。因此，人们并不能够达到对自我的完全认知。

2. 自我体验 自我意识在情感方面的表现，是主体对自身的认识而引发的内心情感体验，是主观的我对客观的我所持有的一种态度，如自信、自卑、自尊、自满、内疚、羞耻等都是自我体验。自我体验往往与自我认知、自我评价有关，也和自己对社会的规范、价值标准的认识有关，良好的自我体验有助于自我监控的发展。

在传统教育中，我们对自我体验的重视与强化不够。事实上，自我体验对成长中的个体而言，具有不可替代的重要作用。有时，同样的事件，他人的体验与自身的体验截然不同。很多从体验中获得的自我远远高于从理性中获得的体会。一名学生在参加团体辅导活动后这样描述自己的感受：“我是一个失去母亲的人，从母亲离开我的那一刻，我总是想命运对我不公平，假如慈爱的母亲还在，我会有更加灿烂的明天，我会活得更加快乐，可命运就像跟我开了一个天大的玩笑，将如此美丽而智慧的母亲赐予我，却又极其容易地夺走了她。老师在心理互动课上，让我们体验盲行，那一刻我首先感到的是恐惧，顷刻我生活在没有光明的世界里，我忽然失去了最初的安全感与自由感，我心里害怕极了，我担心牵着我的手突然放开，我担心不知如何找到回来的路，最初的恐惧使我对牵着我的手的人有了心理上的依赖，在他的牵引下，我一步步地向前，当光明再一次展现在我面前时，我顿悟自己其实拥有很多，失去母亲固然是生活中的不幸，但我是幸运的，因为还有很多爱我的人，我拥有明亮的眼睛，能够直接看到这个美妙的世界。”这种自我体验具有不可替代性，每份体验都是独特的。

3. 自我调节 自我意识的意志成分，是自己对自身行为与思想言语的控制与调节，具体表现为两个方面：一是发动作用，二是制止作用，也就是支配某一行为，抑制与该行为无关或有碍于该行为进行的行为。进行自我认知、自我体验训练的目的是进行自我监控，调节自己的行为，使行为符合群体规范，符合社会道德要求，通过自我监控调节自己的认识活动，提高学习效率。

一名沉溺于网络的大学生曾经这样写道：“我的理想是做一个有抱负、有成就的人，在大学要为我将来的成就奠定基础。我的理想自我是成为一名优秀的大学生，可在现实中，我却发现自己意志薄弱、缺乏奋斗精神而且比较懒散，约束不好自己。当我第一次上网逃课时，我告诫自己，仅这一次，但每次的决心都在网络巨大的诱惑面前败下阵来。我越来越觉得现实自我距离理想自我更加遥远，甚至有时都不敢正视自己。”自我调节能力差是很多大学生自我意识发展中存在的问题。

（二）自我意识的内容

1. 生理自我　个体对自己的生理属性的认识，如：身高、体重、长相。在自我体验上表现为自豪或自卑，在行为上追求外表美、对所有物的占用、支配与爱护等。

2. 心理自我　个体对自己心理属性的认识，如：心理过程、能力、气质、性格等。在自我体验上表现为自豪、自尊、自信或自卑，在行为上追求个人能力的提升、品格的完善等。

3. 社会自我　个体对自己社会属性的认识，如：自己在各种社会关系中的角色、地位、权利等。在自我体验上也表现出自豪或自卑，在行为上追求个人的名誉、地位，和他人进行激烈竞争等。

生理自我、心理自我和社会自我是一个由低到高的发展序列，而且三者之间是密切联系的（表3-1）。

表3-1　自我意识的内涵

	自我认知	自我体验	自我调节
生理自我	对自己身体、外貌、衣着、风度、家属、所有物等的认识	英俊、漂亮、有吸引力、迷人、自我悦纳	追求身体的外表、物质欲望的满足，维持家庭的利益等
社会自我	对自己的名望、地位、角色、义务、责任、力量等的认识	自尊、自信、自爱、自豪、自卑、自怜、自恋	追求名誉地位，与他人竞争，争取得到他人的好感等
心理自我	对自己的智力、性格、气质、兴趣、能力、记忆、思维等的认识	有能力、聪明、优雅、敏感、迟钝、感情丰富、细腻	追求信仰，注意行为符合社会规范，要求智慧与能力的发展

二、自我意识的特点

随着个体心理和意识的不断发展，大学生自我意识的发展达到了新的水平。独立感、自尊心、自信心、好胜心等逐步趋于成熟；自我认识、自我体验、自我调节三方面趋于协调发展。总体来说，大学生自我意识的发展是随着年级的上升而发展的，并表现出以下几方面的主要特点。

（一）大学生自我认知方面的主要特点

1. 广度和深度大大提高　大学这一特殊的学习、生活环境，为大学生提供了一个博览群书、自由发展、自我实现的新天地。这个新天地使其自我认识向广度和深度发展提供了有利条件。大学生视野更加开阔，开始关心更多的社会问题，社会也给予他们较高的期望。这时，他们的自我认识不只涉及自己的气质、风度和性格等一般问题，而且还涉及自己的社会地位、社会责任、自我的价值等问题。通过对这些问题的分析和思考，大学生自我意识达到新的广度和深度。

2. 自觉性和主动性明显提高　大学是大学生走向社会前的最后学习阶段。学习期间，在他们面前摆着许多深刻的课题：我将来做个什么样的人？成就什么事业？我能为社会做些什么贡献？求知欲强烈的大学生，总是十分感兴趣而又急切地思考着这些问题，强烈地期待着一个满意的答案。这种思考比少年时期更主动、更自觉，具有较高水平。

3. 自我评价能力提高　随着大学生活的继续，大学生的知识增加了、社会经验也丰富了，大多数人对自己的分析、评价逐渐变得全面、客观和主动，对自己的优缺点有了较正确的认识和评价，并能选择自己的长处进行发展，开始具备在自觉基础上的“自知之明”，但是大学生自我评价的能力有很大的个体差异。

（二）大学生自我体验方面的主要特点

1. 自我体验的形式

（1）丰富性　大学生丰富多彩的学习生活为他们发展自我体验的丰富性提供了有利条件。例如：由于意识到自己的成熟就产生了成人感；由于意识到自己的能力和品德的高低而产生了自豪、自尊或自卑、自惭等体验；由于意识到自己的社会角色和社会地位而产生了社会责任感和义务感。一般来说，在自我体验方面，男生比女生更有自信心、更富于活力，但容易急躁；女生则更热情、内心舒畅感更明显，但容易多愁善感。大学生自我体验的情感基调是积极的、健康的。大学生要注意增强自我意识的指向能力，提高自我认识水平，这将有助于大学生自我体验的丰富性向健康方面发展。

（2）敏感性和波动性　大学生由于对自我的认识还在不断进行中，个性还不够成熟和稳定，也缺乏驾驭情感的意志力量。因此，他们的情感体验表现出明显的敏感性和波动性。他们可能因一时的成功而产生积极的、愉快的情感体验，甚至骄傲自满、忘乎所以；也可能因一时的挫折、失败而低估自我或丧失自信心，甚至悲观失望。到了高年级，当大学生的自我认识和自我控制比较确定后，这种波动性才逐渐降低。

（3）深刻性　大学生的自我体验是深刻的。他们的自我体验不仅与自己的个性特点相联系，还与自己的生活信念和人格倾向相联系。当自我的生活信念和人格倾向为别人所悦纳，或客观事物符合自己的生活信念和人格倾向时，他们就产生愉快的情感体验，否则就产生消极、不愉快的体验。

2. 自我体验的内容

（1）自尊心和好胜心强烈　自尊心是指一个人悦纳并尊重自己，对自己抱肯定态度的情感体验，是一种希望别人尊重自己和自尊自爱的自我意识倾向。自尊心是一种内驱力，它激励着自我不断奋发努力、创造佳绩，尽可能使自己的言行得到别人的尊重，以维护自己存在的价值，强烈地要求肯定自己和保护自己。因此，他们的自尊心很强烈，对触及自尊心的刺激十分敏感。在一项问卷调查中，回答“自己有强烈自尊心”大学生达90%以上。

好胜心是一个人力求获得成功的一种自我意识倾向。好胜心往往与自信心有着密切联系，因为丧失了自信心，就不可能去争取成功。具有极强自信心的大学生，好胜心也是十分强烈的。他们争强好胜、不甘落后，希望能用行动表明自己是人生道路上的强者。例如：有的大学生有目的地参加各种有益的社会活动，从中锻炼和表现自己的才干；大多数学生则把好胜心用在学习上，勤奋努力、博览群书，提高自学能力，为将来事业上的成功打下良好的基础，这是大学生好胜心发展的正确方向。大学生自尊心和好胜心都很强烈，但如把握不当，则容易转化为自尊感或嫉妒心。

（2）孤独感明显　孤独感是指一种由于缺乏他人的理解，自己感到与世隔绝、内心充满孤单寂寞的情感体验。最近，在某高校的一项调查中发现 54.4% 的学生有不同程度的孤独感，尤其是在新生中比例更高，达 81.5%。为什么在大学生中会有如此多的人感到孤独呢？研究表明，大学生产生孤独感的主要原因是青年期的闭锁性心理。大学生自尊心强、独立欲望强烈，但内心世界一般又不轻易向外人袒露，这就造成了一定时期的心理闭锁性。

他们虽然生活在父母、师生之间，却感到缺少可以吐露心声的人，因而常常有莫名的孤独感。对于大学生来说，要减轻闭锁心理，就要积极参加班集体活动和社会活动，尽量多和别人交往，以扩大自己的人际交往范围。学习别人的长处，做到互相理解、互相学习，这样孤独感就可以减轻直至消除。

（3）独立意识强烈　独立意识也叫独立感，是指个体力图摆脱监督和管教的一种自我意识倾向。大学生在生理发育上已完全具备了成人的特点，心理成熟和社会成熟也已达到较高的水平。通过对自我的认识、体验和控制而产生强烈的成人感，其心目中已逐渐确立一个新的自我——成人式的自我。因此，很多大学生渴望摆脱家庭的束缚，自己安排自己的人生。

（4）心理延缓偿付期　自我发现、自我意识形成和人格再构成的时期，是从不承担社会责任到以社会角色出现，并承担社会责任的时期。在这个时期，大学生要经历复杂而艰难的同一性确立和对社会生活的选择。这种确立和选择需要一个过程，而社会也给予青年暂缓履行成人的责任和义务的机会，如大学学习期间。这个时期可以称为大学生对社会的“延缓偿付期”。有了这种社会和心理的延缓偿付期，大学生便可利用这一机会，通过实践、检验、树立、再检验的往复循环过程，决定自己的人生观、价值观及未来的职业，并最终确立自我同一性。

（三）大学生自我控制方面的主要特点

1. 自我控制能力明显提高　在成年人眼中，青年人是精力旺盛、富有朝气的，但也是极为冲动、多变的。这是因为青年人的自我控制能力还较差。处于低年级的大学生，冲动性还较明显。进入中年级，特别是进入高年级后，随着知识积累、生活阅历的增加，大学生自我认识和自我评价水平增强，他们能够根据别人的评价和自己行动结果进行反省，及时调整自己的行为和目标。这说明大学生行为的自觉性和自我控制能力明显增强，而盲目性和冲动性则逐渐减少。大学生自我控制能力的明显提高，还表现在他们的行为和目标能以社会期望和社会要求为转移。如今社会对大学生的要求越来越高，不单看文凭，更看重大学生的真才实学和竞争意识。面对社会的期望和要求，大学生能对自己的目标进行及时的调整，在掌握专业知识的同时，注重外语水平和计算机水平的提高，注重各种能力的培养，以便能更好地适应社会。当然，大学生自我控制水平还缺乏一定的稳定性，还需进一步发展和完善。

2. 自我设计的愿望强烈　大学生有设计自我、完善自我的强烈愿望。他们根据自己设计的“最佳自我形象”而不断地充实自己的知识、培养自己的能力，形成自己良好的性格与品德。大学生的成就动机是最强的，他们不愿做一个庸庸碌碌无为的人，想干出一番事业，对社会、对祖国有所贡献，以实现自己人生的价值。

三、自我意识的发展理论

自我意识的发展理论有很多。心理学的先驱人物冯特、詹姆斯的理论就涉及自我。在20世纪20年代，西方心理学中兴起了研究自我的高潮，其中库利、米德以及弗洛伊德等人的理论与研究起了重要作用。进入20世纪70~80年代，受认知心理学思潮的巨大影响，西方心理学家纷纷从认知过程来深入研究自我问题。这里主要介绍比较有代表性的埃里克森的自我同一性理论。

埃里克森认为人的自我意识发展持续一生，把自我意识的形成和发展过程划分为8个阶段，且其顺序由遗传决定，但是每一阶段能否顺利度过却由环境决定，每一个阶段都是不可忽视的。

（一）婴儿期（0~1.5岁）：基本信任和不信任的心理冲突

此时不要认为婴儿是一个不懂事的小动物，只要吃饱不哭就行，这就大错特错了。此时是基本信任和不信任的心理冲突期。因为这期间孩子开始认识人了，当孩子哭或饿时，父母是否出现则是建立信任感的重要问题。信任在人格中形成了“希望”这一品质，它可增强自我的力量。具有信任感的孩子敢于希望、富于理想，具有强烈的未来定向。反之则不敢希望，时时担忧自己的需要得不到满足。

（二）儿童期（1.5~3岁）：自主、害羞和怀疑的冲突

这一时期，儿童掌握了大量的技能，如爬、走、说话等。一方面父母必须承担起控制儿童行为使之符合社会规范的任务，即养成良好的习惯，如训练儿童大小便，使他们对随地大小便感到羞耻，训练他们按时吃饭、节约粮食等；另一方面儿童开始有自主感，他们坚持自己的进食、排泄方式，所以训练良好的习惯不是一件容易的事。此时父母若过分严厉，会伤害儿童自主感和自我控制能力。如果父母对儿童的保护或惩罚不当，儿童就会产生怀疑，并感到害羞。因此，把握住“度”的问题，才有利于在儿童人格内部形成意志品质。

此时，教育者应以最轻松、简易的方式来进行教育。例如：手抱幼儿或陪他嬉戏时，常用愉快的心情、轻柔的赞美来肯定孩子：你（或直呼其名）是最孝顺的孩子、你是最善良的孩子、你是最开朗的孩子、你是最聪明的孩子、你是最健康的孩子、你是最勤快的孩子、你是最喜欢读书的孩子……营造良好的教育气氛与学习环境是影响孩子人格健全发展的重要因素。因此，希望幼儿未来具备良好的人格特质，现在就应该多加赞美、肯定幼儿，每天如此几次愉快的赞美和肯定，必然先入为主地深深印入幼儿纯净的心灵，形成终身不移的人格特质。良好习性的养成，优美人格的奠定，就在教育者轻松愉快的赞美与肯定中完成。

（三）学龄初期（3~5岁）：主动对内疚的冲突

在这一时期如果幼儿表现出的主动探究行为受到鼓励，便会形成主动性，这能为他将来成为一个有责任感、有创造力的人奠定基础。如果成人讥笑幼儿的独创行为和想象力，那么幼儿就会逐渐失去自信心，这使他们更倾向于生活在别人为他们安排好的狭窄圈子里，缺乏自己开创幸福生活的主动性。当幼儿的主动感超过内疚感时，他们就有了“目的”的品质。埃里克森把目的定义为“一种正视和追求有价值目标的勇气，这种勇气不为幼儿想象的失利、罪疚感和惩罚的恐惧所限制”。当幼儿渐渐成长到4岁后，已慢慢学会语言的应用，学习能力亦逐渐地增进，此时即应该衔接“童蒙养正”的教育。养正，是指培养其端正的心性及行为。

（四）学龄期（6~12岁）：勤奋对自卑的冲突

这一阶段的儿童都应在学校接受教育。学校是训练儿童适应社会、掌握今后生活所必需知识和技能的地方。如果他们能顺利地完成学习课程，很好地掌握学习内容，逐步适应社会，就会获得勤奋感，在学习的过程中体会到乐趣和自我成长、自我改变，使其在今后的独立生活和承担工作任务中充满信心。反之，就会产生自卑。当儿童的勤奋感大于自卑感时，他们就会获得有“能力”的品质。13 岁之后的青少年意识渐开，理解力亦有显著发展，渐渐脱离父母的关怀照顾，正是意气风发的学习独立阶段。此时即应迈进“少年养志”的教育。养志，是指鼓舞他们追求崇高理想的勇气，培养宏观远大的志向。

（五）青春期（12~18 岁）：自我同一性和角色混乱的冲突

此时的青少年反复在质询“我是谁”，面临新的社会要求和社会冲突而感到困扰和混乱。青少年期的主要任务是建立一个新的同一感，或自己在别人眼中的形象及他在社会集体中所占的情感位置。此时，青少年会被社会所期许的形象所左右，不断审视自身的优、劣势，不停地调整自我实现的方向。若感到所处的环境剥夺了其在未来发展中获得自我同一性的种种可能性，便会以令人吃惊的力量抵抗社会环境。在人类社会的丛林中，没有同一性的感觉就没有自身的存在，所以他宁做一个坏人，或干脆死人般地活着，也不愿做不伦不类的人，他自由地选择这一切。随着自我同一性形成了“忠诚”的品质。埃里克森把忠诚定义为“不顾价值系统的必然矛盾，而坚持自己确认的同一性的能力”。

（六）成年早期（18~25 岁）：亲密对孤独的冲突

只有具有牢固的自我同一性的青年人，才敢于承担与他人发生亲密关系的风险。因为与他人发生爱的关系，就是把自己的同一性与他人的同一性融为一体。这里有自我牺牲或损失，只有这样才能在恋爱中建立真正亲密无间的关系，从而获得亲密感，否则将产生孤独感。

（七）成年期（25~65 岁）：繁殖与避免停滞感的冲突

当一个人顺利地度过了自我同一性时期，以后的岁月中将过上幸福充实的生活。他将生儿育女，关心后代的繁殖和养育。生育感有生和育两层含义，一个人即使没生孩子，只要能关心孩子、教育指导孩子也可以具有生育感。反之没有生育感的人，其人格贫乏和停滞，是一个自我关注的人，他们只考虑自己的需要和利益，不关心他人（包括儿童）的需要和利益。在这一时期，人们不仅要生育孩子，同时要承担社会工作，这是一个人对下一代的关心和创造力最旺盛的时期，人们将获得关心和创造力的品质。

（八）成熟期（65 岁以上）：自我完善与绝望的冲突

由于衰老过程，老人的体力、心力和健康每况愈下，对此他们必须做出相应的调整和适应，所以被称为自我完善对绝望感的心理冲突。当老人们回顾过去时，可能怀着充实的感情与世告别，也可能怀着绝望走向死亡。自我完善是一种接受自我、承认现实的感受。如果一个人的自我完善大于绝望，他将获得智慧的品质。埃里克森把它定义为“以超然的态度对待生活和死亡”。老年人对死亡的态度直接影响下一代儿童时期信任感的形成。因此，第 8 阶段和第 1 阶段首尾相连，构成了一个循环或生命的周期。

扫码“学一学”

第二节 大学生自我意识培养

一、大学生自我意识的困扰

1. 自卑 个体由于自我认知偏差等原因所形成的自我轻视和自我否定的情绪体验。这样的学生总是担心被别人歧视或认为自己天资愚钝，将来会无所作为或自己其貌不扬怕被人歧视等。他们给周围人的印象是悲观失望、缺乏信心、惧怕与人交往；但实际上在其内心深处往往有着强烈的发展愿望。奥地利心理学家阿德勒在《自卑与超越》一书中谈到，每个人都有程度不同的自卑，自卑可以超越。许多因身体缺陷引起自卑感的人，能以超出常人10倍的努力奋发图强。实际上，自卑感是在追求成功的过程中经常出现的，只要不过分纠缠于自己的那些不足，正视现实、超越自我，就会获得稳定的自豪感。

案例：李某，男，21岁，某大学三年级学生，自杀身亡。该生身体瘦小、皮肤偏黑、眼睛近视、身体素质差，体育成绩常处于全班最后一名，性格内向，参加班级活动不积极，人际关系不和谐。同学们都认为他为人过于敏感、不好相处。一天，全班上体育课，内容是100米跑，两人一组，由于男生的人数单一个，而他又排在最后，老师只好将他和一名女生排在一组，结果他没有跑赢这名女生。这种场面自然引起在场同学的哄笑。从这以后，该生变得更加沉默和孤僻，某天夜晚外出未归，第二天早晨发现他已在学校的后山上吊身亡。

分析：该生的自卑是因生理和其他社会因素的影响而对自我认识产生了消极态度。当理想和现实一旦发生矛盾冲突时，悲观者便垂头丧气、自我否定，感到前途渺茫，最终对人生失去信心，走上厌世轻生的道路。

2. 自负 个体自以为是、自命不凡的一种情感体验和情绪表现。随着改革开放的深入，人们的思想观念发生了巨变，自信也成为当今大学生较为普遍的优秀品质，他们具有独立思考的精神，对自己的未来踌躇满志；但有些同学自信过度，自我感觉太好，就变成了自负。往往听不进师长的教诲，听不进同龄人的意见，一意孤行。在人际关系中很难与人达成妥协，容易产生矛盾。

3. 自我中心 进入大学以后同学们越来越多地把注意力投向自己，考虑问题总是注重自我的视角，而忽视他人或者客观情况，不能客观、全面地分析问题。外加比较强的自信心、自尊心，容易出现以自我为中心的问题。当今大学生多为独生子女，家庭的过度呵护也在一定程度上造成其过分的以自我为中心，以自身需要为出发点，不懂得顾及他人感受。这种自我中心意识的突出表现就是以个人利益为出发点，个人喜恶为动机，常导致无法得到他人的信任、人际关系不和谐、易受挫折等情况。

4. 过分追求完美 “我是一个完美主义者”，很多同学如此评价自己。对自己严格要求固然是好事，因为崇高的理想以及在生活细微处对自己精益求精的要求能激励我们不断地努力，不断地超越自我。我们在追求完美时，实际上是在享受一种成就感和优越感；然而有的同学会发现在追求完美时，体验到的不是优越感，而是无限的挫折感。他们越努力，却发现离目标越来越远。他们对自己在意的东西都有无限的期望和要求，看重学习的人就会觉得第二名是可耻的失败。

案例：2002年1月16日，某大学本科生黄某在家中跳楼自杀的消息传到学校，几乎所有认识黄某的同学都感到震惊和难以置信。黄某性格外向、与同学相处融洽，学习成绩在班里也名列前茅，连续两年都获得了一等奖学金。自杀前不久，黄某还曾向班主任咨询过报考研究生的有关事宜，并表示去中山大学读研将是自己未来规划的重要一步。“太突然了，我想象不出这样一个人有什么自杀的理由。”然而，在黄某自信开朗的外观下，由过度好强而导致的焦虑和脆弱一直隐隐存在。据有关同学反映，黄某对自己要求很高、非常要强，从来不把自己的困难向别人说，有什么事都自己承担，即使在产生巨大压力时也不愿接受社会支持与帮助。第七学期末要考6门功课，这使下定决心英语六级一定要考优秀的黄某压力陡增。在遗书中，他提到自己已连续7天失眠，自以为英语六级和另一门课程考得不好，担心要重修，并因此不可自拔。1月16日，黄某在割脉自杀不成后，从楼上跳下，死时手上还留有先前缝针的痕迹。这是一个典型的过分追求完美的实例。

5. 逆反　个体在生理基本成熟，心理迅速走向成熟而又未真正达到成熟的时候，渴望在思想上、行动上乃至经济上尽快独立，从而具有很强的独立意识和批判精神。大学生正处在这样的时期，他们的智力发展虽已达到成熟，但阅历有限、经验不足、易于感情用事，以至于形成偏见。当这种偏见与现实生活碰撞时，极易出现偏激的行为。有这种心理的大学生往往对师长的教育或周围的正常事物持消极、冷漠、反感甚至抗拒的态度。他们常常以“顶牛”“对着干”来显示自己的“文明”“非凡”。对正面教育和宣传表现出一种怀疑、不认同的抵制态度，对社会、人生和个人前途显示出玩世不恭。在其行为中往往表现出这样的倾向：越是禁止的东西，越是感兴趣；越是不让做的事，越要做。

大学生产生逆反心理的原因包括主观和客观两方面。主观方面，大学生的独立意识强烈，要求自主自立，渴望得到外界的承认，有着强烈的肯定自我、保护自我及防御伤害的要求；但由于各种原因，其要求难于事事如愿，造成独立意识受阻，于是少数学生就以怀疑、漠视、反对等消极态度对待，并产生强烈的反感，以此来突出自我的位置，表现其独立的个性。大学生在生理上虽然已经成熟，但他们的社会阅历和社会知识还相当缺乏，他们看问题、想事情往往过于简单。在成人看来，大学生的行为有时未免幼稚简单，但是他们却认为是对其人格的不尊重，于是容易产生逆反心理。从客观环境来看，“00后”的大学生是在种种困惑中成长起来的，经常“怀疑一切”。随着社会变革的深入，在引进先进东西的同时，西方自由化思潮也开始在我国滋长，特别是西方各种文化思潮、哲学思潮、政治思潮在校园内推波助澜成为大学生逆反心理迅速蔓延的外部条件。

6. 从众　一种普遍的心理现象。因为个体在群体中生活，会不知不觉地遵从群体压力，在知觉、判断、信仰及行为上，放弃自己的主张，趋向与群体中多数人保持一致。通常所说的“随大流儿”，就是一种较为普遍性的从众行为。在大学校园里常见的从众现象有：学习从众、消费从众、恋爱从众、作弊从众、入党从众、择业从众等。从众心理人皆有之，但从众心理过强、凡事从众就会导致独立性差，缺乏个体倾向性的世界观、人生观、价值观，自我意识薄弱，有碍于心理发展。有过强从众心理的学生，在现实社会中缺乏主见、丧失自我、无创造性，在大是大非面前往往无法把握自己，甚至迷失方向。

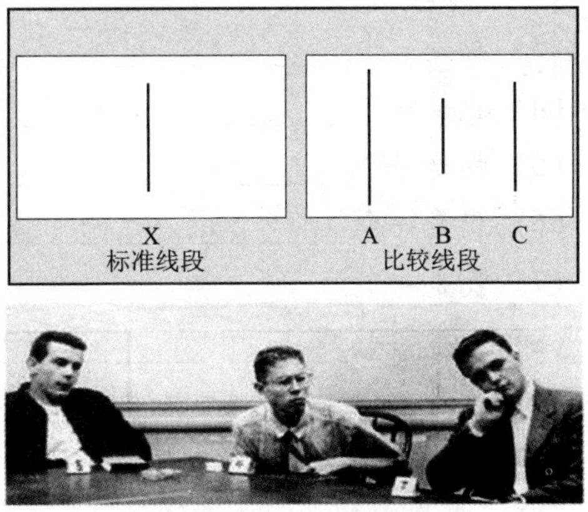

图 3-2　从众行为实验

社会心理学家阿希在一系列经典的研究中探讨过从众行为。在实验中让一名真被试与另外7~9人（实际上是实验者的助手）一起坐在桌旁，实验者呈现3条长短不一的线段，并要求判断哪一条和另一幅画中的标准线段一样长（图3-2）。每个人轮流大声说出自己的判断，而被试在倒数第二个位置上。在大多数试验对象里，每人都说出同样的正确回答；但在几次预先确定的关键试验中，实验者预先告诉助手说出错误的答案。结果发现即使正确答案十分明显，但在关键试验中，被试迎合团体的意见平均达 32%，有 74% 的被试至少有 1 次从众。在阿希之后，研究者参照其实验程序，做了大量实验，进行重复验证。虽然在实验中并非有那么多的从众现象，但是实验确实表明在下列情况下从众现象会增加：①个体感到力不从心或有不确定感；②团体中至少要有 3 个人；③团体的意见是一致的；④个体崇尚团体的地位和吸引力；⑤个体对任何回答都没有做出预先的承诺；⑥个体的举动可以被团体中的其他人看到；⑦个体所处的文化非常鼓励人们对社会标准的尊崇。

二、大学生自我意识的培养

大学生要积极主动地了解自己，形成正确的自我概念，培养健康的自我意识，使自我评价更加客观，自我体验更加积极，自我控制更加有力，这样才能促进大学生的健康发展。

（一）正确认识自我

正确认识自我就是要全面地了解自我，其中特别重要的是要了解自己的长处和短处，把握自己与群体的关系，自己在社会生活中所处的位置，对自我做出恰如其分的评价。正确认识自我是建立健全自我意识的基础，有利于调适现在的我和构建未来的我。如果一个人能对自己有一个全面、正确的认识和评价，就能够扬长避短、取长补短，根据实际情况选择相应的目标为之努力奋斗。

1. 在经常的自省中认识自我 孔子曰："吾日三省吾身。"要引导大学生学会自省，经常检查自己行为和动机正确与否，行为过程中有什么不足、结果如何，有哪些收获和缺憾，从中发现长短得失，以便有的放矢地进行自我调整。

心理游戏

20 个我是谁

指导语： 请在下面完成 20 个"我是一个怎么样的人"的句子，要求尽量能够反映出你本身的性格和风格。

（1）我是一个________________

（2）我是一个________________

（3）我是一个________________

（4）我是一个________________

（5）我是一个________________

（6）我是一个________________

（7）我是一个________________

（8）我是一个________________

（9）我是一个________________

（10）我是一个________________

（11）我是一个________________

（12）我是一个________________

（13）我是一个______

（14）我是一个______

（15）我是一个______

（16）我是一个______

（17）我是一个______

（18）我是一个______

（19）我是一个______

（20）我是一个______

评价：请评估你对自己的陈述是积极的还是消极的，并对自己描述的每个句子进行判断，如果是正向就标记为（+），负向就标记为（-），如果正向的句子多于负向的句子，说明你的自我接纳状态良好；如果负向的句子多于正向的句子，说明你不能很好地接纳自己，需要进一步深入挖掘自身的优点，加强完善与改变。

请将以上的句子进行分类，总结你自身的描述哪方面是比较模糊和负向的。

生理自我（你的体貌特征，如年龄、身高、体型、血型等）

编号：______

心理自我（你的个性、能力、兴趣爱好等）

编号：______

社会自我（你的社会角色、人际关系等）

编号：______

2. 在他人的评价中认识自我 心理学家认为，当一个人的自我评价与别人对其客观评价一致性程度较大时，表明其自我意识较为成熟。了解他人对自己的看法，常有助于发现自己忽视的问题。唐太宗有句名言："以镜为鉴，可以整衣冠；以人为鉴，可以知得失。"个体可以通过他人对自己的态度、期望、评价来进一步认识自己。值得注意的是，对别人的评价应有一个正确的态度，不因过高的评价而飘飘然，也不为过低的评价而失去信心。

3. 在与人的比较中认识自我，有比较才有鉴别 人们在缺乏客观评价标准的情况下，可以通过与他人的比较来评价自己。与周围的普通人比较，能认识自己的实际水平及在群体中的地位；而与杰出人物比较，则能找出自己的差距和努力方向。与他人比较，最重要的是要选定恰当的而不是盲目的参照系。同时还要学会用发展的眼光、辩证的方法去看待自己和他人。比较的视野越广阔、方法越科学，自我的位置就定得越恰当。恰当地与他人比较，可做到既不妄自尊大，也不妄自菲薄，从而能合乎实际地确定自己的奋斗目标和行动计划。

4. 通过自我比较来认识自我 人们不仅可以通过与他人比较来认识自我，还可以通过把目前的"自我"与过去或将来的"自我"相比较来进一步认识自我。心理学家曾提出"自尊=成就/抱负"，这说明个体的自我评价不仅取决于他的成就，而且取决于他的抱负水平，取决于两者之间的比较。过去的成就水平越高，个体越容易积极地评价自己；而指向未来的抱负水平越高，个体越不容易满足，越难以对自己做出肯定的评价。所以，在培养大学生正确的自我意识的过程中，一方面要鼓励学生超越自我，不满足现有的成绩；另一方面也应该引导学生制定合理的目标，不要一味地跟自己过不去。

5. 通过活动成果来认识自我 活动成果的价值有时直接标志着自身的价值。社会衡量一个人的价值主要是通过活动成果认定的。理想的活动成果可以使个体进一步认识自我的能力，发现自我的价值，从而进一步开发潜能、激发自信。

心理阅读

把自己当成自己

一个16岁的少年去拜访一位年长的智者。他问："我如何才能变成一个自己愉快、也能带给别人愉快的人呢？"智者望着他笑着说："孩子，在你这个年龄有这样的愿望，已经很难得了。我送给你四句话。第一句话是，把自己当成别人。你能说说这句话的含义吗？"少年回答说："是不是说，在我感到痛苦忧伤的时候，就把自己当成是别人，这样痛苦就自然减轻了；当我欣喜若狂之时，把自己当成别人，那些狂喜也会变得平和中正一些？"智者微微点头，接着说："第二句话，把别人当成自己。"少年沉思了一会儿说："这样就可以真正同情别人的不幸，理解别人的需求，并且在别人需要的时候给予恰当的帮助？"智者两眼发光，继续说道："第三句话，把别人当成别人。"少年说："这句话的意思是不是说，要充分地尊重每个人的独立性，在任何情形下都不可侵犯他人的核心领地？"智者哈哈大笑："很好，很好。孺子可教也！第四句话是，把自己当成自己。这句话理解起来太难了，留着你以后慢慢品味吧。"少年说："这句话的含义，我是一时体会不出。但这四句话之间就有许多自相矛盾之处，我用什么才能把它们统一起来呢？"智者说："很简单，用一生的时间经历。"

（二）积极悦纳自我

心理研究表明：心理健康者更多地表现出对自我的接受和认可，而心理障碍者则明显表现出对自我的不满和排斥。有些大学生对自己的容貌、性格、才能、家庭等某一方面或几方面不满，而又无力改变，便产生自我排斥的心理。人总要对自己有所肯定又有所否定，并且在自我意识的发展中建立起二者的动态平衡。否则对自己不满过于强烈，就会加剧心理矛盾，产生持续紧张的心理，这样不仅会使个体感到活得很累，还可能引发心理问题。悦纳自我是培养健康的自我意识的关键和核心。

要学生积极地悦纳自我，首先要引导学生积极地评价自己。这是促使他们产生自尊感、克服自卑感的关键。在教育的过程中要处处保护学生的自尊心，即使在批评学生时，也要尊重学生的人格。此外就学生自身而言，需要强化四个理念：①坚信"只要真正付出努力，同等条件下，别人行，我也一定能行"，以此来增强自信。而强烈的自信和理智的努力则能激发个体的潜能，促进成功。成功后的愉悦又可以使个体进一步增添自信，形成良性循环。②不忘"尺有所短，寸有所长"，恰当地认识自己，而不是苛求自己。③懂得"失之东隅，收之桑榆"，正视自己的短处，既努力扬长也注意补短。一个人在某些方面自觉不足，如果通过积极的努力来补偿，以最大的决心和最顽强的毅力去克服这些缺陷，往往最终能取得成功。华罗庚以"勤能补拙"为良训成为数学家就是例证。④记住"失败是成功之母"，正确地对待成功和失败，成功和失败是相辅相成的，成功的果实，只能在艰辛的努力中逐渐成熟。

以下是能让你充满自信的五个动作。

1. 避免手插口袋　当我们感觉不舒服或不自信的时候，就会本能地藏起双手。而将双手置于口袋之外则是自信的表现，传递的是“君子坦荡荡，没什么可隐藏”的信息。

2. 挺胸站直身体　如果你在平时生活中始终低头垂肩、没精打采，那么挺胸站直肯定具有挑战性，试试在镜子前保持挺胸站直动作，你会惊讶地发现，这个动作的确会让你自信倍增。

3. 保持微笑　不妨做这样一个试验：当你走在街上或者走进办公室的时候，对与你擦肩而过的人微笑，再看看对方有何反应。结果十有八九，对方也会对你微笑。微笑可以增添自信，可以拉近人际距离。

4. 社交时不要交叉双臂　双臂交叉合抱于胸前这种防御性动作传递的信息包括：封闭内心、心情不好、不想与人交流。社交中应适当放松，不要交叉双臂。

5. 身体接触表达欣赏　身体接触动作可表达善意和亲密。轻拍后背这一动作就可表达欣赏和支持。

（三）科学地塑造自我

大学生情感丰富，社会磨炼不足，加上人生观和价值观没有完全确立，很容易受到各种社会思潮与其他外部环境的影响，对待问题容易偏激和情绪化，对自己的长处和短处往往估计不足。顺境时，易自视过高，挫折时，又易走到另一个极端，自卑自弃。大学阶段是人生的转折时期，尤其要注意塑造自我，为在日后的社会竞争中取得成功打下良好的基础。科学地塑造自我，需要做到以下几点。

1. 确立明确的行动目标　人的行为特点是有目的的，个体的行为是否有目的性，结果是不一样的。一般地说，有目标指向的行为较无目标指向的行为成就大得多。因为正确的目标能够诱发人的动机，强化人的行为，并促使其驶向预定的方向。例如：有的同学能够抵御种种诱惑、刻苦攻读，学业优秀是因其把学习成绩与自己未来的发展联系起来了。确立正确的自我目标，关键是要按照社会的需要和个人的特点来进行设计，做一个“自如的我、独特的我、最好的我、社会欢迎的我”。所谓“做一个自如的我”是指不要给自己提出力所不能及的过高要求，使自己总是陷入自责、自怨、自恨的境地，而是给自己设计只要付出相当的努力就能达到的目标，从而能够在坦然面对自己的客观存在的前提下，不忘积极地生活；所谓“做一个独特的我”是指不要一味地追求时尚，在刻意模仿中失去自我，而是在接受自我的过程中，扬长避短，得以自在地生活；所谓“做一个最好的我”是指立足于现实，选择适合自己的人生道路，尽最大努力，达到最佳水平，充分实现自己的人生价值，能够满意地生活；所谓“做一个社会欢迎的我”是指要有正确的价值取向，把自我实现的蓝图与祖国的富强、人类的文明结合起来，努力为社会做出自己最大的贡献，真正充实地生活。

2. 培养自控能力　在实现人生目标的旅途上，既有各种本能欲望的干扰，又有各种外界诱惑的侵袭。本能的欲望常令人失去理智，如：贪图安逸、追求物欲等。名利和物质的诱惑，容易使人偏离正确的前进轨道，丧失奋进的斗志，放弃对远大目标的追求，甚至把青年学生引向堕落。一个人要想成就一番事业，就必须能够抵制诱惑，主宰自己的行动，这就需要有较强的自我控制能力，以保证理智地约束自己的情感，把握自己的行为。自我控制的动力来源，在于从根本利益和长远利益上看问题。有些诱惑之所以对个体很有吸引力，就是因为它充分地显示了表面的、暂时的利益。比如：在学习紧张的时候，看一场精彩的球赛可能比枯燥的学习更有吸引力，因为它能使人度过一个更愉快的夜晚。类似的种种诱惑，每天都可能存在，如果不能抵御，最终可能在考场上难以过关，在就业竞争中处于不利地位。若能更多地想到自己的根本利益和长远目标，就会有控制自己的动力，得以抵御表面的、暂时的利益诱惑。个体在决定做某一件事的时候，常会产生各种对立动机的内部斗争，主要是高级的动机（义务感、责任感、道德感等）跟低级的动机（满足个人的某种欲望）之间的斗争。这种斗争的结局，可以看出其自制力的高低。要检验一个人自制能力的强弱，可以看他的行为主要是臣服于本能的欲望或偶然的冲动、情感的驱使，选择“想要做”的事情，还是受理智的制约，选择“应该做”的事情。如果要有较强的自制力，那么就要做“应当做”的事情，从而自主地塑造自己。

3. 塑造健全的人格 人格是一个人在与其环境相互作用过程中所表现出来的独特的思维模式、行为方式和情感反应的特征。人格不仅是人的心理面貌的集中反映，而且是人心理行为的基础。它在很大程度上决定了人对外界刺激做出怎样的反应，将直接影响人的身心健康、活动效果、潜能开发以及社会适应情况，进而也将影响一个人包括生理、心理和社会文化素质在内的综合素质的发展。健康自我意识的形成，除了要有对自我的正确认知外，还要有健全人格的支持。培养大学生积极、和谐、健全的人格，对自我意识的发展将起到良好的生成和促进作用。首先要学会克服人格弱点，合理整合人格。每个人的人格都有一定的缺陷，但只要敢于面对自我，不文过饰非，则其缺点就能被控制在一定的限度之内。其次要学会积极调控情绪，良好的心境状态能够使人精神振奋，有利于个体人格的健康发展。并且要努力学习知识，丰富智力内涵。荣格有句名言：“文化的最后成果是人格。”学习科学文化知识，增长智慧的过程也是塑造健全人格的重要环节。个人的发展离不开集体的影响，人格发展、塑造的过程正是个人与他人、集体、社会相互作用的过程。大学生通过社会交往，特别是与同学、朋友进行沟通和交流，能够获得理解和帮助，从而增进了解、开阔心胸，这对维持和优化其人格品质有较大的影响。

心理测验

自我和谐量表（SCCS）

指导语：表 3-2 是一些个人对自己看法的陈述，填答时，请看清每句话的意思，然后选一个数字（“1”代表完全不符合你的情况，“2”代表比较不符合你的情况，“3”代表不确定，“4”代表比较符合你的情况，“5”代表完全符合你的情况）以代表该句话与你现在对自己的看法相符合的程度，每个人对自己的看法都有其独特性。因此，答案是没有对错的，你只要如实回答就行了。

表 3-2　自我和谐量表（SCCS）

题　目	1	2	3	4	5
1. 我周围的人往往觉得我对自己的看法有些矛盾					
2. 有时我会对自己在某方面的表现不满意					
3. 每当遇到困难，我总是首先分析造成困难的原因					

续表

题　目	1	2	3	4	5
4. 我很难恰当表达对别人的情感反应					
5. 我对很多事情都有自己的观点，但我并不要求别人也与我一样					
6. 我一旦形成对事物的看法，就不会再改变					
7. 我经常对自己的行为不满意					
8. 尽管有时得做一些不愿意的事，但我基本上是按自己意愿办事的					
9. 一件事好是好，不好是不好，没有什么可含糊的					
10. 如果我在某件事上不顺利，我就往往会怀疑自己的能力					
11. 我至少有几个知心朋友					
12. 我觉得我所做得很多事情都是不该做的					
13. 不论别人怎么说，我的观点决不改变					
14. 别人常常会误解我对他们的好意					
15. 很多情况下我不得不对自己的能力表示怀疑					
16. 我朋友中有些是与我截然不同的人，这并不影响我们的关系					
17. 与朋友交往过多容易暴露自己的隐私					
18. 我很了解自己对周围人的情感					
19. 我觉得自己目前的处境与我的要求相距太远					
20. 我很少去想自己所做的事是否应该					
21. 我所遇到的很多问题都无法自己解决					
22. 我很清楚自己是什么样的人					
23. 我能很自如地表达我所要表达的意思					
24. 如果有足够的证据，我也可以改变自己的观点					
25. 我很少考虑自己是一个什么样的人					
26. 把心里话告诉别人不仅得不到帮助，还可能招致麻烦					
27. 在遇到问题时，我总觉得别人都离我很远					
28. 我觉得很难发挥出自己应有的水平					
29. 我很担心自己的所作所为会引起别人的误解					
30. 如果我发现自己某些方面表现不佳，总希望尽快弥补					
31. 每个人都在忙自己的事，很难与他们沟通					
32. 我认为能力再强的人也可能遇上难题					
33. 我经常感到自己是孤独无援的					
34. 一旦遇到麻烦，无论怎样做都无济于事					
35. 我总能清楚地了解自己的感受					

计分与评价：本量表经因素分析可得到三个分量表——“自我与经验的不和谐”“自我的灵活性”及“自我的刻板性”。各分量表的得分为其所包含的项目分直接相加。三个分量表包含的项目分别为：①自我与经验的不和谐：1，4，7，10，12，14，15，17，19，21，23，27，28，29，31，33；②自我的灵活性：2，3，5，8，11，16，18，22，24，30，

32，35；③自我的刻板性：6，9，13，20，25，26，34。

计算三个量表总分的方法是将“自我的灵活性”项目反向计分，再与其他两个分量表得分相加，得分越高自我和谐程度越低。在大学生中，低于74分为低分组，75~102分为中间组，103分以上为高分组。

心理阅读

我是谁

我是谁？一年来我一直问自己这个问题，但我始终没有找到答案，因为像我这样的人我的身边到处都是。

2006年5月20日，这一天是我第一次主动介入人生命运的一天。我搭乘姐姐珍妮的车子去她家时，我们的话题从我的学业转到了我即将到来的暑期生活。在暑期，我打算和朋友们玩玩电脑、打打球，还要和家人一起度假，当然也会像别的18岁的少年一样在家门口闲逛。然而，珍妮没有把我当成“别的18岁的少年”。她让我重新思考“我究竟是谁”这个问题。她首先和我讨论了我的爱好和潜力，然后提到了一个我从7岁起就与表哥迈克尔一起参加的志愿者组织——为“奥德赛冒险跑”做服务工作。“奥德赛冒险跑”是一项非常艰苦的运动，包括各种极端的项目，如：攀岩、泅水、山地骑车、定向识途、越野跑等。而我从来只能以服务者的身份出现，对于参加比赛却从来不敢尝试。珍妮听后笑了，她告诉我有一个“奥德赛一天”的比赛将在7月份举行。这个比赛是针对“奥德赛冒险跑”初学者的，要在24小时内走完80英里，而这对一般人来说也是一种极限的挑战。我当时极其犹豫，我怀疑自己的能力，像我这样总是与电脑网络为伴的“非运动型”女孩真的可以通过这样的挑战吗？我不确定。而珍妮却似乎信心十足，她说她一定可以帮我知道“我是谁”。

最终，我参加了比赛。接下来的两个月就是各种艰苦的训练。在我们训练期间，珍妮做了一些有关“奥德赛一天”比赛的研究。她发现，如果我完成了这项竞赛，就将成为有史以来完成这项竞赛的最年轻的女选手。珍妮把她的发现告诉了我，也告诉了我认识的所有人。2006年7月22日，比赛从下午1时开始，次日下午1时结束。两英里的越野跑我完成得还不错，接着是穿越21~25英里的混合地形。这段路程中我一直在问：“结束了吗？”但是总是没有。泅水的前6英里进行得还算顺利，但在后3英里遭遇了倾盆大雨。泅水结束后，我浑身潮湿，不住颤抖，而这时太阳已经落山了。我们还要继续进行定向识途项目。时间一小时又一小时地过去，我经历了恐惧、焦虑和挫折，才终于到达攀岩地点。我的最后一个项目是山地骑车，我在光秃秃的山区骑了一段路后，竟不知道自己身处什么位置了！四周是陌生的茫茫一片。当时我想：人生还有比这更糟糕的吗？在这样的险峻之地，时而心惊肉跳地下坡，时而要应付崎岖的地形，尤其是布满小石块的地形，控制自行车和刹车都很困难，我浑身上下已经酸痛无比……终于，离目的地只有10英里了，但是我已经累得快要死了，双脚发软、全身无力，只有亢奋的大脑还在提醒我，到达终点线，我就能获得胜利，赢得称号，找到自我。当我到达终点的那一刻，我终于了解，其实我可以做一个愿意为某个目标比别人多付出努力的年轻人。而我就是这样的一个人。

你可能会问：“参加一次比赛真的能够对我的人生有很大改变吗？”我会回答你：是的。因为在这样一个特别的夏天，在这样一次极限挑战之后，我终于知道我是谁了。我的名字叫劳拉·费尔普斯，世界上完成了“奥德赛一天”冒险跑的最年轻的女选手！我想告诉你，当你在努力抵达目标后，你就会清楚自己到底是谁了。

思 考 题

1. 简述自我意识的结构。
2. 简述大学生自我意识的特点。
3. 简述大学生自我意识的困扰。
4. 简述如何培养大学生健全的自我意识。

（杜 旸）

扫码“练一练”

第四章

大学生人格的发展与完善

学习目标

1. 掌握人格、能力、需要、动机等概念，正确理解气质含义。
2. 熟悉人格的构成，动机与工作效率的关系。
3. 了解人格形成的影响因素及人格障碍的种类。

案例导入

马加爵，男，1982 年出生，云南大学生化学院生物技术专业 2000 级学生。2004 年 2 月 13 日~15 日，他因为一些鸡毛蒜皮的小事将 4 名同学残忍杀害。当时是寒假，马加爵没有回家，与提前返校的 4 个同学在学生公寓打牌，因怀疑马加爵偷牌而发生争执。马加爵于是决意将 4 人杀害，他采取铁锤打击头部的犯罪手段将 4 名被害人逐一杀害，并把被害人尸体藏匿于宿舍衣柜内。马加爵作案后于 2 月 15 日晚乘坐昆明至广州的火车逃离，经公安部通缉，于 3 月 15 日晚被海南省三亚市公安机关抓捕归案，并被依法判处死刑。马加爵事件轰动全国。犯罪心理家对此案进行了全面调查，发现真正决定马加爵犯罪的不是贫困或其他原因，而是他的心理问题，即强烈压抑的情绪特点、扭曲的人生观，以“自我为中心”的性格缺陷。以自我为中心是很多罪犯共有的人格特点，他们和别人发生争执的时候，首先想到的是别人怎么对不起他们，从来没有想到自己是否对不起别人。这种扭曲的人格特点不仅会贻害他人，最终也会害了自己。

扫码“学一学”

第一节 概 述

一、人格的含义

人格也称个性，迄今为止，很难给人格下一个人们都能接受的定义。目前，人格的定义有上百种之多，但尽管人们见解不一、描述不同，却仍有一些共识的部分。

人格是构成一个人的思想、情感及行为的特有模式。这个独特的模式包含了一个人区别于他人的稳定而统一的心理品质。

知识拓展

“人格”一词的来源

从字源上看，我国古代汉语中没有“人格”这个词，但有“人性”“人品”“品格”等词。这些词与“人格”一词在内容上有联系，但它们毕竟是不同的术语。中文中的“人格”术语是从现代日文中引入的；日文中的“人格”一词则来自英文“personality”一词的意译；而英语中的“personality”一词源于拉丁文的“persona”，本义是指面具（mask），即演戏时应剧情需要所画的脸谱，表现剧中人物的角色和身份。把面具指义为人格，包含两层意思：一是指个人在生活舞台上表演出的各种行为，表现于外给人印象的特点或公开的自我；二是指个人蕴藏于内而未外显的特点，即被遮盖起来的、真实的自我。因此，从字源上来看，人格就是我国古代学者所说的“蕴蓄于中，形诸于外”。

（引自《人格心理学》，作者：黄希庭）

二、人格的特征

1. 独特性　人格是在遗传因素和外界环境因素共同作用下形成的。由于世界上不太可能有两个人经历完全相同的作用因素，因而形成了各自独特的人格特点。这种特点被称为人格的独特性，尽管人格具有独特性，但也应承认生活在同一社会群体的人会具有一些共同的特质。

2. 稳定性　人格的稳定性是指由心理特征构成的人格结构不易改变，对行为的影响具有一贯性，偶尔表现出来的心理特征不能称作人格特征。如在入学的同乡会上一贯内向的小华表现得异常兴奋，与自己老乡谈笑不拘并表演了节目，但这并不能表明小华就具备外向特点。要特别说明的是，对于人格的稳定性应辩证看待，即稳定性是相对的，不是绝对不能改变，而是在一般条件下改变较困难。

3. 统合性　人格是由多种成分构成的有机整体，受自我意识的调控。一个人的个性倾向、心理过程和个性心理特征都是有机结合，而不是偶然拼凑的，个性心理特征只有在心理过程中才能体现出来。人格的统合性是心理健康的重要指标。

4. 功能性　外界环境的刺激是通过人格的中介才起作用的，即人格对个人的行为具有调节功能，人们常说的人格决定命运，就是针对人格的功能性而言的。

三、人格的构成

人格主要由人格心理特征、人格倾向性和自我意识构成；人格心理特征为人的特征系统，人格倾向性是人的动力系统，自我意识则为人的调控系统。

（一）人格心理特征

人格心理特征是个体表现出来的本质的、经常的、稳定的心理特点。人格心理特征包括能力、气质和性格，其中性格是人格心理特征的核心。

1. 能力　顺利、有效地完成某项活动所必须具备的心理条件。按能力结构可分为一般能力和特殊能力。一般能力是指完成任何事情都需要的、最基本的心理条件，包括注意力、观察力、记忆力、想象力、思维能力等，一般能力通常称为智力；特殊能力是指从事某种专业或某些特殊领域所需要的能力，如机械能力、音乐能力等。能力的其他分类参见第七章。

能力是大学生能够顺利完成学业或进行创造性活动的基础条件。能力受先天因素的制约也受后天环境的影响，先天因素指遗传特质，常称为素质；后天环境指早期经验、营养、教育和自身努力等因素，教育活动促进能力发展，提高解决问题的能力，自身努力是能力发展的重要条件。

2. 气质 心理活动表现在强度（如情绪的强弱，意志坚韧的程度）、速度（如知觉速度、思维的灵活程度）、稳定性（如注意力集中时间的长短）和灵活性等方面动力性质的心理特征。它相当于日常生活中所说的脾气、禀性。人的气质有很多特征，根据不同组合，可分为不同的类型，气质类型的理论基础主要有希波克拉底的气质类型学说和巴普洛夫的高级神经活动类型学说。

（1）希波克拉底的气质类型学说 古希腊哲学家希波克拉底根据自己的观察，将人分为胆汁质、多血质、黏液质和抑郁质四种体质类型，后经六百年后的罗马医生盖伦的总结形成了气质概念。现代气质学说仍沿用这四种类型的名称。四种气质类型的心理特征及行为表现如表 4-1 所示。

表 4-1 四种气质类型的心理特征及行为表现

气质类型	心理特征及行为表现
胆汁质	感受性低，耐受性高，能忍受强烈的刺激，能坚持长时间的工作而不知疲劳，精力旺盛，外倾明显，直爽热情，情绪兴奋性高，但心境变化剧烈，情绪产生迅速，具爆发性，难于自我克制
多血质	感受性低，耐受性高，反应灵敏，活泼好动，外倾，易适应外界环境变化，善交际，易接受新生事物，但注意力易分散，兴趣多变
黏液质	感受性低、耐受性高，反应速度慢，情绪兴奋性低，但很平稳，举止平和，踏实，行为内向，头脑清醒，做事有条不紊但易循规蹈矩，注意稳定性强，不善言谈，交际适度
抑郁质	感受性高，耐受性低，内心体验深刻，行为极端内向，敏感机智，能注意到别人注意不到的事物，多愁善感，喜独处不愿交往，做事认真仔细，动作迟缓，防御反应明显

（2）巴普洛夫的高级神经活动类型学说 巴普洛夫认为高级神经活动具有兴奋和抑制两个基本过程。这两个基本过程又具有三个基本特性，即强度、平衡性和灵活性。神经过程的强度是指大脑神经细胞经受长时间的、强有力的兴奋和抑制的能力。神经过程的平衡性，即兴奋过程和抑制过程强度上的相互关系。灵活性是指兴奋过程和抑制过程相互交替的容易程度和速度。这三种基本特性的不同组合构成了动物高级神经活动的不同类型。其中最常见的是以下四种类型：①强、不平衡、兴奋过程占优势型；②强、平衡、灵活型；③强、平衡、不灵活型；④弱、抑制过程占优势型。神经过程特性、高级神经活动类型与气质类型的关系如表 4-2 所示。

表 4-2 神经过程特性、高级神经活动类型与气质类型的关系

神经过程的基本特性			高级神经活动类型	对应气质类型
强度	平衡性	灵活性		
强	不平衡		兴奋型	胆汁质
强	平衡	灵活	活泼型	多血质
强	平衡	不灵活	安静型	黏液质
弱				抑郁质

气质主要是先天形成的，主要受遗传因素影响。气质类型在人的一生中比较稳定，即所谓的“江山易改，禀性难移”，但若遇重大生活事件，也可在一定程度上有所改变；气质类型没有好坏之分，各有优劣，仅仅使人的行为带有某种动力特征，对人的事业成就影响不大。典型的气质类型在现实生活中较少，大部分人属于中间型或两种及三种类型的混合型。

3. 性格　一个人在现实的、稳定的态度和习惯化的行为方式中表现出来的人格特征。态度是一个人在生活中对人、物或思想观念的一种倾向性反应，由认知、情感和行为倾向三个因素组成。如果说气质体现人格的生物属性，性格则更多地体现人格的社会属性，个体之间人格差异的核心是性格差异。

（1）性格特征

1）性格的态度特征　人对待事物态度方面的性格特征。大学生的性格特征主要表现在对社会、集体、他人、自己及对学习、工作等方面的态度。如：对他人是乐于助人，还是自私冷漠；对学习是认真，还是敷衍等。态度特征是性格的核心。

2）性格的理智特征　一个人在认知活动中的相关特征。如：有的人善于观察、深思熟虑、独立思考，有的人则愿意借用现成答案等。

3）性格的情绪特征　人的情绪的强度、稳定性、持久性及情绪的高低等方面的特征。良好的情绪特征体现在善于控制自己的情绪，情绪稳定、心境乐观；不良的情绪特征则与此相反。

4）性格的意志特征　一个人对自己的行为，自觉进行调节的特征。大学生坚韧不拔、有毅力、自制力强等是有良好意志特征的体现；优柔寡断、放任自流、怯懦、任性则是不良的意志特征。

（2）性格类型　某些性格特征的独特结合。由于性格的复杂性，划分的标准不同等因素，性格类型的划分迄今尚无共识，这里介绍几种有代表性的分类。

1）内倾型和外倾型　卡尔·G·荣格（1875~1961）认为在与世界的联系中，人的精神有两种态度。一种态度为内倾（或称内向），另一种为外倾（或称外向）。内倾是指心理能量转向内部，具有一种主观倾向，按自己对客观事物的认识来活动；外倾则是把心理能量向外部转换，从而使人指向外在客观事物，其心理活动主要由外界和自身的关系引起和支配。内倾型的人注重内心活动，好沉思、善内省、孤僻寡言、反应缓慢、多愁善感。外倾型的人性格开朗、活泼、热情、自信、善交往、勇于进取、适应力强。几乎每个人都有内倾和外倾两种态度，纯粹的外倾型或内倾型的人并不多见，往往以其占优势的倾向确定性格类型。

2）场独立型和场依存型　美国心理学家威特金（1916~1979）根据人的认知风格的不同提出了场依存性-场独立性学说，把人的性格分成场独立型和场依存型两类。场独立型的人往往倾向于更多地利用自身内在的参考标志，主动地对信息进行加工，这类人的社会敏感性差，对他人不感兴趣，不善社会交往，比较喜欢独立地发现问题和解决问题，不易受次要因素干扰，受暗示性也较少，活动中易于发挥自己的能力，比较有创造性，善抓住问题的关键，灵活运用知识解决新问题。场依存型的人常处于被动、服从地位，缺乏主见、受暗示性强，这类人常对他人感兴趣，社会敏感性强，善于人际交往，社会技能高，但在认知方式上，如面临新问题时，难于应付，灵活性差。威特金强调，这两个性格类型属于一个维度的两端，每个人的性格特征都处于这个维度链条的某一点上。

3）A 型和 B 型　A 型性格由美国心脏病专家 Friedman 和 Rosenman 于 20 世纪 50 年代提出，其基本特征为行事效率高，行为急促，时程安排紧凑，脾气急躁，缺乏耐心，上进心强，做事认真，常常是雄心勃勃，目标远大，措施强硬，生活常处于紧张状态，成就欲高。A 型性格被认为与冠心病的发病相关。B 型性格与 A 型性格相对应，B 型性格的人喜欢慢步调的生活节奏，性情不温不火，对工作和生活满足感强。

（二）人格倾向性

人格倾向性指影响或决定人的行为方向的某些心理现象，是人的动力系统。包括需要、动机、兴趣、信念及价值观等内容。

1. 需要

（1）需要的概念　有机体内部的一种不平衡状态。它表现在有机体内部环境或外部生活条件的一种稳定的需求，并成为有机体活动的源泉。需要是由个体对某种客观事物的要求引起的，是个体行为动力的重要源泉，即人们的一切活动都是为了满足需要。人的需要和动物的需要有着本质区别。

（2）需要的种类　人的需要是多种多样的，按需要的起源可分为生理性需要和社会性需要；按指向的对象可分为物质需要和精神需要等。生理性需要满足的是个体生存和种族延续的要求，如饮食、睡眠及性的需要等，常由人的生物本能所决定；社会性需要是人类在社会活动中逐渐形成的高级需要，如交往、求知等。社会性需要由社会的发展条件决定，它的满足多体现在精神层面，当社会性需要得不到满足时，往往能够引起消极情绪和情感。如：大学生在人际交往中受阻时经常表现出抑郁、愤怒等负性情绪。

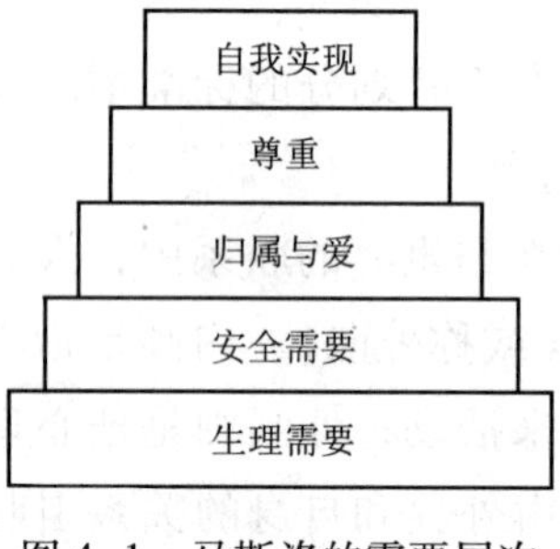

图 4-1　马斯洛的需要层次

（3）需要的结构　需要结构理论最著名的为马斯洛（A · H · Maslow，1908～1970）的需要层次理论（图 4-1）。马斯洛认为，人的需要是分层次的，由低到高分为五个等级。需要的层次越低，它的力量越强，潜力越大。随着需要层次的上升，需要的力量相应减弱。在高级需要出现之前，必须先满足低级需要，只有在低级需要得到满足或部分得到满足后，高级需要才有可能出现。在个体发展过程中，高级需要出现得较晚。

低级需要直接关系到个体的生存，被称为缺失性需要，高级需要则被称为生长性需要。

1）生理需要　人类最原始最基本的需要，具有自身种族保存意义。如：饮食、睡眠、性需要等。

2）安全需要　在生理需要满足的基础上产生的需要。如：生活安定、秩序和各种保障等。

3）归属与爱的需要　归属是依附于一定的群体，爱的需要是指人有被人爱和爱别人的双重需要，这是基本需求满足后的社会性需要。

4）尊重的需要　包括受人尊重、尊重他人以及自尊。表现为个体对名誉的欲望、对成就的渴求，希望能够得到别人的尊重、赏识等，是较高层次的需要。

5）自我实现的需要　最高层次的需要。表现为一个人希望自己能够达到个人价值实现，充分发挥自己的才能，实现追求的理想，并对人类和社会做出贡献。

2. 动机

（1）动机的含义　由目标或对象引导、激发和维持个体活动的一种内在心理过程或内部动力。也就是说，动机是一种内部心理过程而不是心理活动的结果。对于这种内部过程，我们不能进行直接的观察，但可以通过任务选择、努力程度、对活动的坚持性和言语表达等外部行为间接地推断出来。通过任务选择可以判断个体行为动机的方向、对象或目标；通过努力程度和坚持性可以判断个体动机强度的大小。各种动机理论都认为动机是构成人类大部分行为的基础。

动机必须有目标，目标引导个体行为的方向，并且提供原动力。个体对目标的认识，由外部的诱因变成内部的需要，成为行为的动力，进而推动行为。如学校对于要上学的孩子来说是一个诱因，在成人的引导下使孩子对学校有了认识，进而产生了入学的愿望，这种愿望就是孩子行为的原动力。对于个体来讲，目标最初可能不是一个完善的系统，但随着经验的积累，目标会逐渐丰富、完善起来，有时也可能会发生改变。

（2）动机的功能　从动机与行为的关系上分析，动机的功能包括激活功能、指向功能及维持和调整功能。

1）激活功能　动机是个体能动性的一个主要方面，它具有发动行为的作用，能推动个体产生某种活动，使个体由静止状态转向活动状态。如：为了消除饥饿而引起择食活动，为了获得优秀成绩而努力学习，为了受到他人赞扬而勤奋工作，为了摆脱孤独而结交朋友等。动机激活力量的大小由动机的性质和强度决定。一般认为中等强度的动机有利于任务的完成。

2）指向功能　动机不仅能激发行为，且能将行为指向一定的对象或目标。如：在学习动机的支配下，人们可能去图书馆或教室；在休息动机的支配下，人们可能去宿舍、公园或娱乐场所；在成就动机的驱使下，人们会主动选择具有挑战性的任务等。可见，动机不一样其个体活动的方向和所追求的目标也不一样。

3）维持和调整功能　动机具有维持功能，它表现为行为的坚持性。当动机激发个体的某种活动后，这种活动能否坚持下去，同样要受动机的调节和支配。动机的维持作用是由个体的活动及其所预期目标的一致程度来决定的。当活动指向个体所追求的目标时，这种活动就会在相应动机的维持下继续下去；相反，当活动背离了个体所追求的目标时，进行这种活动的积极性就会降低或完全停止下来。人们在成功的机会很小时，也会坚持某种行为，此时人的长远信念在起决定作用。

（3）动机的分类　由于依据不同，动机的分类也不同，主要有以下分类。

1）生理性动机与社会性动机　根据动机的性质，人的动机可分为生理性动机与社会性动机。

生理性动机也称驱力，它以有机体自身的生物学需要为基础，例如：饥、渴、母性、性欲、睡眠等动机。生理性动机推动人们去活动，从而满足人的生物学需要。当这种生理的需要得到满足时，生理性动机便趋于下降。由于人是社会的实体，人的生物学需要以及满足这些需要的手段都将受到人类社会生活的影响。因此，人的生理性动机也必然打上社会生活的烙印。例如：母性的动机是一种生理性动机，但母亲对子女的抚爱与照料，不仅有血缘上的关系，也因为母亲有照料子女的社会责任与义务。因此，在人类的个体身上，纯粹的生理性动机是很少的。

社会性动机是以人的社会文化需要为基础的。人有权力的需要、社会交往的需要、成就的需要、认识的需要等。因而产生了相应的权力动机、交往动机、成就动机和认识性动机等。这些动机推动人们与他人交往，希望获得社会和他人的赞许，希望参与某种社会团体，并能在其中获得某种地位等，当这些社会性需要获得满足时，社会性动机便得以缓解。社会动机主要有以下几个方面。

①成就动机：人们希望从事对其有重要意义的、有一定困难的、具有挑战性的活动，在活动中能取得优异结果和成绩，并能超过他人的动机。例如：一个大学生希望自己的学习成绩名列前茅，同时希望在技能大赛中取得好成绩并能获一等奖；一位青年工人希望自己在技术革新中做出贡献，能得到工厂的奖励；一位作家希望创作出反映时代重大主题的作品，受到社会的好评。成就动机强烈的人在活动中有高标准，他们愿意承担容易引起争议的工作，即使对它没有特别的兴趣，也能尽力把它做好。

成就动机对个体的活动有重要的作用。许多研究发现，在两个人的智商大体相同的情况下，成就动机高的人比成就动机低的人在活动中成功的可能性一般都要高一些。在学校里，成就动机高的学生成绩可能较好、名次较高；在事业上成就动机高的职工有可能取得较好的成绩。

成就动机的高低还影响人们对职业的选择。麦克兰德发现，成就动机低的人，愿意选择风险较小、独立决策较少的职业；而成就动机高的人爱毛遂自荐，喜欢担任富于开创性的工作，并在工作中敢于自己做出决策。

人们的成就动机是在生活环境的影响下形成的。其中家庭的生活特点与教养方式对个体成就动机的形成和发展有重要的作用。有人发现，父母允许孩子独立活动，让他们自己去决定做什么事情，并给予奖励，将有利于孩子成就动机的发展；如果孩子被迫进行活动，其行为结果也得不到奖赏，就不可能发展出高成就动机。他们虽然也会参与活动，但不会努力争取做到更好。可见，发展独立性是培养成就动机的一个重要途径。

人的成就动机还会推动自己去争取一定的社会、政治地位，在团体中受到尊重，享受权利与履行义务等，因而它和权力动机有着密切的联系。

②权力动机：人们具有的某种支配和影响他人以及周围环境的内在驱力。在权力动机的支配下，人们表现出积极主动的参与精神，并有成为某一群体领导者的愿望。高权力动机者常表现为对社会事业有浓厚的兴趣，在讨论问题时总是试图以自己的观点、看法去说服别人，在群体中希望处于领导地位，日常生活中表现得比较健谈、好争论。

从个体行为的目标上，权力动机可以分为个人化权力动机和社会化权力动机。持个人化权力动机的个体寻求权力的目的是为了满足个人的私欲或利益。他们热心社会活动，但目的是利用这些活动来表现自己，树立个人威望或满足某种私欲。同时，他们热衷于追求权力、地位，目的也是为了得到某种个人的利益。还有的人表现为追求物质财富，通过各种手段聚集财富，希望以优厚的物质财富来提高自己的社会地位，从而达到影响他人和控制社会的目的。

持社会化权力动机的个体，寻求权力的目的是为了他人。在行为上表现为关心社会、关心他人，以个人的知识、观念等方式影响他人。也就是说，这些人以自己的作品或精神产品去影响他人、影响社会，希望对社会做出有益的贡献。如：那些敬业的教师、作家、新闻记者和文艺工作者等。还有的人是以自己的专业技能为社会服务、维持社会的安全、解除人们的痛苦等。如：那些全心全意为人民服务的律师、武警战士、医生等。还有以服务为目的的群众团体的领袖，他们爱人民、爱社会，一心为大众的利益服务，有一种强烈的责任心、使命感，领导大家进行社会改革，推进社会进步。他们重视行使权力后所产生的有利于他人的积极效果。如：一些民族英雄、人民领袖等。

③交往动机：在交往需要的基础上发展起来的一种重要的社会性动机。交往需要表现为每个人都愿意归属于某个团体，喜欢与人来往，希望得到别人的笑脸、友谊、支持、合作与赞赏。这种需要促使人们结交朋友、找寻支持、参加某个团体并在其中活动，因而成为交往的动机。当这种动机促使人们满足了交往的需要时。人们会感到安全、有依靠，从而增加生活和活动的勇气；相反，人们会因孤独、寂寞而产生焦虑和痛苦。

有些理论家提出，人的交往需要经历了一个进化的过程。社会交往使人们分享资源，因而有利于建构和维持社会的联系，支持人类的生存和发展。例如：孩子们愿意和成人在一起，主要是为了自己的生存。个体如果离开群体就难免遇到危险，为了生存个体更愿意和他人在一起。个体从社会接触和社会关系中会体验到愉快和积极的情绪。如果剥夺了个体和社会的接触或关系，个体就会体验到痛苦。

人的交往动机还反映了劳动和人类社会生活的要求。人要劳动、要参加社会生活就必须与别人交往。如果没有交往，人类的社会生活就要解体，他们与自然界的斗争也会软弱无力。

交往动机还依赖于个体的交往经验。在生命的早期，如果个体缺乏交往、离群独处，交往动机就不可能获得正常的发展。

2）原始性动机与习得性动机　根据学习在动机形成和发展中所起的作用，人的动机可分为原始的动机和习得的动机。

原始的动机是与生俱来的动机，是以人的本能需要为基础的。上文提到的饥、渴、母性、性欲等动机都属于原始性动机。人们受饥、渴的推动而产生觅食、找水的活动是不需要经过学习的。人的认识性动机有一部分也具有与生俱来的性质。例如：婴儿出生后对环境中的新事物表现出惊奇和兴奋，这种原始的动机推动婴儿注视周围的一切，并逐渐产生对物体的摆弄、抓握等行为。人对事物或活动的兴趣与爱好就是在这种原始动机的基础上发展起来的。

习得的动机是指后天获得的各种动机，即经过学习产生和发展起来的各种动机。例如：初生的婴儿不懂得什么叫恐惧，也不要求得到父母的赞许，因而他们不具有恐惧和获得赞许的动机；以后，儿童在生活中懂得了什么叫恐惧和赞许，因而会在这些动机的支配下产生相应的行动。人们要求参加一定社会团体，与周围人进行交往，获得一定的成就，这些更是通过学习形成和发展起来的。

3）有意识的动机与无意识的动机　根据动机的意识水平，人的动机可分为有意识的动机和无意识的动机。人的动机有一部分发生在意识的水平上，即人能意识到自己的行为动机是什么，也能意识到自己的行为在追求什么样的目标，但在自我意识没有发展起来的婴幼儿身上，他们的行为动机是无意识的；在成人身上也有无意识的或没有清楚意识到的动机，例如：对活动的定势与意向等，人们意识不到它们的作用，但能在它们的支配下产生各种各样的行动。又如：一位教师对某个学生的印象好，认为他聪明、勤奋、成绩优秀，因而在评分时不自觉地降低了评分的要求，并忽略了学生试卷中存在的某些错误；反之，对印象差的学生，不相信他在考试时会得到优秀的成绩，因而评分时不自觉地提高了评分的要求，对其试卷中的问题也比较敏感等。人们在日常交往、处理工作和各种事务中，当言语交际、批评与自我批评时，人的各种无意识的动机也是起作用的。

4）外在动机与内在动机　根据动机的来源，可分为外在动机和内在动机。外在动机是指人在外界的要求与外力的作用下所产生的行为动机。例如：学生为了得到父母或教师的嘉奖或避免受到父母或教师的责备、惩罚而学习。内在动机是指由个体内在需要引起的动机。例如：由于儿童认识到学习的意义或对学习有了兴趣而积极主动地学习。

外在动机与内在动机的划分不是绝对的。由于动机是推动人的活动的内部心理过程，因此，任何外界的要求、力量都必须转化为人的内在需要，才能成为活动的推动力量。在外在动机发生作用时，人的活动较多地依赖于责任感、义务感或希望得到奖赏、避免受到惩罚的意念，这些心理过程同样属于需要的范畴。在此意义上，外在动机的实质仍然是一种内部动力。在儿童动机发展的早期阶段，外在动机具有重要的意义。儿童往往先有外在的动机，以后才逐渐发展内在的动机。

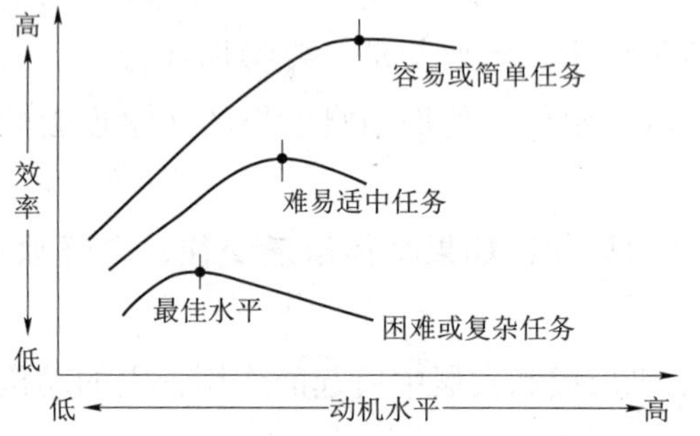

图 4-2　耶克斯-多德森定律

（4）动机与工作效率的关系　一般认为动机越强，学习工作效率越高，但根据耶克斯-多德森定律（图 4-2），动机与效率基本呈现倒 U 型关系，而且任务难度不同，表现方式也不同，对于难度适中的任务，动机适中效率最高，对于简单的任务，动机高一些效率较高，而对于困难或复杂的工作，动机低一些反而能达到相对高效率。

（5）动机冲突　在现实生活中常常是许多动机同时并存，即两种以上的目标在意志行动中出现，由于现实条件的限制，这些目标不可能同时实现或虽为一个目标但它却具有两面性，导致难于取舍形成目标冲突或动机斗争。根据行动中体现的趋近或回避特性，一般将动机冲突分为四种类型。

1）双趋冲突　两个目标对一个人具有相同的吸引力，并引起相同的动机，由于条件所限二者只可选一，形成难于取舍的矛盾心理状态。例如：大学生毕业找工作时，有两家单位都想去，但只能选择一个，这时的心理冲突就是双趋冲突。

2）双避冲突　两个事物同时对个人造成威胁或厌恶，产生同等强度的逃避动机，但迫于情势，必须接受一个才能避免另一个，形成进退维谷的处境而造成心理紧张状态。

3）趋避冲突　对单一事物同时产生两种动机，一方面好而趋之，一方面又恶而避之，形成既想要又不想要的矛盾心理状态。如：有些大学生既希望依赖父母，又不愿意父母管教约束，从而形成趋避冲突。

4）多重趋避冲突　在现实生活中常常存在着两个或两个以上的目标，每个目标分别具有吸引力和排斥力，使人无法选择一个目标而回避另一个目标，必须进行多重取舍，在这种情况下引起的心理冲突称为多重趋避冲突。

知识拓展

奥尔波特的机能自主

奥尔波特用机能自主这个概念来表达他对人的动机的观点。机能自主是指成人的多种多样的动机是自足的、产生于以往系统又独立于以往系统的现有系统。也就是说，这些动机与它原先赖以产生的需要已没有依赖关系，过去的动机与现在的动机在机能上没有联系，所以过去的已经过去，一个人今天的动机是机能自主的。如：大学生学习某一专业，开始可能是为了迎合父母的意愿，但随着学习过程的进行，渐渐对这个专业产生了浓厚的兴趣，并确定为自己终生的事业。这些行为曾经是为了达到某一目的的手段（如取悦父母），而后来则成为机能性的自主行为，即从事某一专业成了个人乐趣。奥尔波特认为，人们经常把成年人的某种行为追溯到他的人生早期，但成年人的行为与早期行为不一定出于同样的动机。奥尔波特关于机能自主的概念已被当代心理学家广泛接受。成为解释个体在发展阶段中行为动机的重要概念。

（引自《人格心理学》，作者：傅文青）

3. 兴趣

（1）兴趣的含义　人们积极探究某种特定事物或从事某种活动的心理倾向，它以认识或探索外界的需要为基础，在社会实践过程中形成和发展起来。对人的活动产生极大的推动力。

人对有兴趣的东西会表现出巨大的积极性，并且产生某种肯定的情绪体验。如：学生对某一学科有兴趣，就会推动他努力学习，广泛涉猎有关的知识，并影响其对未来职业的选择。

兴趣与爱好既有区别又有联系。当兴趣不是指向认识的对象，而是指向某种活动时就成为爱好。如：大学生对体育的爱好等。兴趣与爱好是和人的积极的情绪体验联系在一起的。当人们兴趣盎然地进行某种活动、获得某种认识时，常常体验到快慰和满意等积极情绪。

（2）兴趣的分类　可以分为直接兴趣和间接兴趣两种。直接兴趣是由认识事物本身的需要所引起的。如：对看电影、小说的兴趣；间接兴趣是由认识事物的目的和结果所引起的，它和当前认识的客体没有直接的关系。如：某大学生对学习本身不感兴趣，只对学了这个专业后可以就业感兴趣，这种兴趣就是间接兴趣。间接兴趣虽然在活动之初带有被动性，但长期的坚持也可能唤起直接兴趣，因而应该注意它的形成和培养。

兴趣还可以分为个体兴趣和情境兴趣。个体兴趣是指个体长期指向一定客体、活动和知识领域的一种相对稳定的兴趣。这种兴趣与个体的情感和价值观相联系。个体兴趣与引起正情绪的客体或活动相联系，愉快和投入是典型的兴趣情感。同时，对个人有重要意义的事物或活动也会产生个体兴趣。如：有人对音乐、美术感兴趣，成为他一生的爱好。情境兴趣是指由环境中的某一事物突然激发的兴趣，它持续的时间较短，对个体的知识、偏好系统产生影响，是一种唤醒状态的兴趣。

（3）兴趣的特征

1）兴趣的广度　兴趣的范围大小。有人兴趣广泛，有人兴趣狭窄。一般地说，兴趣广泛有利于人们获得较广博的知识。

2）兴趣的中心　对某个特定领域的事物形成更浓厚、更强烈的兴趣，它能推动人们较深入地认识客观世界。

3）兴趣的稳定性　对事物具有持续、稳定的兴趣。

4）兴趣的效能　兴趣能引发人强烈的活动动机，提高活动的效能。

4. 信念及价值观　信念是坚信某种观点、思想或知识的正确性，并据此调节控制自己行动的人格倾向性。价值观是基于人的一定的思维感官之上而做出的认知、理解、判断或抉择，也就是人认定事物、辨别是非的一种思维或价值取向。

（三）自我意识

作为人格中的调控系统，已在第三章中进行专门论述。

扫码“学一学”

第二节　影响人格形成和发展的因素

人格是在生物遗传与环境的交互作用下逐渐形成的。

一、生物遗传因素

遗传因素对人格的形成起着重要作用。从总体上说，人格约有40%的个体差异可由遗传来解释，而遗传的程度则随特质的不同而异。据国外研究证实，同卵双生子在外向和神经质上的相关较高，我国的研究也证明人格的许多特性都有遗传的可能性。通常在智力、气质这些与生物因素相关较大的特质上，遗传因素的作用较重要。而在价值观、信念、性格等社会因素关系紧密的特质上，后天环境的作用可能更重要。

二、环境因素

1. 家庭教养方式与早期环境　家庭不同的教养方式对孩子的人格特征具有不同的影响。一般将家庭教养方式分为三种类型：①权威型教养方式，采用这种方式的父母在子女教育中，表现得过于支配，孩子的一切都由父母来控制。在这种环境下长大的孩子易形成消极、被动、依赖、服从、懦弱，做事缺乏主动性，甚至会形成不诚实的人格特征。②放纵型教养方式，采用这种方式的父母，对孩子过于溺爱，让孩子随心所欲，父母对孩子的教育有时达到失控的状态。在这种家庭环境中成长的孩子多表现为任性、幼稚、野蛮、无礼、独立性差、唯我独尊等。③民主型教养方式，父母与孩子在家庭中处于一种平等和谐的氛围中，父母尊重孩子，给孩子一定的自主权和积极正确的指导。父母的这种教育方式使孩子能形成一些积极的人格品质，如：活泼、快乐、直爽、自立、彬彬有礼、善于交往、富于合作、思想活跃等。因而家庭教养方式对个体人格的塑造起着至关重要的作用。

人生早期所发生的事情对人格的影响历来为人格心理学家所重视。鲍尔比（Bowlby，1951）受世界卫生组织（WHO）的委托，对在非正常家庭成长的儿童和流浪儿做了大量的调查，他得出了结论：儿童心理健康的关键在于婴儿和年幼儿童与母亲建立的一种和谐而稳定的亲子关系。西方一些国家的调查发现，“母爱丧失”的儿童（包括受父母虐待的儿童），在婴儿早期会出现神经性呕吐、厌食、慢性腹泻、阵发性绞痛、不明原因的消瘦和反复感染；这些儿童还表现出胆小、呆板、迟钝、不与人交往、敌对、攻击、破坏等人格特点。这些人格特点会影响他们一生的顺利发展，出现情绪障碍、社会适应不良等问题。总之，人格发展的确受到童年经验的影响，幸福的童年有利于儿童发展健康的人格，不幸的童年也会使儿童形成不良的人格，但二者不存在一一对应的关系，溺爱可能使孩子形成不良的人格特点，逆境也可能磨炼出孩子坚强的性格。早期经验不能单独对人格起决定作用，它与其他因素共同决定人格的形成与发展。

心理阅读

左手写爱

我有一个新认识的朋友，他很阳光，喜欢各种娱乐和运动，尤其喜欢打篮球。他打篮球的方式很奇特，总用一个左手运球，带球奔跑，然后居然能运用单手在人群阻挡中准确地上篮。他的动作一气呵成，总让我们备感惊喜。其实，他总这样做的原因并不是出于卖弄球技，而是仅仅是因为——他只有一只左手，确切地说是一只神奇的左手。这只神奇的左手能打一手好球，能写一手好字，甚至能在钢琴上演奏出动听的歌曲。

然而，他让我感觉惊喜的不是这样的“绝技”，因为在许多残疾团体的表演中，我曾经无数次领略到这样的甚至远远超乎于他的水平之上的精湛技艺。而他真正让我感觉惊喜的是，他对生活的乐观态度。如果你接触他，你或许不会相信这样一个残疾人能有如此健康的心态。他身上总弥散着一股阳光的香味，他的言语总是那样的亲切和轻松，他会跟每一个用诧异的眼神打量他的人挥手，他有一个漂亮的女朋友；他的工作努力，与同事朋友的关系融洽，与客户的交流愉悦，他甚至常常得到老总的嘉奖……他是那种能让你忘记他有任何的缺失的人，他给你的是一种饱满的生活。

我承认自己的生性多疑，所以一直不理解于他的“健康”，我一直无法想象一个缺失了右臂的人能用一个单一的左手支撑起这样完美的人生。为此，我深深地不解甚至强烈地怀疑着，直到有一天，我去他家里做客之后，我才释怀。那天，他请我去他家做客，这次邀请没有什么特殊的意义，只是想请我去他家吃他母亲做的红烧鱼而已。我去了他的家里，他的家院子很大，整洁而干净。爷爷奶奶年事很高，看上去都还很健康，他的父母亦显年壮，家里的电视机放着欢快的文艺节目，很有其乐融融的浓重的家庭氛围。他的家人都很热情，和我谈起他的时候，言语之中总透露着无尽的温情爱意与骄傲。在坐聊儿了半个钟头之后，晚餐准备好了，他请我入席，于是大家就围坐在桌前品尝起他母亲做的美味佳肴起来。而就在大家执筷吃鱼的时候，我猛然发现了一个问题，我一看到这么一大家子人拿起的筷子的手居然都是左手，在那一瞬间，我甚至怀疑是自己出了错误，下意识地迟疑一下，因为一桌子人只有我一个人用右手拿着筷子。这时，朋友就冲我笑了笑，提醒我一切都很正常。于是我才用右手夹起了一块鱼……晚餐过后，他和我在院子里聊天的时候，我握着他的左手笑着说：“我终于明白为什么你的左手这么神奇了，原来你们家一家人都是左撇子啊！他们赋予你太强的天赋了！”他听我这样一说，反而哈哈大笑起来：“其实你想错了，我们家其实天生的左撇子只有我一个，因为我一生下来就丢失了一支健康的右臂。而我的爷爷奶奶爸爸妈妈他们都有一只健康无比的右手。在没有我出生之前，他们都用右手做事，而从我出生之后，他们才都成了左撇子。”我疑惑地问：“那为什么最后都成了左撇子呢？”他说：“其实，在我没有懂事之前，我一直都以为大家都是用左手生活的，因为我的家人都用左手做事情，后来我才知道，其实大家大多数人都是主要用右手做事情的。而这一切的原因就是在我出生之后，我的家人为了让我能习惯用仅有的左手生活，统一地用起了左手，他们在我的面前做任何的事情都总是先伸出左手，包括关灯，洗脸都用左手，就连吃饭用筷子都用左手，甚至我的父亲把门的把手都调换了方向……所以久而久之，他们都和我一样成了左撇子……”

我听完之后，心中猛然一阵抽搐，感动如潮水般涌上心头，我从来都没有想象过，这个世界原来还有这样整齐、真挚而细致的爱，一家人能为了给自己的残疾的亲人一个平和而正常的环境，而一齐改掉自己坚持了几十年的习惯。我完全可以想象，在我的朋友年幼时用左手第一次笨拙地操起筷子夹起一片菜叶之前不久的日子里，他的家人们也一定曾经那样笨拙地用左手反复练习，而这样的习惯与爱伴随着他，与他一起成长！

（引自《意林》，作者：张翔）

2. 社会文化环境 每个人都处在特定的社会文化环境中，社会文化对人格的影响力因文化而异，社会文化对人格具有塑造功能，表现在不同文化的民族有其固有的民族性格。

3. 学校教育环境 学校是一种有目的、有计划地向学生施加影响的教育场所。教师、学生班集体、同学与同伴等都是学校教育的元素。教师对学生人格的发展具有指导定向的作用。教师既是学校宗旨的执行者，又是学生评价言行的标准。教师的言传身教对学生产生着巨大影响。每个教师都有自己的风格，这种风格为学生设定了一个“气氛区”，在教师的不同气氛区中，学生有不同的行为表现。洛奇在一项教育研究中发现：在性情冷酷、刻板、专横的教师所管辖的班集体中，学生的欺骗行为增多；在友好、民主的教师气氛区中，学生欺骗的行为减少。教育心理学家勒温等人也研究了不同管教风格的教师对学生人格的影响。他们发现在专制型、放任型和民主型的管理风格下，学生会表现出不同的人格特点。

教师的公正性对学生有非常重要的影响。一项有关教师公正性对中学生学业与品德发展影响的研究结果使研究者及教师们大吃一惊，结果表明：学生非常看重教师对他们的态度是否公正和公平。教师的不公正态度会使学生的学业成绩和道德品质下降。这种由教师期望引起的效应叫“皮格马利翁效应”。学生需要教师的关爱，在此关爱下，他们会朝着教师期望的方向发展。这种效应如同古代塞浦路斯的一位擅长雕塑的国王，他把全部精力和期望都投在雕刻美丽少女的形象上，结果雕像真的复活了。研究表明：在师生关系中也存在这种效应。如果教师把自己的热情与期望投放在学生身上，学生也会体察出教师的期望，并努力奋斗以实现教师的期望。

学校是同龄群体汇聚的场所，同伴群体对学生人格具有巨大影响。班集体是学校的基本团体组织，班集体的特点、要求、舆论和评价对于学生人格的发展具有“弃恶扬善”的作用。与幼童不同的是，孩子离开父母或被父母拒绝是他们焦虑的最大根源；而少年的焦虑不安则主要来自同辈团体的拒绝。在少年这个相对“自由轻松”的群体中，他们学习待人的礼节与团体规范，了解什么样的性格易被群体所接纳。在少年团体中，他们拥戴那些“品学兼优”的同伴，而不是那些风头十足、具有漂亮仪表及体育成绩优异的人。他们喜欢有能力、能胜任工作、具有高智商、精力充沛、富于创造的同伴。在少年期，男孩子倾向于接纳更大、更活跃的团体，多少会有些无视成人权威的倾向；而女孩子则倾向于较合作与平和的集体。一般来说，少年同伴团体的性质是良好的，但也存在着不良的少年团伙，这种团伙对少年的人格发展影响极坏。学校、家长及社会要用强有力的教育手段来“拆散”他们，要使学生远离这种群体，防止他们给学校及社会带来危害。总之，学校对人格形成与发展的影响是不可忽视的，学校是人格社会化的主要场所。教师对学生人格发展具有导向作用，而同伴群体对人格发展具有“弃恶扬善”的作用。

除上述因素外，自然环境、自我调控等因素在人格形成中也起着重要作用。总之，人格是遗传与环境交互作用的结果。在人格的形成过程中，各个因素对人格的形成与发展起到了不同作用。遗传决定了人格发展的可能性，环境决定了人格发展的现实性，其中教育起到了关键性作用，自我调控系统是人格发展的内部决定因素。

扫码“学一学”

第三节　大学生人格问题的表现

大学生常见的人格心理问题有人格障碍和人格缺陷。

一、人格障碍

人格障碍指人格特征明显偏离正常，使个体形成了一贯的反映个人生活风格和人际关系的异常行为模式。这种模式显著偏离特定的文化背景和一般认知方式（尤其在待人接物方面），明显影响其社会功能与职业功能，造成对社会环境的不良适应，患者为此感到痛苦并已具有临床意义。患者虽然无智能障碍，但适应不良的行为模式难以矫正，仅少数患者在成年后有不同程度的改善。人格障碍通常开始于童年期或青少年期，并长期持续发展至成年或终生。个人的内心体验与行为特征在整体上与其文化所期望和所接受的范围明显偏离，这种偏离具广泛、稳定和长期性；另外，只要在认知（感知及解释人和事物，由此形成对自我及他人的态度和形象的方式）、情感、控制冲动及对满足个人需要和人际关系中存在一项异常偏离即可认定。

1. 偏执性人格障碍　以猜疑和偏执为特点，始于成年早期，男性多于女性。主要表现：猜疑和偏执；对挫折和遭遇过度敏感；对侮辱和伤害不能宽容而长期耿耿于怀。猜忌多疑，易将别人的中性或友好行为误解为敌意或轻视；明显超过实际情况所需的好斗，对个人权利执意追求；易有病理性嫉妒，过分怀疑恋人有新欢或伴侣不忠，但不是妄想；有过分自负和自我中心的倾向，总感觉受压制、被迫害，甚至上告、上访，不达目的不肯罢休；将其周围或外界事件解释为“阴谋”等非现实性观念，过分警惕和抱有敌意。

2. 分裂样人格障碍　以观念、行为和外貌装饰的奇特、情感冷漠及人际关系明显缺陷为特点，男性略多于女性。主要表现：观念、行为和外貌装饰的奇特、情感冷淡及人际关系缺陷；性格明显内向（孤独、被动、退缩），与家庭和社会疏远，除生活或工作中必须接触的人外，基本不与他人主动交往，缺少知心朋友、过分沉湎于幻想和内省；表情呆板、情感冷淡，甚至不通人情，不能表达对他人的关心、体贴及愤怒等；对赞扬和批评反应差或无动于衷、缺乏愉快感，缺乏亲密、信任的人际关系；在遵循社会规范方面存在困难，导致行为怪异等。

3. 反社会性人格障碍　以行为不符合社会规范，经常违法乱纪，对人冷酷无情为特点，男性多于女性。本组患者往往在童年或少年期（18 岁前）就出现品行问题。成年后（18 岁后）习性不改，主要表现：行为不符合社会规范，甚至违法乱纪；严重和长期不负责任，无视社会常规、准则、义务等。如不能维持长久的工作（或学习）、经常旷工（或旷课）、多次无计划地变换工作；有违反社会规范的行为；行动无计划或有冲动性。如进行事先未计划的旅行；不尊重事实，如经常撒谎、欺骗他人以获得个人利益；对他人漠不关心，如经常不承担经济义务、拖欠债务、不赡养子女或父母；不能维持与他人长久的关系；责怪他人或对其与社会相冲突的行为进行无理辩解；对挫折的耐受性低，微小刺激便可引起冲动，甚至暴力行为；易激惹，并有暴力行为，如反复斗殴或攻击别人，包括无故殴打配偶或子女；危害别人时缺少内疚感，不能从经验特别是在受到惩罚的经验中获益。

4. 冲动性人格障碍（攻击性人格障碍） 以情感爆发、伴明显行为冲动为特点，男性明显多于女性。主要表现：易与他人发生争吵和冲突，特别在冲动行为受阻或受到批评时；有突发的愤怒和暴力倾向，对导致的冲动行为不能自控；对事物的计划和预见能力明显受损；不能坚持任何没有即刻奖励的行为；不稳定的和反复无常的心境；自我形象、目的及内在偏好（包括性欲望）的紊乱和不确定；容易产生人际关系的紧张或不稳定，时常导致情感危机；经常出现自杀、自伤行为。

5. 表演性（癔症性）人格障碍 以过分的感情或夸张言行吸引他人的注意为特点。主要表现：富于自我表演性、戏剧性、夸张性地表达情感；肤浅和易变的情感；自我中心、自我放纵和不为他人着想；追求刺激和以自己为注意中心的活动；不断渴望受到赞赏、情感易受伤害；过分关心躯体的性感，以满足自己的需要；暗示性高、易受他人影响。

6. 强迫性人格障碍 以过分的谨小慎微、严格要求与完美主义及内心的不安全感为特点，男性患者为女性 2 倍，约 70% 强迫症患者有强迫性人格障碍。主要表现：因个人内心深处的不安全感导致优柔寡断、怀疑及过分谨慎；需在很早以前就对所有的活动做出计划并不厌其烦；凡事需反复核对，因对细节的过分注意以致忽视全局；经常被讨厌的思想或冲动所困扰，但尚未达到强迫症的程度；过分谨慎多虑、专注于工作成效而不顾个人消遣及人际关系；刻板和固执、要求别人按其规矩办事；因循守旧、缺乏表达温情的能力。

7. 焦虑性人格障碍 以一贯感到紧张、提心吊胆、不安全及自卑为特点，总是需要被人喜欢和接纳，对拒绝和批评过分敏感。因习惯性地夸大日常处境中的潜在危险，而有回避某些活动的倾向。主要表现：持久和广泛的内心紧张及忧虑体验，并有下列特点：一贯的自我敏感、不安全感及自卑感；对遭排斥和批评过分敏感；不断追求被人接受和受到欢迎；除非得到保证被他人所接受和不会受到批评，否则拒绝与他人建立人际关系；习惯于夸大生活中潜在危险因素，达到回避某种活动的程度，但无恐惧性回避；因“稳定”和“安全”的需要，生活方式受到限制。

8. 依赖性人格障碍 以过分依赖为特点，主要表现：要求或让他人为自己生活的重要方面承担责任；将自己的需要附属于所依赖的人，过分地服从他人的意志；不愿意对所依赖的人提出即使合理的要求；感到自己无助、无能或缺乏精力；沉湎于被遗忘的恐惧之中，不断要求别人对此提出保证，独处时感到难受；当与他人的亲密关系结束时，有被毁灭和无助的体验；经常把责任推给别人以应对逆境。

9. 边缘性人格缺陷 主要表现：拼命努力以求不被抛弃；人际关系既热切又不稳定，常把别人理想化或诋毁别人；自我意识和自我意象长期不稳定；行为冲突、具有毁灭特性；频繁表现出自杀倾向或威胁和自伤；情绪极度不稳定，短期内出现抑郁、焦虑、易激怒等；持续地感到空虚、易生气或发怒；在压力作用下，会变得偏执、抑郁或有分裂症状等。

二、人格缺陷

人格缺陷是相对人格障碍而言的，人格障碍是一种病态，心理学上对其研究已较为充分。人格缺陷在正常人身上均有所体现，严格地说人格缺陷不是一个严谨的界定，只在通俗层面上具有意义。人格障碍的反面是人格健全，人格缺陷指人格的某些特征相对于正常而言处于亚健康状态，是介于人格健全与人格障碍之间的一种人格状态。人格缺陷是一种人格发展的不良倾向，常见的有自卑、怯懦、孤僻、冷漠、悲观、依赖、敏感、多疑、焦虑或对人敌视、暴躁冲动等。这些都是不良的人格缺陷，影响活动效率、妨碍正常的人际关系。大学生常见的人格缺陷有以下几种。

1. 自卑　对自己不满、鄙视、否定的情感。进入大学后，有些大学生发现“山外有山、人上有人”，尤其是当学习、社交、文体方面显露出某些不足时，就会怀疑自己、否定自己从而产生自卑心理。因此，自卑往往是自尊心受挫的结果，没有自尊心也就不会有自卑感，过强的自卑感往往通过以过强的自尊心表现出来。有些大学生敏感脆弱，经不起批评，原因即在于此。

2. 焦虑　个体主观上预料将会有某种不良后果产生或模糊的威胁出现时产生的一种不安感，并伴有忧虑、烦恼、害怕、紧张等情绪体验。在这个紧张刺激不断增多、竞争不断增强的社会里，每个人都可能出现一定的焦虑感。这里所说的焦虑主要是指不适当的高度焦虑，即焦虑人格特质。

被焦虑困扰的大学生常表现出烦躁不安、思维受阻、行动不灵活、身体不舒服等症状。大学生焦虑主要集中在考试和人际关系两个方面。我国大学生的考试焦虑是对考试的紧张感、自信心缺乏、对考试结果过于担忧、认知障碍等因素造成的，且女生比男生更易焦虑。一般认为，大学生对人际关系的焦虑与缺乏自信、交往技能差（或自认为差）、自尊心过强等密切相关。

3. 害羞　这在大学生中并不少见，如：不敢在大众场合发表意见，害怕与陌生人打交道，路上见到异性同学会手足无措，见到老师会难为情，说话感到紧张等。

害羞是一个人自我防御心理过强的结果。他们常常过于胆小被动、谨小慎微、关注自己、自信心不足，特别注意自己在别人心目中的形象，总觉得自己时时处在众目睽睽之下，敏感拘束、一句话要在喉咙口反复多次、一件事总要左思右想，为此搞得神经紧张、坐立不安。

4. 怯懦　主要表现为缺乏勇气和信心，害怕可能面临的困难和挫折，在挫折、困难面前常常知难而退，甚至不战自败。有些大学生过去的经历一帆风顺，因而特别害怕失败。“只能成功，不能失败”的非理性信念是造成一些大学生怯懦的认知因素。

有些大学生由于胆怯，不敢与人讲话、不敢出头露面、也不敢表明自己的态度，甚至不敢向老师提问题。有些大学生由于软弱不敢冒风险、不敢担重任、不敢与坏人坏事做斗争、不敢坚持自己正确的观点，但越是这样回避矛盾、躲避失败，越容易体验到强烈的挫折感。

5. 懒惰　青年大学生本应是充满朝气和活力、开拓进取的群体，但事实并不总是如此。懒惰是不少大学生为之感到苦恼又难以克服的一种人格发展缺陷，是意志活动无力的表现，它是影响大学生积极进取、张扬青春活力的天敌，与时代要求格格不入，必须予以改变。

6. 狭隘　受功利主义影响，大学生中的“狭隘”现象有增无减。凡事斤斤计较、耿耿于怀、好嫉妒、好挑剔、容不得人等都是心胸狭隘的表现，即日常所说的“气量小”。心胸狭隘往往影响人际关系、伤害他人感情，也常给自己带来烦闷、苦恼，影响自己的情绪和在他人心目中的形象，于人于己有百害而无一利。

7. 拖拉　这是不少大学生的通病。拖拉是指可以完成的事而不及时完成，今天推明天，明天推后天，正所谓："春天不是读书天，夏日炎炎正好眠，秋多蚊虫冬又冷，一心收拾待明年。"导致拖拉的原因，一是试图逃避困难的事，二是目标不明确，三是惰性作用。拖拉一方面耽误学习、工作，另一方面并没有使人因此而感到轻松，相反往往会导致心理压力而引起焦虑，总觉得有事情没完成，干别的事也难以安心，还会贻误时机。

8. 自我中心 随着自我意识的发展，大学生越来越感到自己内心世界的千变万化、独一无二。他们越来越多地把关注的重心投向自我，尤其是那些有较强自信心、自尊心、优越感、独立感的学生比较容易出现以自我为中心的倾向。当这种倾向与一些不健康的思想意识（如个人主义、自私自利思想）和心理特征（如过强的自尊心、唯我独尊等）结合时，就会表现出过分的、扭曲的以自我为中心。过多以自我为中心的人往往以自我为核心，想问题、做事情从"我"出发，不能设身处地进行客观思考，颐指气使、盛气凌人、不允许别人批评，"老虎屁股摸不得"。这种人往往见好就上、见困难就让、有错误就推，总认为对的是自己、错的是别人，故常不能赢得他人好感和信任，人际关系多不和谐。

9. 虚荣 虚荣心普遍存在于大学生身上，但过分的虚荣心则有害无益。虚荣心往往与自尊心、自卑感联系在一起，没有自尊心，就没有虚荣心，而没有自卑感，也就不必用虚荣心来表现自尊心，虚荣心是自尊心和自卑感的混合物。虚荣心强的大学生一般性格内向、情感脆弱、多愁善感。虽自惭形秽，却又害怕别人伤害自己的尊严，过分介意别人的评论与批评，与人交往时总有一种防御心理，不允许有稍微的侵犯，且常会千方百计地抬高自己的形象。他们捍卫的往往是虚假的、脆弱的、不健康的自我，以致无暇来丰富、壮大真实的自我。

扫码"学一学"

第四节 大学生健全人格的培养

一、大学生健全人格的前提

大学生爱与积极关注需要的满足、对社会规范的认同和内化、自我约束力的形成、成长需要的满足被认为是健全人格的前提。

二、大学生健全人格的标准

健全人格是指各种良好的人格特征在个体身上的集中体现。健全人格具有以下标准。

1. 和谐的人际关系 人际关系最能体现人格健全的程度。人格健全的人乐于与他人交往，并与他人建立良好的关系，与人相处时尊敬、信任等正面态度多于嫉妒、怀疑等消极态度；常常以诚恳、公平、谦虚、宽容的态度尊重他人，同时也受到他人的尊重与接纳；具有良好的社会适应能力，能够和社会保持良好而密切的接触，以一种开放的态度主动关心社会、了解社会、观察所接触的各种事物和现象，看到社会发展的积极面和主流，在认识社会的同时使自己的思想、行为跟上时代的发展，与社会的要求相符合，能很快适应新的环境。

2. 正确的自我意识 自我意识是个体对自己和自己与他人、与周围世界关系的认识。具有健全人格的人对自己有恰如其分的评价、充满自信、扬长避短。在日常生活中能有效地调节自己的行为，使之与环境保质平衡；缺乏正确自我意识的人常表现出自我冲突、自我矛盾或自恃清高、妄自尊大，做力所不及的工作或自轻自贱、妄自菲薄，甘愿放弃一切可努力的机遇。健全人格的人心胸往往比较开阔、善解人意、尊重自己也尊重他人，对不同的人际交往对象都表现出合适的态度，既不狂妄自大，也不妄自菲薄，其观点、行为和情绪反应与周围人协调一致，在人际交往中具有吸引力。

3. 乐观的生活态度　积极的人生态度是人类在社会实践中获得的本质力量的表现。乐观的人常看到生活的光明面，对前途充满希望和信心，对自己所从事的工作或学习抱有浓厚的兴趣，能发挥自身的智慧和能力，即使在遇到困难和挫折时，也能不畏艰险、勇于拼搏。大学生的主要任务是学习，对学习的兴趣可反映出对生活的基本倾向。人格健全的学生对学习怀有浓厚的兴趣，表现出观察敏锐、注意力集中、想象力丰富、充满信心、勇于克服困难，通过刻苦、严谨的学习过程，获得学习的满足感和成就感。人格健全的人对未来的成就充满希望，这种成就动机和能力相结合能引发出巨大的创造力，而这种创造力会激发兴趣、维持动机，形成良性循环。

4. 良好的调控能力　人格健全的人有积极健康的人生态度和正确的价值观，需求合理、言行一致、自信并善于运用信心，能自我控制、调节好内心世界与外部世界的关系，保持其和谐一致，这是人格内在统一性的表现。情绪标志着人格的成熟程度，人格健全的人情绪反应适当，具有调节和控制情绪的能力，经常保持愉快、满意、开朗的心境，并富有幽默感，当消极情绪出现时，能合情合理地宣泄、排解、转移和升华。

三、大学生人格缺陷的干预

1. 克服自卑　如何走出自卑的阴影？正确认识自己、悦纳自己，人有所长也有所短，有所短也有所长，不要为自己的所短而自卑；进行自信心磨炼，制定切合实际的目标，多积累成功的愉悦体验；确立合理的评价参照系和立足点，若以强者为标准则可能自卑，应寻找适合自己的评价标准。俗话说："人比人，气死人。"多与自己做纵向比较，而不是一味地与他人做横向比较，有了足够的自信心，自卑感就会悄然而退。

2. 克服害羞　害羞之心人皆有之，但过分的害羞，不该害羞时害羞，尤其当害羞成了一种习惯，则是有害的。它会导致压抑、孤独、焦虑等不良心理状态，还会阻碍人际交往，影响一个人才能的正常发挥。可通过脱敏的方法进行有意识的调节，也可使用下述方法渐行改变。

（1）增强自信心　许多害羞者在知识才能和仪表方面并不比别人差。美国心理学家J·可奇和W·利布曼的研究表明，害羞的女大学生自以为长得不美，但不相识的男生凭照片都认为她们与那些社交活跃的女生一样动人。因此，要正确评价自己，多看到自己的长处。

（2）放下思想包袱　不要过于计较别人的议论，每个人都会说错话、做错事，世上没有完美的人和事，但即使不完美你依然很独特，因而放下思想包袱，使自己变得更洒脱。

（3）有意识地锻炼自己　胆量和能力是锻炼的结果，要敢于说第一句话、迈第一步。上课、开会时尽量坐到前排去；走路时抬头挺胸，把速度提高四分之一；主动大胆地和别人尤其是陌生人、异性、老师讲话；与人说话时，敢于正视对方的眼睛；在高兴时开怀大笑等。

3. 避免怯懦　在挑战与机遇并存的现代社会，怯懦者会失去很多成功的机会，并可能成为落伍者。积极迎接挑战，争做生活的强者才是明智的选择。改变怯懦的最好办法是要敢于抓住机遇，积极锻炼、不怕失败、不怕丢面子、不怕担子重，多给自己鼓励，在生活的词典中尽量去掉“不敢”二字。

4. 消除懒惰 处于懒惰状态的大学生也常以此感到内疚、自责、后悔，但又觉得无力自拔，心有余而力不足。这主要是因为他们往往想得多、做得少，缺乏毅力所致，要克服懒惰应充分认识其危害性，自己对自己负责、振作精神、“起而行之”，从日常小事做起，并努力做到不给自己找借口，不原谅自己的偷懒，力争今日事今日毕、多与人交往、多关心外部世界、多参加有益身心的社会活动。为此，一个坚定而有价值的理想是非常重要的。

5. 挣脱狭隘 一要胸怀宽广坦荡、一切向前看。正如歌德所言：“比海洋更广阔的是天空，比天空更广阔的是心灵。”二要丰富自己，视野越开阔，越不会陷入狭隘之中。这就是所谓的“站得高，看得远”。三要学会宽容、宽以待人。

6. 改变拖拉 首先要充分认识其危害性，找到自己拖拉的原因，下决心改变；其次要科学安排时间，凡事有轻重缓急，要讲究科学的学习和工作方法；再次要敢于做不合心意或者需要花大力气的工作，必须完成的事，与其拖着、欠着，不如及早动手干，完成后会有一种如释重负的感觉，会有一种欣喜感、满足感、成就感，而拖拖拉拉只会带来疲乏、松垮及焦虑。

7. 克服过分自我中心 途径包括：①树立健康的人生观，自觉地将自己和他人、集体结合起来，走出自己的小天地；②恰当地评价自己，既不低估，也不高估，既不妄自菲薄，也不自高自大；③尊重他人，只有尊重和信任才能获得友谊；④设身处地地从他人的角度思考问题，将心比心、真诚地关爱他人，从而做到“我爱人人，人人爱我”。

8. 改变过强的虚荣心 首先要对其危害性有清醒的认识，有勇气、有决心改变自己；其次应当努力认识自己，了解自己的长处与短处，扬长避短；再次要树立自信和健康的荣誉心，正确表现自己，不卑不亢；最后不为外界的议论所左右，正确对待个人得失。

9. 克服焦虑 改变认知要意识到积极态度所带来的力量，要坚信希望和乐观能引导你走向胜利。即使处境危难也要寻找积极因素，不放弃争取转机的机会，以乐观的态度营造克服困难的勇气；以幽默的态度来接受现实中的失败。有幽默感的人，才有能力轻松地克服噩运，排除随之而来的倒霉念头。既不要被逆境困扰，也不要幻想出现奇迹，要脚踏实地、坚持不懈、全力以赴去争取胜利。不管多么严峻的形势向你逼来，你也要发现有利的条件，不久你就会发现，你到处都有一些小的成功。这样，自信心自然也就增强了，焦虑就会变少。在你的闲暇时间努力接近乐观的人，观察他们的行为，通过观察培养起你的乐观态度，乐观的火种会慢慢地在你内心点燃。此外，培养多方面的兴趣与爱好，多参加集体活动，多加强体育锻炼，多看幽默剧、相声等给人带来笑声的节目，都有助于培养乐观的性格，会极大减轻焦虑度。

四、大学生健全人格的塑造

人格是稳定的，也是可变的，大学生既可以积极自觉地培养良好的人格品质，也可以改变不良的人格品质，即使是某种程度的人格障碍也是可以矫治的，为此应着重做到以下几点。

1. 确定人格塑造的导向 为了有效地进行人格塑造，应深刻理解人格塑造的意义，充分了解自己的人格现状，明确人格塑造的目标、内容、途径和方法。人格塑造是为了人格优化以达到人格的健全，人格优化包括人格品质的优化和人格结构的优化。人格塑造有两种基本方法：一是择优，二是淘汰。择优的方法就是选择某些良好的人格品质作为自己努力的目标。如：自信、开朗、勇敢、热情、勤奋、坚毅、善良、正直等人格特征常为人们所称颂，可作为人格塑造的依据。淘汰的方法就是针对自己人格上的缺点、弱点予以纠正。如：自卑、沉郁、胆小、冷漠、懒散、任性、粗心、急躁等。多数情况下，择优和淘汰往往是一起进行的，择优的过程就是弥补不足的过程，而改正缺点亦是培养优点。

2. 培养良好的性格 性格的发展经历了童年的雏形阶段、青少年的成型阶段、成年的自我调节修养阶段，并逐步走向成熟。大学生应加强自己性格的修养，培养良好性格，避免形成不良人格。

3. 建立自尊自信 自信心也是大学生性格中必不可少的特征之一。自信是在肯定自己存在价值的基础上，了解自己的长处和短处，在工作学习中扬长避短，并相信自己的能力和努力。自信是对自己、对他人的悦纳。自信并不意味着没有失败、没有风险，而是具有面对失败的勇气、战胜失败的信念和把握成功机会的能力。自尊是人格健全的标志之一，自尊心是性格中一种高尚的品质，自尊的大学生关心自我形象、积极向上，有追求目标。大学生在学习过程中为了证明自己的能力而发奋努力，不管是力求成功，还是避免失败，都源于自尊需要而产生的成就动机，自尊促使人积极向上，但过度的自尊往往是自卑的表现。

4. 自我控制 一个人良好性格的重要标志之一。自我控制主要靠后天的自身修养。首先，要明确自己的人生目标，对该做的和不该做的事有清晰的认识，使自己的行为服务于目标；其次，要有坚定的意志，今日事情今日完，要经常克服懒惰、消极、逃避、贪婪等缺点，凡事从长远考虑，不为眼前的一时一事而放弃未来。独立和创新的精神是性格成熟的标志之一，大学生应该用自己的眼睛去观察事物，学会从新角度去分析问题，并有所创新，在不断创新的过程中激发生命的活力，完善自己的性格。人格健全的人是独立的人，独立的人能最大限度地发挥自己的潜能，独立的人相信自己有能力改变生活、拒绝被动、不相信“宿命论”、不迷信传统和权威，大学生在生活、学习和工作中应有自己的想法，并努力使之付诸实践，包括对职业、爱情、教育等方面的选择。

5. 发扬气质的积极面 虽然气质也会受后天环境的影响，但因气质的生理基础是人的高级神经活动类型，而人的高级神经活动特性的改变过程是漫长的，所以我们并不提倡改变气质本身，而应尽可能地发挥自己气质中的积极面、克服消极面。

（1）胆汁质的大学生 应保持自己的自信、热情、主动的长处，在生活、工作和学习中尽量发挥自己擅长独立思考的特长，用自己的坦诚、率真去结交朋友，成为一个受欢迎的人，但要注意克服粗心大意、简单化的毛病，平时在日常生活中可有意“三思而后行”；对自己的信任应该建立在实事求是的基础上，否则就成了“刚愎自用”；对自己奔放的情感要有控制，并使其维持长久而不是灿烂一瞬。

（2）多血质的大学生 可充分发挥机智活泼、善于适应环境变化的特长，在集体活动中出谋划策，以自己的朝气、生动的言语和表情为整个活动增色，但要注意保持情绪稳定，不要忽冷忽热。反应灵敏、兴趣广泛并不意味着学习上可以耍小聪明，要改正做事只求速度、不讲质量的缺点。

（3）黏液质的大学生 学习踏实、工作有条不紊、情绪稳定、善于自我控制，这些都是要发扬的积极面，但稳定并非死板固执，尤其对新生事物应从新的角度、以新的方式来对待，不能墨守成规。在人际交往中冷静之外如能加上热情，相信会更受人欢迎，平时可有意多参加一些集体活动，在集体活动中逐渐形成活泼机敏的习惯，与黏液质的良好特征相得益彰。

（4）抑郁质的大学生　能体察到一般人不易察觉之处，感情细腻深沉，应保持“细致”的特色，认真地完成工作学习任务，但要防止细致过了头变成多疑，对生活中碰到的不愉快不必长时间地耿耿于怀，应多与人交往，学会正常地发泄情感的方法，这样生活会变得轻松许多、美丽许多。

6. 养成良好的习惯　良好人格的形成和不良人格的改变是一个逐渐的过程，不能操之过急，应从大处着眼、小处着手，先养成习惯，再巩固成为稳定的人格。如果说童年的人格雏形主要受家庭环境的影响，那么大学生人格的稳定和成熟应该主要靠自己的修养。大学生的自我意识已经开始形成，有了一定的自我控制能力，希望自己各方面发展良好，从生理上、思想上具备了完善人格的条件，但愿望和实际生活却往往脱节。有的人希望自己有独立、坚强的人格，但却抄袭别人的作业，碰到小小的困难就采用逃避，甚至仅仅为了睡懒觉而旷课。如果在小事情上可以对自己不负责任，在关键事情上又怎能保证自己的独立和坚强呢？习惯养成人格，良好的人格和不良的人格的形成都是一个由浅入深、由表及里的过程，忽视平时良好习惯的养成，而想拥有良好的人格，无异于建造空中楼阁，所以，每个大学生都应该为每件小事情而负责，它们正是人格的体现。

7. 确立适宜而明确的人生目标　首先应该对自己的能力、性格、兴趣、优点与不足有正确的认识；好高骛远容易导致受挫和失败，妄自菲薄定的目标太低又缺乏奋斗的动力和激情，因此要制定一个经过自己努力可以达到的目标。目标要避免空洞和模糊，将远大的目标分解为具体的小目标，便于操作和执行。

心理训练

通过 MBTI 了解性格

1. MBTI 介绍　MBTI 的理论基础来源于瑞典心理学家荣格有关知觉、判断和人格态度的观点，由布莱格斯和其女儿迈尔斯研究发展成为心理测评工具，称为 Myers-Briggs Type Indicator（MBTI），MBTI 有许多研究数据支持，属于信度、效度都较高的心理测评工具，被用于自我探索、人才选拔等多个领域。

MBTI 衡量的是个人的类型偏好或称倾向。所谓“偏好”，是一种天生的倾向性，是一种特定的行为和思维方式。这些偏好并无优劣之分，却形成了人与人之间的不同。他们各自识别了一些人类有价值的行为，也可能成为误解和偏见的来源。MBTI 用四维度偏好二分法来评估一个人的类型偏好，每个维度偏好二分法均由两级组成。在测评结果中，每个维度上一个人只能是一种偏好，如一个人是内倾的就不可能是外倾的，是知觉型的就不可能是判断型的；但这并不代表一个人是内倾的就没有丝毫外倾的特征，这就好像右利手的人不代表他的左手是完全没有用的，有很多时候需要左右配合。性格也是如此，一个人如果是内倾，意味着在绝大多数情况下，其自然反应是内倾的，但也有外倾的时候。在特别的情境下，甚至可能主要表现为外倾。所以，不要绝对地看待测评结果。在判断自己更偏向于哪一方面的时候，要注意区分是出于天生的倾向还是出于社会的期望，关注哪些是我们的第一反应，哪些通常是出于自己天生的偏好。

MBTI 有多个维度，如外倾和内倾维度（E-1 维度），感觉和直觉维度（S-N 维度），思考和情感维度（T-F 维度），判断和知觉维度（J-P 维度）。下面请同学们体验外倾和内倾维度，E-1 维度解释如表 4-3 所示。

表 4-3　E-1 维度

能量倾向：你更喜欢将自己的注意力集中于何处？你从何处获得活力？	
外　倾	内　倾
注意力和能量主要指向外部世界的人和事，从与人交往和行动中得到活力	注意力和能量主要集中于自己的内心世界，从对思想、回忆和情感的反思中得到活力
关注外部环境	关注自己的内心世界
喜欢用谈话方式进行沟通	更愿意用书面方式进行沟通
通过谈话形成自己的意见	通过思考形成自己的意见
用实际操作或讨论的方式能学得更好	用思考在头脑中“练习”的方式能学得更好
兴趣广泛	兴趣专注
好与人交往，善于表达	安静而显得内向
先行动，后思考	先思考，后行动
在工作和人际关系中都很积极主动	当情境或事件对他们有重要意义时会采取行动

2. E-1 维度体验

（1）首先进行同学分组，每 6 人为一组。在小组中分享自己偏向内倾还是外倾，并说出理由。

（2）请外倾同学和内倾同学分成两组坐在教室两侧，互相说一说通常对对方的印象是什么，相处时希望对方做些什么？自己应注意什么？能从对方学到哪些品质？

（3）通过对讨论过程的观察，你觉得哪些同学可能是外倾的，哪些可能是内倾的，为什么？

心理测验

气质类型自我测验

指导语：下面 60 题可以帮助你大致确定自己的气质类型，在回答下列问题时，“很符合”记 2 分，“较符合”记 1 分，“介于符合与不符合之间”记 0 分，“较不符合”记 -1 分，“完全不符合”记 -2 分。并将得分填入“气质测验答卷”中。

1. 做事力求稳妥，不做无把握的事。（　　）
2. 遇到可气的事就非常恼怒，把心里话全说出来才痛快。（　　）
3. 宁可一个人干事，不愿很多人在一起。（　　）
4. 到一个新环境很快就能适应。（　　）
5. 厌恶那些强烈的刺激，如尖叫、噪音、危险镜头等。（　　）

6. 和人争吵时，总是先发制人，喜欢挑衅。(　　)
7. 喜欢安静的环境。(　　)
8. 善于和人交往。(　　)
9. 羡慕那种善于克制自己感情的人。(　　)
10. 生活有规律，很少违反作息制度。(　　)
11. 在多数情况下情绪是乐观的。(　　)
12. 碰到陌生人觉得很拘束。(　　)
13. 遇到令人很气愤的事，能很好地自我克制。(　　)
14. 做事总是有旺盛的精力。(　　)
15. 遇到问题总是举棋不定，优柔寡断。(　　)
16. 在人群中从不觉得过于拘束。(　　)
17. 情绪高昂时，觉得干什么都有趣；情绪低落时，觉得干什么都无趣。(　　)
18. 当注意力集中于某一事物时，别的事很难使我分心。(　　)
19. 理解问题总比别人快。(　　)
20. 碰到危险的情景，常常有一种恐怖感。(　　)
21. 对学习、工作和事业怀有很高的热情。(　　)
22. 能够长时间做枯燥、单调的工作。(　　)
23. 符合兴趣的事干起来劲头十足，否则就不想干。(　　)
24. 一点小事就能引起情绪波动。(　　)
25. 讨厌做那种需要耐心、细致的工作。(　　)
26. 与人交往不卑不亢。(　　)
27. 喜欢参加热烈的活动。(　　)
28. 爱看感情细腻、描写人物内心活动的文学作品。(　　)
29. 工作学习时间长了，常感到厌倦。(　　)
30. 不喜欢只是长时间谈论一个问题，愿意实际动手干。(　　)
31. 宁愿侃侃而谈，不愿窃窃私语。(　　)
32. 别人总是说我闷闷不乐。(　　)
33. 理解问题常比别人慢些。(　　)
34. 疲倦时只要短暂休息就能精神抖擞，重新投入工作。(　　)
35. 心里有话宁愿自己想，不愿说出来。(　　)
36. 认准一个目标就希望尽快实现，不达目的，誓不罢休。(　　)
37. 学习工作同样一段时间后，常比别人更疲倦。(　　)
38. 做事有些莽撞，常常不考虑后果。(　　)
39. 老师讲授新知识时，总希望他讲得慢些，多重复几遍。(　　)
40. 能够很快忘记那些不愉快的事情。(　　)
41. 做作业或完成一件工作，总要比别人花费更多时间。(　　)
42. 喜欢活动量大的剧烈体育运动或参加各种文艺活动。(　　)
43. 不能很快把注意力从一件事情上转移到另一件事上。(　　)
44. 接受某个任务后，就希望马上把它解决。(　　)

45. 认为墨守陈规比冒风险强些。(　　)
46. 能够同时注意几件事物。(　　)
47. 当我烦闷的时候，别人很难使我高兴起来。(　　)
48. 爱看情节起伏跌宕、激动人心的小说。(　　)
49. 对工作抱严谨认真、始终一贯的态度。(　　)
50. 和周围人的关系总是相处不好。(　　)
51. 喜欢复习学过的知识，重复做能熟练做的工作。(　　)
52. 希望做变化大、花样多的工作。(　　)
53. 小时候会背的诗歌，似乎比别人记得清楚。(　　)
54. 别人说我“出语伤人”，可我并没有觉得这样。(　　)
55. 在体育活动中，常因反应慢而落后。(　　)
56. 反应敏捷，头脑机智。(　　)
57. 喜欢有条理而不麻烦的工作。(　　)
58. 常因兴奋的事失眠，很难忘记。(　　)
59. 老师讲新概念，常常听不懂，但弄懂了后很难忘记。(　　)
60. 假如工作枯燥无味，马上就会情绪低落。(　　)

气质测验计分表

胆汁质	题号	2	6	9	14	17	21	27	31	36	38	42	48	50	54	58	总分
	得分																
多血质	题号	4	8	11	16	19	23	25	29	34	40	44	46	52	56	60	总分
	得分																
黏液质	题号	1	7	10	13	18	22	26	30	33	39	43	45	49	55	57	总分
	得分																
抑郁质	题号	3	5	12	15	20	24	28	32	35	37	41	47	51	53	59	总分
	得分																

评分与评价：若某一类型气质得分高于其他三种4分或以上，则可定为该气质类型。如果该气质类型得分超过20分，则为典型该气质，在10~20分之间为一般型；两种气质类型得分差异不大于3分，且明显高于其他两种4分以上，则可定为这两种气质的混合型；三种气质得分接近，且均高于第四种，则为三种气质的混合型。

思考题

1. 什么叫人格？
2. 良好的性格意志特征体现在哪些方面？
3. 怎样看待气质类型？
4. 塑造良好个性的方法有哪些？

扫码“练一练”

（郑开梅）

第五章

大学生意志培养与挫折、压力应对

学习目标

1. 掌握意志、意志品质、应激及心理危机干预的概念，挫折、压力的应对方式。
2. 熟悉意志品质的培养途径。
3. 了解各种防御机制的概念和心理危机干预的方法。

案例导入

小倩家里经济条件不好，为此这学期几乎只要有时间就去打工，临近期末考试才意识到自己对所学课程几乎没有印象；马上就要考试了，不知如何是好，她越想越难过，想给妈妈打个电话，可妈妈一直身体不好，想跟同学诉苦，可看到个个都低头复习，自己又怕耽误别人时间，该怎么办呢？

扫码“学一学”

第一节　概　述

意志品质是一个人在生活中形成的、比较稳定的意志特征，是个性的重要组成部分。意志品质主要表现为自觉性、果断性、坚韧性和自制性等。良好的意志品质对大学生具有重要作用。人一生不经历任何挫折的可能性很小，大学生会面对艰苦的学业压力、人际关系的适应及就业压力等问题和挫折，既然挫折不可避免，培养良好的意志品质，增加耐挫折能力就显得非常重要。

一、意志的概念

意志是有意识地支配、调节行为，通过克服困难，以实现预定目标的心理过程。意志具有引发行为的动机作用，比一般动机更具有选择性和坚持性。意志可以看成是人类特有的高层次动机。意志通过行为表现出来，受意志支配的行为称为意动。

二、意志的基本阶段

通常人们把意志行动分成准备阶段和执行阶段。

1. 准备阶段 这一阶段包括在思想上权衡行动的动机、确定行动的目标、选择行动的方法，并做出行动的决定。

意志行动是一种有目的的活动。人们首先确定某种目标，此为意志行动的前提。在目标确立过程中，人们会体验到选择过程中的动机冲突，当成功解决了这些冲突，目标也就基本确立。目标确立后，在这一阶段还必须选择行动步骤、方法等，最终做出行动的决定。如晓彤想在这学期考英语四级，但这学期功课较紧张，她在考与不考之间犹豫，也就是说她正经历一个趋避冲突，最终她还是决定参加考试；目标决定后她就计划怎样背单词，怎样提高自己的阅读能力、怎样提高听力水平等具体步骤与方法；这一切完成后决定从明天开始按照计划进行。晓彤所做的上述内容就是意志准备阶段所包含的内容。

在意志行动中，目标的社会意义和人对目标的自觉程度对意志行动有重要的意义。目标的社会意义有大有小，人对目标的自觉程度有高有低。一般来说，目标越明确、越自觉，社会的意义、价值越大，它对行为的支配和调节作用也就越大。

2. 执行阶段 意志的准备阶段是对达到目标的行动和手段做出决定，而执行阶段则是执行所做的决定。执行阶段更能反映一个人意志的强弱。主要表现为以下两个方面：一方面坚持预定的目标和计划好的行为程序，另一方面制止那些不利于达到目标的行动。执行阶段是实际行动过程，再好的计划方案没有切实的行动都不会达到预定的目标。执行阶段是意志行动、情感体验和认知活动相互作用的过程，同时也是克服困难的过程，是意志行动的完成阶段。在准备阶段中，晓彤的例子到了执行阶段就要执行她确定的步骤和方法，如果她的意志力较强，就会克服干扰按预定的方案行事，最终达到自己的目标。

三、意志的品质

构成人的意志的某些比较稳定的方面，称为人的意志品质，了解意志品质对培养优良的意志品质、克服其不良品质具有重要意义，意志的品质包括以下几方面。

1. 自觉性 在对行动目的有深刻认识的基础上，自觉支配调节自己的行动，使之服从于活动目标的品质。它体现了一个人不屈服于周围人的压力，能够根据自己的认识与信念独立地做出决定、执行决定的品质。

自觉性的对立面是受暗示性和武断。受暗示性表现为一个人容易受到外界的影响，其行动不是从自己的信念出发，而是人云亦云，没有主见，造成没有明确的行动方向，缺乏坚定信心，也可能难于做出决定和执行决定。自觉性不同于武断，武断表现为对周围，哪怕是具建设性的意见也会置之不理，一意孤行，而自觉性是建立在有充分客观依据的基础之上的。

2. 果断性 不失时机，迅速采取决定的品质。表现为有能力及时采取有充分根据的决定，并且在深思熟虑的基础上去实现这些决定。具有果断性品质的人，善于审时度势、对问题情境做出正确的分析和判断、洞察问题的是非真伪。这是他们能够迅速采取决策的根本原因。果断性在日常生活中有重要意义。军事指挥员的当机立断，对战争成败有直接影响；飞机驾驶员、汽车司机的果断性，使他们能及时排除险情、化险为夷、转危为安。果断性与鲁莽、草率不同。果断性能使行动成功，而草率、鲁莽以行动的冲动性为特征，往往导致行动失败。

与果断性相反的意志品质是优柔寡断。有这种品质的人，在决策时常常犹豫不决，动机冲突时间过长，不能适时做出决定。在执行决定时常出现动摇、拖延时间、怀疑自己的决定等。

3. 坚韧性 坚持不懈克服困难而不放弃、不退缩的品质，即人们常说的毅力。它表现为长时间坚信自己决定的合理性，并坚持不懈地为执行决定而努力。具有坚韧性的人，能在困难面前不退缩，在压力面前不屈服，在引诱面前不动摇。这种人具有明确的行为方向，且能坚定不移地朝着既定方向前进。

坚韧性的对立面是执拗。后者以行动的盲目性为特征，执拗的人不能正视现实，不能根据变化的形势灵活地采取对策，也不能放弃那些明显不合理的决定。

例如：某大学生大一下学期迷上英语，这本无可厚非，他坚持到处听英语课，但在学校除了英语课，对其他课程既不上课、也不自学，老师、家长及同学再三劝告，他坚决不听，最终多门课程不及格而被学校劝退。这不是意志坚韧性的表现，而是过于执拗，一意孤行，最终造成不良后果。

4. 自制性 善于掌握和支配自己行动和情绪的能力；自制性又叫自制力或意志力。它表现在意志行动的全过程中。在采取决定时，自制性表现为能够进行周密的思考，做出合理的决策，不为环境中各种干扰因素所左右；在执行决定时，则表现为克服各种内外的干扰，把决定贯彻执行到底。大学生在实现自己理想的过程中，不仅应该坚持那些通往目标的行动，关键还要克服那些妨碍目标实现的行动。自制性还表现为对自己情绪状态的调节。例如：在必要时能抑制激情、暴怒、愤慨、失望等。

与自制性相对立的意志品质是任性和怯懦。前者不能约束自己的行动，后者在行动时畏缩不前、惊慌失措。这都是意志薄弱的表现。

四、意志品质的培养

良好的意志品质在大学生综合素质中是一个非常关键的要素。因此，大学生意志品质的培养具有重要意义。良好意志品质的培养应从以下几个方面着手。

1. 认识意志品质的重要性 无数研究表明顽强的意志是一个人成功的重要保证。没有优良的意志品质，任何宏伟的目标都无法实现。当今是一个激烈竞争的时代，竞争不仅是智力的较量，更是一种意志的考验。因此，拥有优良的意志品质，才能够在未来的工作中不断进取，为社会做出贡献的同时，才能够实现自己的人生目标。

2. 制定远大的人生目标 意志受人的立场、观点和信念的制约。一个人的目标是否远大，是否具有较高的社会意义，将决定其能否有坚定的信念，能否在困难面前不低头、自强不息、百折不挠。耐挫折能力将贯穿一个人成长的始终，大学阶段显得尤为重要。大学生只有树立远大的人生目标，才能激发自己的学习和工作热情，在遇到困难和障碍时才能正确对待人生中的苦难和克服困难。制定目标一般在意志的准备阶段，表现为动机的取舍和调整，选择有效的方法和策略，制订切实可行的行动计划等；在这一过程中大学生意志的自觉性、果断性及自制性均能得到锻炼。

3. 坚持不懈，为达目标而努力 确立了目标与计划就进入执行阶段，要克服内外困难，坚持不懈，敢于冲破种种阻力，并根据失败挫折不断总结经验教训，根据需要调整目标与实现方式，为达到目标能够自觉调节自己的行为，并能经得起诱惑，不为外界各种干扰因素所干扰。这无疑是培养一个人坚韧性的最好方式。

4. 客观认识自己意志品质的特点　大学生要对自己的意志品质有正确、清晰的认识，根据自身的意志弱点制定一些规则、要求，约束自己的言行，磨炼自己在实现目标的过程中，遇到困难时的坚定性、果断性等。

案例：小江一直以来都有一个习惯，当看到别人干什么时他也很想跟着干，但就没干成过。如同宿舍同学竞选学生会干部他也想竞选，但又犹豫可能自己人缘不好不一定能选上，在犹豫中学生会竞选早过了时日；后又有同学说去做兼职，跟自己专业多少有点关系，可以增加一些实践机会，他开始也想去，但总觉得太浪费时间，在左右为难中，兼职单位已不再要人了。小江非常苦恼，想改变，但又不知是什么问题，也不知从何入手，于是他前来咨询。小江的主要问题在于缺乏果断性。经过咨询小江认识到了自己意志品质的弱点，着手进行了改进。

5. 在学校教育中帮助大学生改善意志品质　大学生意志的培养是一个系统工程，不仅需要学生的自我教育，且还必须有教师的参与。除教师的示范作用外，还要采用有针对性的教学方法和教学手段，潜移默化地对学生施加影响。应有意识地使学生经受一定的挫折训练，积极引导他们在遭受挫折时，采取正确的态度，选用正确的方法战胜挫折，让他们自觉地在尝试和探索中、在跌跌打打中取得成功，使学生亲身体会到失败虽然痛苦，但更是一份难得的财富，如是可逐渐改善大学生的意志品质。

扫码“学一学”

第二节　意志行动中的挫折

一、挫折

1. 概念　挫折是指个体的意志行动受到无法克服的干扰或阻碍，预定目标不能实现时所产生的一种情绪状态。

2. 含义　挫折的概念主要包括三个方面的含义：①致使个体需要、动机得不到满足的内外障碍、干扰等情境条件，为造成挫折的情境因素，即挫折情境；②个体对挫折情境的知觉与评价，即挫折认知。这是产生挫折和如何对待挫折的关键。挫折情境能否构成挫折反应，在很大程度上取决于个体对挫折情境的态度和评价，同一挫折由于个体的志向水平不同，感受挫折的程度也是有区别的。如：同是60分的成绩有的同学很满足，而有的学生则会感到强烈的挫败感。③伴随挫折认知，对阻碍自己的动机、需要得以实现的挫折情境产生的情绪（一般为消极情绪）和行为反应，称为挫折反应。例如，一个同学想竞争学生会的一个职务，结果在竞选演讲中失误，他意识到这次肯定不能竞选成功，立刻觉得内心极度受挫，产生了沮丧、抑郁的情绪反应。

当挫折情境、挫折认知和挫折反应同时存在时，便构成心理挫折，但有时只有挫折认知和挫折反应这两个因素，也可以构成心理挫折。如：有的人总是怀疑周围的同事在议论自己，看不起自己而产生愤怒、抑郁等情绪反应。

二、大学生遭遇挫折后的反应与结果

人在遭受挫折后，都会做出一定的反应。个体对挫折的反应主要表现为三个方面，即情绪与行为反应、理智性反应和个性的变化。

1. 情绪与行为反应 大学生在遭受挫折时会伴随紧张、烦恼等情绪反应，它表现为强烈的内心体验或特定的行为反应。一般有攻击、冷漠、退化、固执、幻想、逃避等。

攻击是大学生受挫后最常出现的行为反应，可分为直接攻击和转向攻击。直接攻击指攻击行为直接指向引起挫折的对象，多以动作、表情、语言、文字等表达出来。如：对使自己受挫的人采取嘲笑、谩骂、殴打等行为，由于缺乏理智，往往不考虑后果。如一个人无缘无故地受到别人的责骂，此时他可能进行直接攻击。转向攻击指受挫者由于种种原因使之不能攻击使其受挫的对象，于是把愤怒的情绪转向自己（如：轻生、自我折磨、自我虐待等）或与挫折情景无关的对象（如：背后抱怨、发牢骚、摔物、向无关人员发泄怨气等）。转向攻击行为造成的后果也同样严重，虽然通过攻击行为可暂时发泄心中的愤怒和不快，但不能消除原有的挫折感，甚至会引发新的挫折而危害他人和社会。这一点应引起足够的关注，尽量避免攻击行为的发生，以免造成难以弥补的恶果。

冷漠是与攻击行为相反的行为反应，大学生在受到挫折后以沉默、冷淡、麻木和无动于衷的方式对挫折情境做出的反应称为冷漠。当大学生对引起挫折的对象无法攻击，又没有适当的方式排解自己的情绪时，便会将其愤怒的情绪压抑下去，表现出一种冷漠、无动于衷的态度。冷漠是一种复杂的挫折反应，表面上看，冷漠似乎没有太明显的情绪反应，而事实上是对挫折更加痛苦的内心体验。一般情况下，对挫折的冷漠反应是个体长期遭受挫折，或感到没有任何希望摆脱或消除困境时产生的。如某些大学生第一次出现考试不及格时会感到难过或抱怨，但随着不及格次数的增多，他们会表现出对学习考试漠不关心，不再努力学习，对老师、家长的劝说、批评或鼓励均无动于衷。

退化是指个体受挫折时表现出与自己年龄和身份不相称的幼稚行为。当个体受挫折时，可能失去理智、失去对自己的控制，而以简单、幼稚的方式应付挫折，表现出一种由成熟向幼稚倒退的反常现象，以此求得别人甚至是自己的同情和谅解。如：有的大学生在钱包丢失之后号啕大哭、捶胸顿足等。也有的大学生在面对自己无法解决的问题时就选择离校或离家出走，在自己感觉考试考不好时就“生病”等。退化的另一种表现是个体的受暗示性提高，挫折降低了明辨是非的能力，而盲目地相信别人。类似于本章第四节中防御机制中的退行。固执指个体在受挫折后，刻板、盲目地重复某种无效行为。幻想是个体通过想象的、虚幻的情境来应付挫折。逃避是个体遭受挫折后，不敢面对现实而放弃原来的目标。

2. 理智性反应 理智性反应实质上是一种意志行动的表现，即当个体遭受挫折后，能审时度势，采取积极进取的态度，勇于克服各种困难，排除阻碍，毫不动摇地朝预定目标迈进。许多重要的科学发现都是科学家在经历过多次失败后，仍坚持不懈努力而最终获得成功的。

理智性反应不仅表现在坚持目标、继续努力上，还表现在个体能以科学的、实事求是的态度来分析挫折或问题，适时地调整目标、改变目标或降低目标以实现最终目标。如：屈原遭谗言被放逐，他在政治上的抱负无法施展，悲愤之下写诗作赋，留下千古绝唱《离骚》。

3. 个性的变化 持续的挫折或重大的挫折，不仅会使个体产生持续的紧张状态和挫折反应，而且某些行为反应还会逐渐固定下来，形成个体相应的习惯和某些突出的个性特点，甚至会影响个性的形成与发展。如：挫折会使一些人形成缺乏主动性或冷漠无情的性格，但也会使另一些人变得意志坚强、善解人意。

只要人活着就会有挫折，大学生在学习生活中总要受到一些无法排除的干扰和阻碍，致使某些预定的目标无法达成。挫折对大学生的影响具有两面性，一方面对人有负性影响，另一方面，挫折可增加个体的心理承受能力，使人汲取教训，顿悟猛醒，改变目标或策略，从困境中重新奋起，在某些情况下，它可以激发更大的意志努力，促使大学生更加坚定地向预定的目标奋进，也就是人们常说的愈挫愈勇，最终克服困难，实现自己的目标。面对挫折我们可以看一下刘伟的例子。

案例： 刘伟是2012年感动中国十大人物之一。当一名足球运动员是刘伟儿时的梦想。但10岁那年因一次触电事故，不仅让他失去了双臂，也剥夺了他在绿茵场上奔跑的权利。恢复后他仍对体育念念不忘，足球不行，就学游泳。12岁那年，他进入北京市残疾人游泳队，两年后在全国残疾人游泳锦标赛上夺得两金一银。他希望在2008年残疾人奥运会上拿一枚金牌，但过度的体能消耗导致其免疫力下降，他患上了过敏性紫癜，无奈之下，刘伟与游泳说了再见。不甘消沉的他走进了后来带给他成功的音乐世界。练琴的艰辛超出常人想象，由于大脚趾比琴键宽，按下去会有连音，而且脚趾无法像手指那样张开弹琴，刘伟硬是琢磨出了一套双脚弹钢琴的方法，每天七八个小时，练得脚趾磨出了血泡……三年后，刘伟的钢琴水平达到专业七级。在中国达人秀的舞台上刘伟演奏了一首《梦中的婚礼》，全场寂静，只闻优美的旋律，曲终全场掌声雷动。面对失去双臂的人生磨难和追梦时的挫折，他的认识是“刚开始时困难简直是一座山，但后来再回头看那困难只是一个小小的台阶”“走下去，至少我还有一双完美的腿”。

第三节　大学生常见压力

扫码“学一学”

一、压力的概念

压力也称应激，指的是个体在觉察需求与满足需求的能力不平衡时，倾向于通过整体心理和生理反应表现出来的多因素作用的适应过程。该定义强调应激是个体对环境威胁和挑战的一种适应和应对过程，其结果可以是适应的，也可是适应不良的。压力与挫折有互相包含的部分，但却不能说完全相同。

应激包括应激源、中介机制和应激反应三部分内容，也就是说这三者必备才能形成真正的应激过程。

1. 应激源　即人们常说的生活事件或压力源，是指引起应激反应的各种刺激物，应激源按其性质可分为躯体性应激源、心理性应激源和社会文化性应激源。

（1）躯体性应激源　直接作用于躯体而产生应激反应的刺激物，包括各种理化和生物学刺激物。例如：大学生在求学期间患病，此为躯体性应激源。

（2）心理性应激源　来自于人们头脑中的紧张信息。这与大学生自身的个性心理特征、气质类型和处世态度有关，包括各种心理冲突和挫折、不切实际的过高期望值、能力不足或认知障碍、人际关系的紧张冲突、学习紧张等带来的内稳态失衡。较之于躯体性压力源，大学生面临的心理性应激源更普遍，例如：某同学近来与室友关系紧张，同学对她不理不睬，这就成了她的心理应激源，从而使她变得心情抑郁而敏感。

（3）社会文化性应激源　社会环境和文化因素等多层次、多侧面的各种事件对大学生的影响和作用。大学生从熟悉的生活方式、语言环境和风俗习惯迁移到陌生环境中所面临的各种文化冲突和挑战，如学习问题、经济问题等都可能成为应激源，要说明的是社会文化因素也要通过内在中介才能成为应激源，因而最终需要通过影响心理层面反映出来。

虽然应激源在理论上如此分类，但在现实中这些分类常常互相融合，不好清晰界定。

对于大学生来说，学习的压力依然是最常见的压力，其次为人际关系、贫困及发展压力等。

2. 中介机制 包含察觉和认知评价。察觉指的是捕捉到环境中某些因素对自己有威胁；认知评价是指个体从自己的角度对遇到的生活事件（应激源）的性质、程度和可能的危害情况做出估计。对事件的认知评价直接影响个体的应对活动和心身反应，因而是生活事件是否会造成应激反应的关键中间因素之一。这也就是为什么大学生们面对同样的生活事件而反应却差异明显的原因。

3. 应激反应 应激反应是个体对变化着的内外环境所做出的一种适应。这种适应是生物界赖以发展的原始动力。对大学生来说，适度的应激反应不但可以看作及时调整与环境的契合关系，而且各种应激性锻炼有利于人格和体质的健全，为将来适应社会环境提供条件，但若应激强度过强或持续时间过长，则会引发消极影响。

压力引发的情绪反应包括：焦虑、抑郁、恐惧、愤怒等。

（1）焦虑　应激过程中一种最普遍的心理反应，通常不是指真的遇到危险，而是个体对潜在的危险或威胁表现出来的紧张和不安情绪，其主要特征是紧张和担心。适度的焦虑对提高效率、激发潜能有一定的积极作用，过度的焦虑则是有害的，甚至引起心理疾病。由学习、生活、人际关系等带来的焦虑，使一些大学生不能适应集体生活，内心常处于渴望理解与自我封闭的矛盾之中，对自己的交际能力做否定评价，常会因为一点小事而产生焦虑情绪，学习上的过度焦虑更会抑制思维、分散注意力、影响正常的学习活动。

（2）抑郁　表现为悲哀、寂寞、孤独、丧失感和厌世感等消极情绪状态，伴有失眠、食欲减退等。抑郁常由丧失亲人、失学、学业受挫等重大应激事件或应激持续过长引起。

（3）恐惧　一种企图摆脱明确的有特定危险会受到伤害或威胁的情景时的情绪状态。

（4）愤怒　与挫折和威胁有关的情绪状态，由于目标受到阻碍，自尊心受到打击，为排除阻碍或恢复自尊，常可激起愤怒。

另外，应激也会引发行为反应，可参见挫折引发的行为反应。

应激的生理反应涉及神经、内分泌和免疫系统，是一个相对复杂的生理反应过程。简单地说，短暂应激条件下，人出现心率增快、血压升高、血糖升高等反应，以为现实应对提供物质基础，另外，短期轻度的应激会对免疫系统产生影响，甚至能够增强免疫能力。而长期、过度的应激会损伤人的免疫系统，从而容易罹患某些身心疾病。因而，这提示我们大学生应寻求压力的积极应对策略，避免过强、过长的应激状态。

二、引发大学生挫折与压力的因素

引发挫折与压力的因素是多方面的，且各种因素之间存在着密切联系，只是为了讲解明晰才进行了区分。概括起来可以分为外部因素和内部因素两大类。

（一）外部因素

主要包括社会环境因素和自然环境因素。对大学生而言社会环境因素主要包括社会政治经济文化习俗、学校与家庭环境等。自然环境指无法克服的自然条件的限制，如无法预料的自然灾害等。

1. 社会政治经济文化环境 社会政治经济文化环境对个人的需要、动机与指向目标的行为影响较大。作为大学生，事事都会受到社会政治、经济、风俗习惯，甚至偏见等因素的制约，使其需要、动机与指向目标的行为受阻。诸如缴费上学、自谋职业、经济紧张、生活困难等，都可能使大学生行为受阻形成挫折压力。社会转型、生活方式的变化异常迅速，给大学生带来便利的同时，也给他们带来了要求快速适应的压力，容易产生挫折感。个别消极的社会风气会给大学生的生存与发展带来不利影响。如就业方面的不正之风虽然是个别现象，却使得部分大学生深受挫折，甚至形成怀疑心理。

2. 学校环境 包括学校生活环境和学校学习环境。调查表明：大学生进入大学校园后，普遍存在挫折心理，有85%的大学生曾遭受三项以上的挫折，主要涉及学习目标、人际关系及经济条件。这些挫折心理的产生，除与其自身因素密切相关外，学校环境的影响也是不容忽视的重要因素。学校的生活环境涉及校园环境、食堂条件、宿舍条件等，若大学生对生活环境不适应就会成为压力和挫折因素；学习环境包括学习教学条件、教师的教学风格及辅导员的工作方式等，均可能成为大学生的应激源。另一个对大学生影响较大的因素为学校中的人际关系，最主要的为同学关系，每个人的好恶不同，生活习惯不同使得同学在相处中容易产生摩擦。另外，同学之间的竞争关系若处理不当也会成为一个重要的应激源而引发应激反应。

3. 家庭环境 首先，家庭教养方式不仅影响大学生在面临困境时的应对方式，也影响一个人成人之后对危险的觉察方式及认知评价，夸大外在应激的觉察方式很容易引发应激，这与人早期经验，特别是家庭环境有关。其次，引发大学生强烈挫折感的为家境经济拮据。我国现行的大学收费制度对于家庭经济比较困难的学生形成了较大负担。校园中的攀比现象也会使家庭经济条件相对贫困的大学生形成较强的心理压力。

案例：小霞属于较贫困的大学生，学费靠贷款支付，懂事的她为了减轻家里的负担省吃俭用，但她依然希望跟同学搞好关系。但这几天，她愁容不展，宿舍里有一个同学下周过生日，她家条件较好说要请同学吃饭，其他同学要凑钱给她买一个蛋糕，并希望每个人都送她一个礼物，她算了一下这样每人要出50元钱。小霞左右为难，这对别人来说不叫事的钱数对小霞来说却异常为难，想到父母挣这些钱的不容易，不好开口让家里再多给点钱，可要不交，将损害同学关系自己会更加孤立，难过的她无法忍受，于是来找心理咨询老师。

4. 自然环境 来自于自然界或具有自然性质的对个体心理产生影响的因素。例如：自然灾害、疾病、突发事故等。对于大学生来说，疾病、家庭遭受自然灾害导致亲人离世、贫困等都可以导致强烈应激。

（二）内部因素

也可称之为主观因素，是指大学生的生理和心理因素。

1. 生理因素 引起大学生挫折与压力的生理因素主要指个体生理上的某些缺陷（或自认为存在某些缺陷），导致需要不能被满足或目标不能实现，进而产生挫折与压力。如大学生求学期间，体质较差难以应对繁重的学业，就会产生强烈的挫折感。

2. 心理因素 心理因素所引起的挫折与压力主要有以下几种类型。

（1）动机冲突　不同需要无法被同时满足所导致的不知所措时产生的心理折磨。当若干个动机同时存在难以取舍时会形成动机冲突。冲突未能及时有效解决时易形成挫折。如：大学生在同一时间内出现了对其来说两个力量相当的动机，既想报考英语四级，又想到某公司兼职，在同一时间内二者不可兼得，在这种情况下，一个动机得到满足，另一个动机就会受到挫折。

（2）自我意识因素　大学生自我意识健全与否，对其挫折心理有很大的影响。经调查发现，部分大学生自我意识模糊，主要表现在以下几个方面。

1）自我评价缺乏全面性　大学生进入大学后急于想认识自己，然而，一个人要认识自己并不容易，加之大学生认识能力还不够成熟，使得大学生在认识、评价自我时还缺乏客观性和正确性，对自我的理解和判断也往往流于浅表，甚至出现自我否定或盲目自大。

2）自我体验缺乏客观性　大学生自我体验的强度大，具有敏感性、丰富性、细腻性与起伏性等特点。随着自我意识的发展，大学生开始重视自己在班级中的地位与威信，对他人的言行和态度十分敏感，对涉及自己的前途、理想及人际交往等方面的问题更易激起强烈的情绪体验，即进入应激状态。

因而，若对自己的能力估计过高，选择了力所不能及的目标，或过低估计自己，畏缩不前，犹豫不决，也会错过成功的机会，最终都会形成挫折。

（3）挫折认知因素　外界应激源是通过认知这一中介而产生各种各样应激反应的。面对相同的挫折情境，不同的人会有不同的认知，获得的情绪体验也有区别，因而受到的压力和打击也不同。应激源本身并不是导致情绪障碍的直接原因，人们对事件所持的看法、解释、信念才是引起人的情绪及行为反应的直接原因。合理的信念会引起人们对事物恰当的、适度的情绪反应，而不合理的信念则会导致不恰当的情绪和行为反应。

（4）个性因素　个性是一个人所具有的心理倾向和较稳定的心理特征的总和。一个人的性格特征、兴趣、价值观、世界观等都会对挫折承受力有重要的影响。性格中的意志特征对一件事是否能引起应激反应起着至关重要的作用。

扫码“学一学”

第四节　压力的应对方法

应对是一个含义十分广泛、容易产生歧义，并在应激中较具争议性的概念。通常认为应对是个体对生活事件及因应激源而出现的自身不平衡状态所采取的认知与行为措施。

一、积极的应对方式

解决问题、求助等应对方式被认为是积极的应对方式。当大学生遇到挫折、压力时应首选解决问题，直面引起挫折与压力的问题、寻求解决办法。这是最有效、最少情绪反应的一种方式，也是顽强意志力的体现。在问题性应对中可选择自行解决问题，当自身能力不足时，则可选择求助，即寻求社会支持。对大学生而言，在遇到应激源时大部分同学能够采用积极的应对方式。

知识链接

暴露与应对

很多年来，研究者一直推测：如果个体经历了创伤性事件，却不能或没有向其他人倾诉，那么这些创伤性事件可能使得他们极其苦恼，并让他们在若干年内，甚至几十年内都存在强迫性思维。个体压抑创伤性事件的体验会引起个体生理功能的改变，个体越强迫自己去压抑自己的想法、情绪和某些行为，他们不良的生理反应就越会得以增强。相反，如果个体能够向他人倾诉，或有意识地面对自己的情感和知觉，个体就可以免受创伤性事件的困扰，并减少创伤性事件所引起的生理反应。为了验证这一假说，潘尼贝克和比尔让 46 名大学生写下他们一生所遇到过的最具有创伤性、应激性的事件，或写下一些最平凡的事件。尽管描述创伤主题的个体在写下他们创伤性经历后的一段时间会感到更加不安，但在面对创伤性经历时，他们的困扰却减少了，并在随后的 6 个月内较少求助于学校保健中心。

二、消极的应对方式

在大学生遇到困难时，少数同学不能或不敢面对问题而选择逃避、幻想，甚至选择自责的应对方式，这些均为消极的应对方式。消极应对方式的使用有可能暂时缓解或避免了某些激烈冲突，但为自己的情绪及行为反应留下了隐患。在应对方式中，合理化的应对方式比较特殊，它在某些情境中具有积极意义。如：在无力改变客观现实的情况下，它就带有积极成分，后面的防御机制中还会进行详细讲解，但在大部分情况下仍然属于消极的应对方式。

在现实生活中希望大学生多采用积极的应对方式，尽量不采用消极的应对方式。这对应激反应的结局有着重要影响。当然，积极与消极也要区分情境辩证看待，灵活认识。

知识链接

学三句话

1. “算了！”——对于一个无法改变的事实的最好办法就是接受这个事实。

2. “不要紧！”——不管发生什么事情，哪怕是天大的事情，也要对自己说：“不要紧！”记住，积极乐观的态度是解决任何问题和战胜任何困难的第一步。

3. “会过去的！”——不管雨下得多么大，连续下了多少天也不停，你都要对天会放晴充满信心，因为天不会总是阴的。自然界是这样，生活也是如此。

三、防御机制

防御机制理论由精神分析学派的代表弗洛伊德在 1926 年提出，后来由他的女儿安娜·弗洛伊德对这一概念做了进一步的提炼和补充。防御机制指自我为了对抗来自本能的冲动及其所诱发的焦虑，保护自身不受潜意识的冲突和困扰，而形成的一些潜意识的心理手段。

在应激过程中防御机制与应对都会出现，二者是有区别的，应对活动是为了缓冲应激对个体自身的影响、摆脱心身紧张状态的心理适应过程，其功能在于解决问题、调节情绪，是意识性的心理和行为策略，即带有主动性，行动特点鲜明；而心理防御机制虽然也是策略，但它由潜意识发出，除少数具有建设性意义外，大多具有消极色彩。但二者也存在着联系，两者都是心理的保护措施，防御机制虽然由潜意识发出，通过意识的训练也可将防御机制变成习惯化的应对方式，如升华、幽默等。目前，已有数十种防御机制被提出，常见主要防御机制如下。

1. 潜抑 最基本的心理防御机制。是指个体将一些自我所不能接受或具有威胁性、痛苦的经验及冲动，在不知不觉中从个体意识压抑到潜意识中去的作用。是一种“动机性的遗忘”。

2. 否定 一种比较原始而简单的防卫机制，其方法是借扭曲个体在创伤情境下的想法、情感及感觉来逃避心理上的痛苦或将不愉快的事件“否定”，当作根本没发生过，来获取心理上暂时的安慰。

3. 退行 个体在遭遇到挫折时，有时会放弃习惯化的成熟应对策略，转而使用早期幼稚的应对方式，表现出与其年龄所不应有的幼稚行为反应，是一种反成熟的倒退现象。从心理学角度看退行机制的使用主要是为了争取他人的同情、理解、关心、照顾，以避免面对自己的责任，从而减轻心理压力和痛苦。

图 5-1 狐狸与葡萄

4. 反向 当个体欲望和动机不为自己的意识或社会所接受，不能直接表达时，乃将其压抑至潜意识，并再以相反的行为表现在外显行为上，称为反向。也就是人们常说的“矫枉过正”。“此地无银三两”就是典型的反向机制的例子。

5. 合理化 又称为文饰作用，当个体目标未能实现时，尽量搜集一些合乎自己内心需要的理由，给自己找到合理的解释以掩饰自己的过失，减免焦虑的痛苦和维护自尊免受伤害。即制造“合理”的理由，来解释并遮掩自我的伤害。这个理论的著名案例就是伊索寓言中狐狸吃不到葡萄就说葡萄是酸的（图 5-1）。虽然在遇到无法接受的挫折时，采用该方法可以暂时减轻痛苦，但若经常使用此机制，借各种托词以维护自尊，则会自欺欺人，终非解决问题的根本之道。

6. 隔离 把部分事实从意识境界中加以隔离，不让自己意识到，以免引起精神上的不愉快。最常被隔离的是与事实相关的个人感觉部分，感觉易引起焦虑与不安。如：人死了，不说死而用“仙逝”“长眠”“走了”等，个体就不会因直面“死”的感觉而悲伤、痛苦。

7. 投射 精神分析学者认为投射是个体自我对抗超我时，为减除内心罪恶感所使用的一种防卫机制。所谓“投射”是指把自己的性格、态度、动机或欲望，“投射”到别人身上。有一首词“我见青山多妩媚，料青山见我应如是”，及庄子与惠施《临渊羡鱼》的故事都是投射的例子。

8. 幻想 当人无法处理现实生活中的困难，或无法忍受一些情绪困扰时，自己暂时离开现实，在幻想的世界中得到内心的平静和达到在现实生活中无法得到的满足，称为“幻想”。

9. 理想化 在理想化过程中，当事人常对某些人或某些事与物做出过高的评价。这种高估的态度易将事实的真相扭曲和美化以致脱离现实。

10. 分裂 有些人在生活中的行为表现常出现矛盾与不协调的情况，且有时在同一时期、不同的环境或生活范畴，会有十分相反的行为出现。心理分析认为，他们是将意识割裂为二，在采用分裂防卫机制。如富甲一方的田先生，他的妻子和三位早已成材的儿女都常在朋友面前称赞他是一位难得的慈父，品德情操都令人景仰；但在工作中，他对自己的下属却十分苛刻、冷酷无情，为此人人都批评他是刻薄成性；在商场上，他更是投机取巧、唯利是图、绝无道义可言。田先生的表现并非虚伪，只是他在生活中采取了分裂防御机制。

11. 转移 原先对某些对象的情感、欲望或态度，因某种原因（如：不合社会规范、具有危险性或不为自我意识所允许等）无法向其对象直接表达，而把它转移到一个较安全的对象身上，以减轻自己心理上的焦虑。例如：有位被上司责备的先生回家后，因情绪不佳就借题发挥，骂了太太一顿，太太莫名其妙挨了骂，心里不愉快，刚好小孩在旁边吵，就顺手给孩子一巴掌，儿子平白无故挨了巴掌，满腔怒火地走开，正好遇上家中小黑狗向他走来，就顺势踢了小黑狗一脚。

12. 升华 将潜意识中某种不能直接表达，不为社会所认同的动机、欲望和感受，导向到能被社会广泛认同和接受的目标上去，这就是升华防御机制。升华不仅需要一个人对挫折、压力有正确的认知，且需要坚强的意志品质和远大的理想信念。升华是一种建设性的、积极的行为反应。“升华”一词是弗洛伊德最早使用的，他认为将一些本能的行动如饥饿、性欲或攻击的内驱力转移到一些自己或社会所接纳的范围时，就是“升华”。例如：有打人冲动的人，借拳击或摔跤等运动方式来满足自我本能的冲动。安娜·弗洛伊德在 1936 年发表的《自我与心理防卫机制》一书中认为“升华”不管在成人还是儿童身上都是正常健康的。例如：西汉史学家司马迁，在遭受巨大不公后，写成《史记》，被鲁迅先生誉为“史家之绝唱，无韵之《离骚》”，就是非常典型的升华的例子。

13. 幽默 当大学生遭受挫折或身处逆境时，可使用比喻、双关语等手段，以机智、风趣的方式表达自己的意图，从而达到化解困境、摆脱失衡状态之目的，这就是幽默。幽默作用的发挥能体现一个人的智慧、思想境界及人格的完善程度，也是心理修养的较高表现。

一直以来，幽默被认为能有效地抗御压力。作家诺曼·卡森斯曾把幽默比为“内心的慢跑”，如今的研究更加深了人们的印象。在一个调查中，研究者给一大群学生看无声但情节相当紧张的电影，要求一半学生在观看电影时给它配上一段幽默的独白，并要求另一半学生只能配上严肃的独白。结果发现与后一组相比，前一组学生（配上幽默独白的学生）心情更好，紧张感更低。

14. 补偿 个体由于主客观条件的影响无法达成实现既定的目标，设法以新的目标代替原有的目标，以成功的体验去弥补原有挫折心理带来的痛苦以找回成功和自尊，达到“失之东隅，收之桑榆”的目的。补偿包括适度补偿和过度补偿，适度的补偿在缓解大学生挫折心理有积极意义，如：恋爱受挫便转向努力学习，积极参加社会活动，加以补偿；而过度补偿则是不可取的。

15. 认同 无意识中取他人（一般是自己崇拜、尊敬和羡慕的人）之长归为已有，作为自己行为的一部分去表达，借以排解焦虑与适应的一种防御手段。如有的大学生在遇到困难时经常想一些历史名人在挫折中百折不挠的例子，并积极效仿从而克服困难。

与大多具有消极意义的其他防御机制不同，升华、幽默及积极认同被认为是大学生使用的防御机制中，具积极意义和建设性的防御机制。

四、应激反应的结果与影响因素

应激源的性质、累加效应、个体功能状态、人格特质、经验环境因素、社会支持、自然资源和应对方式等都会影响应激的结局。下面就一些重要影响因素予以解释。

1. 应激源的性质 这对应激的结局有着重要影响，巨大的自然灾难，如地震、海啸，失去亲人、朋友等重大事件对任何人都能引起强烈的应激反应，甚至形成心理危机。

图 5-2 巨石与碎粒

2. 个性因素 对于非灾难性应激源，每个人的应激解决则有着很大差异，同样的应激源对一个人来说可能是“巨大的山石”足以摧垮一个人，而对另一个人则可能仅仅是一个能够带来些许困扰的“碎粒”(图 5-2)；由于人的人格不同，体现在意志品质上的性格特点就有很大区别。如同样是考试不及格，有的大学生能因此跳楼，而大部分人则会理性对待。

3. 社会支持 遭遇应激源后可提供经济、心理支持的社会资源，包括亲人、组织、同学、朋友、老师等。心理支持是应激源与应激反应之间的缓冲，应激中的个体可获得心理安慰，生活保障等。对应激的结果产生重要影响。大学生的社会支持系统越完善，应激反应的强度就越小，持续的时间可能会缩短。因而，构筑完善的社会支持系统对缓解大学生的心理压力或尽快获得再适应具有重要意义。

大学生在遭遇应激后其结果可能变得意志更坚强，即获得适应性结果，也可能结果相反即形成严重的心理障碍，如创伤后应激障碍等。

知识拓展

创伤后应激障碍的由来

创伤后应激障碍的（PTSD）的早期研究主要以退伍军人、战俘及集中营的幸存者等为对象，后逐渐在各种人为和自然灾害的受害者中展开。

越南战争后，媒体报道了许多神经症的案例，主要是一些参加越战的士兵和经历过战争的国内平民，这些人的应激性体验在战争结束后依然存在，有些人表现为精神麻木，对曾经感兴趣的事情不再感兴趣，疏远朋友，情绪压抑，经常回忆起战争的情景，另外还表现为其他症状，如过度警惕，睡眠障碍、自罪感、记忆力和注意力受损，逃避从前的经历，以及对其他负性应激事件的负性应激反应增强。心理学家和社会学家开始研究这种现象。“创伤后应激障碍”这一术语现在专门用来研究经历过非常大的应激事件导致的反应。

五、提升抗压能力的方法

挫折与压力在大学生的生活中是难以避免的，提升抗压能力是培养良好意志行为的重要方面，进而才能更好地维护心理健康。大学生能否经受住挫折与压力，就大学生自身而言不仅决定于个体经受挫折、压力时的心理状态，还取决于个体对待挫折的态度及应付压力的行为方法。积极的态度和适合的方法将有利于增强个体对挫折、压力的承受力。增强抗压能力涉及多方面因素，下面简要介绍几种重要的因素。

1. 正确对待压力 首先要认识到挫折、压力是普遍存在的，从某种意义上讲，挫折是生活中的一部分。自然界、社会中的万事万物都是在曲折中前进、螺旋式上升，直线、顺利发展的事情几乎没有。挫折是客观存在的，关键在于人们怎样认识和对待它。如果认识到挫折是生活中不可避免的组成部分，就对挫折有了较充分的心理准备；能面对挫折不灰心、不后退，敢于向挫折挑战；能把挫折作为前进的阶梯、成功的起点。挫折还具有两重性，挫折和磨难并不都是坏事，它促使人为了改变境况而奋斗，能磨炼性格和意志，增强创造能力和智慧，使人对生活、对人生认识得更加深刻。同时，遭受挫折后认真总结经验教训也是十分必要的，应该尽量避免不必要的挫折。

2. 改善应激情境 应激情境是产生挫折和挫折感的重要原因。如果应激情境得到改善和消失，挫折感也就会随着消失。对应激情境的改善，首先应预防挫折的发生，即对一件事情的成功或失败做出正确的评估。挫折发生之后，认真分析引起挫折的原因，设法改变、消除或降低其作用的程度。改变情境的另一种办法是暂时离开应激情境，到一个新的环境中去或改变环境气氛，给受挫折者以同情、支持和温暖。

3. 总结经验教训 善于总结失败的教训是增强抗压能力的重要方面。一方面从失败中吸取教训，以积极态度冷静地分析遭受失败的主、客观原因，及时找出失败的症结所在，发现自己的弱点、力争改进。另一方面要发现自己的优点和长处，从而振作精神，鼓起战胜困难的勇气、树立信心，提高对挫折的承受能力。

4. 调节抱负水平 抱负水平是指大学生在从事活动前，对自己所要达到的目标或成就的标准。它是人们进行成就活动的动力，而能否成功则决定于抱负水平的高低是否适合大学生的能力或条件。抱负水平过低或过高都不利于增强个体的自信心和自尊心。在过低的抱负水平下，即使成功了，人们也不能产生成就感；抱负水平过高，在达不到预定的目标时，容易产生挫败感。所以要使个体在活动中产生成就感又不至于受到挫折，就要提出适合个体能力水平的、具有挑战性的标准。

5. 建立和谐的人际关系 这对于增强挫折的承受力是有积极作用的。当大学生遭受挫折后，如果有几个在思想上、学习上、生活上志同道合的同学和朋友，能向他们倾诉自己的心里话，便能使自己从挫折中解脱出来，内心的紧张也会逐渐减弱。同时，还可以从朋友那里得到鼓励、信任、支持和安慰，重新振作精神，战胜困难和挫折。要建立和谐的人际关系，首先要关心别人，与人友好相处。只有平时待人以诚，别人有困难时出手帮助，自己在困难时才会得到支撑。

心理阅读

乐观测试

20世纪80年代中期，美国一家人寿保险公司雇用了5000名推销员，人均支出培训费3万美元。可是，一年后一半人跳槽，四年后只剩下1000人了。推销员跳槽的主要原因是：他们在上门推销人寿保险过程中，一次又一次地被拒之门外，十分尴尬。高额的培训费用和已培训人员的大量流失使这家公司遭受了巨大的经济损失。为解决这个问题，公司请来了宾夕法尼亚大学的心理学教授马丁·塞里格曼。塞里格曼教授认为，乐观精神对一个人的成长尤为重要。情绪乐观者往往不怕失败，也不会在失败面前垂头丧气、束手无策。在塞里格曼教授的帮助下，该公司对新录用的1500名员工进行了入围资格甄别测试和乐观程度测试，并对测试结果进行了追踪调查。一些人没有通过入围资格甄别测试，但却以超级乐观主义者的好成绩通过了乐观程度测试。追踪调查表明，取得超级乐观主义者成绩的人工作任务完成得普遍出色。与一般悲观主义者相比较，他们第一年的推销额高出21%，第二年的推销额高出57%。自此以后，通过塞里格曼教授的乐观测试便成为该公司录用推销员的重要条件和必要程序。

扫码“学一学”

第五节　危机干预

在压力不断增大，挫折不断累加或一次遭遇重大挫折的条件下，容易形成心理危机。

一、大学生心理危机概述

（一）心理危机的定义

心理危机干预理论的创始人开普兰从1954年开始对心理危机进行系统研究。他认为：每个人都在不断努力保持一种内心的稳定状态，保持自身与环境的平衡和协调。当重大问题发生或变化发生使个体感到难以解决、难以把握时，平衡就会被打破，正常生活受到干扰，内心的紧张不断积蓄，继而出现无所适从，甚至思维和行为出现紊乱，进入一种失衡状态，这一状态称为心理危机。

（二）心理危机的特点

1. 存在重大心理应激　通常这个心理应激是突发的重大事件，如大学生失恋。当然这个“重大”是对当事人而言，主要取决于当事人自身对这个事件的认识。

2. 引起身心困扰　处在心理危机中的大学生，由于重大应激事件的存在会引起严重的心身困扰。如：焦虑、麻木、愤怒、否认、恐惧、内疚、自责、抑郁、孤立、悲伤、易激惹等情绪改变；记忆障碍、定向障碍，无法集中注意力和难以决策等认知改变，工作效率下降，回避触发回忆的场所和活动，或出现抽烟、喝酒等行为问题；并伴有血压升高、心率加快、胃部不适、恶心腹泻、疲乏、头痛、出汗或寒战、耳朵发闷或听力障碍、月经周期紊乱、皮肤过敏等躯体症状。

3. 无法解决　当事人用寻常解决问题的手段暂时不能应付。

除上述特点外，大学生心理危机还存在着普遍性和特殊性、突发性和紧急性、痛苦性和无助性、复杂性和危险性等特点。

（三）大学生常见的心理危机

大学期间通常会遇到下列三类危机。

1. 发展性危机　在正常成长和发展过程中，每个人都可能会经历的急剧变化或转变时所遇到的问题。

2. 境遇性危机　当出现罕见或超常事件，且个人无法预测和控制时产生的危机。

3. 存在性危机　伴随着重要的人生问题，如关于人生目的、责任、独立性、自由和承诺等出现的内部冲突和焦虑。

（四）大学生心理危机出现的时机

一般为新生入学后、期末大考（补考、其他重要考试）前、成绩下降、评优选干前后、受到惩处（考试作弊被抓或严重错误被发现）后，突发事件发生（或遭遇重大变故）后、严重冲突发生后、与学生密切相关的重要政策（规定）出台后、求职择业期间、毕业前夕等。

（五）易产生心理危机的学生人群

易产生心理危机的大学生主要有遭遇突发事件（如：家庭发生重大变故、受到自然或社会意外刺激、恐怖刺激）的学生；学习压力、就业压力过大的学生；人际关系、个人感情受挫后出现心理或行为异常的学生；面临将导致严重后果（如：违纪违法）问题而惶惶不安的学生；性格过于内向、孤僻，过于敏感多疑、易于紧张焦虑、缺乏社会支持的学生；严重环境适应不良的学生；家境贫困、经济负担重、深感自卑的学生；身体出现严重疾病、个人很痛苦、治疗周期长的学生；患有严重精神疾病，如：患有抑郁症、恐惧症、强迫症、癔症、焦虑症、精神分裂症等的学生；由于身边的同学出现个体危机而受到影响，产生恐慌、担心、焦虑、困扰的学生。

二、大学生心理危机干预

（一）特点

心理危机干预是一种特殊的心理治疗，其针对的问题通常比较紧急，心理干预的对象不是主动求助者，甚至失去主动求助能力，心理干预者根据被干预者的情况主动介入，帮助其调整失衡的情感、认知和行为，阻止其某些极端行为，如自伤、伤人等。极端应激事件常导致人的认知、情绪情感和行为失衡，心理干预是通过心理学的原则和方法，即刻处理危机，使人们失衡的认知和情感趋于稳定。

（二）对象

出现了心理危机，心理处于崩溃边缘或已经崩溃的大学生。

（三）步骤与方法

大学生心理危机干预应该由受过心理危机干预专业训练的心理学专业工作者、辅导员、其他社会人员，如警察或精神科医师进行，通常包括以下 5 个步骤与方法。

1. 接触处于危机中的大学生　应充分采用尊重、理解、共情、真诚、接纳等核心倾听技术，取得对方信任，建立良好的沟通关系，站在危机者的角度确立问题。

2. 评估危机程度　通过接触本人或其他知情人，了解危机情况，分析心理危机产生的原因，迅速判断危机的程度与类型。

3. 确定干预目标　根据心理危机者的危机状况，确定具体、可行、积极、有效的干预目标。一般而言，危机干预只解决急需解决的问题，心理危机干预后仍需要心理咨询的介入，进一步解决长远的、根本性的问题。若是急性事件干预实际上来不及考虑干预目标，当务之急为保障被干预者的安全，即平安就是目标。

4. 实施具体干预　包括：提供心理支持，认真倾听对方倾诉，与处于危机状态的大学生共情，调整认知，挖掘资源改善应对，进行心理放松训练等。

5. 小结与评估　对危机干预的效果进行总结和效果评估，并提出后续心理干预或咨询的建议。

（四）自杀干预

1. 自杀原因分析

（1）个人因素　主要包括患有精神疾病或躯体疾病，人格障碍，心理素质等因素。

（2）家庭因素　包括家庭环境，如家中有长期患病的患者、家庭教育、家庭经济等因素。

（3）学校因素　在学校因素中学校心理教育缺失，大学生学习负担过重，人际关系紧张及情感受挫等因素都有可能成为自杀的原因或诱因。

（4）社会因素　如大学生在求职时遇到的歧视，社会模仿，大众传媒及网络平台对于自杀有意无意的渲染也可能成为自杀的主因或诱因。

2. 阻止自杀行为发生的因素　自杀预防是干预的重中之重。一个人的承受力（应对能力）、个人的自我价值感和自信心、恰当地寻求帮助等都是能够阻止自杀，预防自杀的因素。要有效地预防自杀行为的实施，首先要了解自杀的心理过程、征兆，自杀者的心理状态，避免自杀干预中的误区。

（1）自杀的心理过程与征兆　自杀的心理过程分为三个阶段：第一阶段为自杀动机的形成；第二阶段心理矛盾的冲突；第三阶段为自杀者的平静阶段。一般自杀前会有征兆可循，如通过话语表现出厌世念头，明显的行为改变。有的自杀者在决定自杀前忽然送出自己的某些东西或出现以往不曾出现的其他行为，在情绪等方面有的会出现某些绝望情绪，当然也有人异常冷静。

（2）充分了解自杀者的心理状态　存在自杀想法者一般具有以下心理状态：①矛盾性，想活和想死的愿望在展开拉锯战。如给他们支持，增强其活下去的愿望，自杀的危险性就会降低。②冲动性，自杀也常常是一种负性生活事件触发的冲动行为。摆脱这些危机和拖延时间，可降低其自杀的愿望。③僵硬性，一个人想自杀时，其思维、感觉和行为比较局限。他们不停地考虑自杀，并且不能看到解决这一问题的其他出路。绝大多数自杀的人会与人们谈他的自杀想法和意图。他们通常会传递出一些信号，说“感觉到没用”等。我们千万不能忽视这样的求助信号。自杀者的难题可能千差万别，但自杀者自杀时的想法和感觉极其相似。如：伤心、忧郁、孤独感、无助感、无望感、无价值感等。了解到这些心理状态应及时采取措施，若自己处于这种状态应及时求助，要相信一定还有其他方式能够解决面临的问题。

（3）对自杀的几个误区　在自杀干预中常会出现某些误区，以致干扰人们的正确判断，常见的误区有以下方面：①自杀无规律可循；②宣称自杀的人不会自杀；③一般人不会有自杀念头；④所有自杀的人都是精神异常者；⑤自杀危机改善后就不会再有问题；⑥对有自杀危险的人不能提及自杀；⑦自杀者非常想死；⑧有过一次自杀，以后不会自杀；⑨学业问题是大学生自杀的主要原因。

（4）自杀心理危机的自我预防　大学生应树立正确的生命观，学会健康的生活模式，积极悦纳自我，并在此基础上建构适应个体发展的良好的社会支持系统，适时求助。

（5）建立心理健康档案，开展心理健康教育　学校应建立心理健康档案，随时跟踪，定期复查，防止普通的心理问题上升为危机事件。另外，不同形式的大学生心理健康教育有助于提高大学生心理素质，良好的心理素质是预防自杀等危机事件的前提与基础。

（6）学校心理咨询工作的完善　目前，各个大专院校基本上都设有心理咨询机构，可为大学生提供个性化的心理咨询。学校的心理辅导老师注意评估来访者的自杀危险，及时转介；对学生进行改善应对能力的训练等都是预防自杀等心理危机的重要手段。

（7）培训学生心理护航员，随时监测　培训有责任心的同学成为心理护航员，能够随时掌握大学生的情绪变化，及时发现出现应激事件的同学，使这些同学及时得到帮助从而减少恶性事件的发生。

（8）自杀干预的步骤　主要步骤：①自杀危机的评估，确定自杀危机的严重程度；②自杀危机根源的认定；③确定当事人的可利用资源，制订干预计划，实施治疗性干预。干预方法主要有倾听、促使情感释放，解除极端隔离、发展人际关系、提供支持等。

心理阅读

假如生活欺骗了你

普希金

假如生活欺骗了你，
不要悲伤，不要心急！
忧郁的日子里需要镇静；
相信吧，快乐的日子将会来临。
心儿永远向往着未来；
现在却常是忧郁。
一切都是瞬息，
一切都将会过去；
而那过去了的，
会成为亲切的回忆。

3. 自杀风险评估维度　主要从以下 9 个方面进行评估：①目前的精神状况（抑郁情绪、无望等）；②目前的躯体健康状况；③目前有关死亡和自杀的想法；④目前的自杀计划，包括准备程度、计划多久实施；⑤社会支持系统（是否得到家人的关爱、朋友的支持等）；⑥是否存在急性负性生活事件；⑦是否有慢性不良生活事件；⑧是否存在躯体和精神疾病史；⑨自杀行为个人史、家族史的有无。

4. 自杀干预者的素质　干预者除具备心理咨询师的基本素质外，还应具备丰富的生活经验、镇静的心态、灵活的应变能力、能换位思考、充沛的精力及强大的心理能力。

三、学会珍爱生命

（一）追寻生命的意义

人们之所以能够抵御挫折、压力，顽强不懈，大抵来自于对生命的珍惜与热爱，珍爱生命的前提是发现生命的意义。尼采曾经说过："谁懂得了为什么而活，谁就能承受任何一种生活。"对于生命的意义许多人都曾有过自己的思考，这其中最负盛名，并给了许多人以哲人般启示的当属维克多·弗兰克尔（Viktor E. Frankl，1905~1997）。

弗兰克尔是奥地利著名的神经病学家和精神病学家。二战期间因其犹太人身份，遭纳粹逮捕，在奥斯维辛等集中营度过了三年艰难的岁月。弗兰克尔通过自己在集中营里的经历，以及对大量临床患者的观察和深入思考，认为人们的生活需要目标和意义，这种意义对每个个体都是独一无二的，生命意义对个体身心健康有重要影响，人要活下去，必然要有某种意义的支撑，而人类动机的实质是追求生命意义的意志。决定人们行为的根本因素就是这种意志。

弗兰克尔认为完整的人包括生理、心理和精神三个部分，其中精神部分就是人追求意义的意志，它是主动的、原发的，它是实现人生责任的基础。如果精神需要得不到满足，也就是说缺乏对生存意义的理解时，人就会体验生存的挫折，严重者会导致自杀。通过对意义的寻求，人类可以努力发现意义和目的，这对人的完善和幸福而言具有本质意义。

弗兰克尔认为，"存在的虚空"是一个普遍的社会现象，是一种认识不到生命的意义的生活状态。"无意义"如同生活中的真空，无论再多再好的事情也无法产生出意义感来。最典型的"存在的虚空"就是"烦""郁闷""无聊"。这样的人常计划去做很多很多的事情，但是往往什么都没有做。最终，他们会选择很消极的娱乐方式借以打发时间。当我们不知道自己的未来时，常充满担忧；当一切都知道时，又会感到无望，因为我们已经没有其他的可能性，人们以各式各样的伪装或面具掩饰自己内心的空虚。当人的生命意义得不到实现或受到挫折的时候，往往会通过其他的途径加以替代。例如，转化为弗洛伊德所说的快乐的原则，想吃就吃、想睡就睡，过着所谓的享乐生活；或者转化为阿德勒所说的追求权力，谋求物质上的成功；或者整天浸没于没完没了的忙碌、服从，过着循规蹈矩的生活。然而，这却丝毫无法填充生命的意义。

弗兰克尔认为生命的意义具有两重性，既包括客观性也包括主观性。一方面，从客观性的角度来看，意义是发现的而不是被给予的，也不是发明的，就像一个发笑的人，并不是因为你让他笑，他就笑，而往往因为你讲了一个笑话，他发觉可笑才笑的。意义有自身的现实性，它是我们意识所无法加以改变的。所以，我们不是给事物贴上意义的标签或者赋予事物以意义，而是去探测意义。我们不是发明意义，而是发现意义。从另一方面而言，还应看到某种主观性存在于意义当中，每个人的生命都具有独特的意义，因为每个人都是与众不同的，他无法为他人所代替，他的生命亦不可重复，人所追求意义也是迥然相异的。所以他提出了一个富有启发性的观点："人不应该问他人的意义是什么，相反，他应该认识到，被询问的应当是他自己。"因为，"询问生命的意义"只是模糊地触及生命，却不会具体地涉及每个人具体的存在。人不是质问者，而是被质问者，他要以个人的责任，通过对生命负责向生命做出回答。

在他看来，意义就包含在个人对自己的生命的独特体验之中。这种体验并不纯粹是内心的，脱离外在世界的。换句话说，生命的意义不可能在封闭的内心世界寻觅，而是敞开心扉，在与外在世界的沟通和融合中实现，他把这称为“人的存在的自我超越”。所以说，任何人只有承担自己生活的义务，才能够发现生命的潜在意义，也只有在生活中负起责任，才能够发现自身存在的本质。

（二）端正对生命的态度

对生命的态度，根本上说是如何对待生命和如何珍惜、超越生命。

1. 善待生命 生命需要被善待，一切不经意、不在意的关于加强大学生生命教育的思考行为都可能伤害到生命，更不用说恶意地对待生命。善待生命是指在生命活动中对人、对己均以善良之心、善意之举、善待之行去对待生命，视生命为圣物、为不可侵害之瑰宝。

2. 珍爱生命 生命需要被珍爱，不仅在于它无比宝贵，也在于它经不起浪费。珍爱生命是指对生命的无比珍惜、精心呵护、尽心爱护、推己及人，绝不随意地消耗、浪费生命，又不轻易、毫无价值地结束生命，而是不断调整、消除对生命不利的消极因素，不断增长对生命有利的积极因素，充实地过好生命的每一天，努力使生命之树常绿、常青。

3. 超越生命 生命需要被超越，超越的生命才是真正的生命。超越生命主要是指使生命增能、增势、增值、增彩，放大生命能量，拓宽生命影响力，提高生命的意义。

总之，大学生应敬畏生命、珍爱生命。不仅要珍惜自己的生命，而且要尊重他人的生命。自觉维护生命尊严，激发生命意识，开启生命智慧，提升生命品质，实现生命价值，培育生命情怀，追求幸福快乐的生活。“生命是一种美丽，要学会欣赏；生命是一种善良，要学会感恩；生命是一种关爱，要学会在乎；生命是一种责任，要学会履行；生命是一种宽容，要学会谅解；生命是一种付出，要学会磨炼；生命是一种尊重，要学会理解；生命是一种和谐，要学会相处”。

心理阅读

生命在两极之间移动

有一个农夫，他有一块贫瘠的农田。他抱怨着：“如果神让我来控制天气，一切的事情都会变得更好，因为他很显然不是很懂得农作物需要的天气。”

神对他说：“我会给你一年的时间来让你控制天气，你想要有什么样的天气就会有什么样的天气。”

这个可怜的人非常高兴，马上试着说：“我现在要晴天。”然后太阳就出来了。

后来他又说：“下雨吧！”然后就下雨了。

这一整年里他就这样先让太阳出来然后再下雨。

农作物越长越大，看着农作物的成长变成了一种快乐。

他很得意地说：“现在神可以了解如何控制天气了吧！”

这些农作物从来没有长这么大、这么绿过。

然后收成的时候就到了。

农夫拿着他的镰刀去收割小麦，但是他的心沉到了谷底，因为植物的茎上面什么都没有！！

神去找他："你的农作物怎么样了？"

这个人抱怨说："很惨，我的主啊，非常惨！"

"但是你不是如愿以偿地控制了天气吗？你想要的东西不是都变得很好吗？"

"当然！这就是我困惑的地方啊！我得到了我想要的雨水和阳光，但是还是没有收成！"

神对他说："但是你从来没有要求过风、暴雨、冰雪以及每一件会净化空气与让根更坚硬、更有抵抗力的东西！那就是长不出果实的理由！"

只有经历挑战才可能有生命。

只有当你拥有好天气与坏天气、喜悦与痛苦、冬天与夏天、沮丧与快乐、不适与舒服才有可能有生命。

生命在这两极之间移动，你就学到了如何保持平衡。

在这两只翅膀间，你就学到了如何生活。

人生最佳美的东西，都是从苦难中得来的。麦子必须磨碎，才能做成面包。香料必须经火，才能发出浓郁的香气。泥土必须耕松，才能适于下种。照样，一个破碎的心，才会得到神的喜悦。人生最甜蜜的欢乐，都是忧伤的果子。我们必须亲身经历许多艰难，然后才会去安慰别人。

（引自《文苑》，作者：江雪）

心理测验

测测你的意志品质和耐挫折能力。

意志品质自我测验

指导语：请阅读下列各题，在每题的五个答案中选择一个。

1. 我很喜欢长跑、远途旅行、爬山等体育运动，但并不是因为我的身体条件适合这些项目，而是因为能使我更有毅力。

（是，有时是，是与非之间，很少是，不是）

2. 我给自己制订的计划常因主观原因不能如期完成。

（是，有时是，是与非之间，很少是，不是）

3. 如无特殊原因，我能每天按时起床、不睡懒觉。

（是，有时是，是与非之间，很少是，不是）

4. 制订的计划应有一定的灵活性，如完成计划有困难，随时可改变或撤销它。

（是，有时是，是与非之间，很少是，不是）

5. 在学习和娱乐发生冲突的时候，哪怕这种娱乐很有吸引力，我也会马上去学习。

（是，有时是，是与非之间，很少是，不是）

6. 在学习和工作中遇到困难时，最好的办法是立即向师长、同学或其他同志求援。

（是，有时是，是与非之间，很少是，不是）

7. 在练长跑中遇到生理反应，觉得跑不动，我常咬紧牙关，坚持到底。

（是，有时是，是与非之间，很少是，不是）

8. 我常因读一本引人入胜的小说而不能按时入睡。

（是，有时是，是与非之间，很少是，不是）

9. 我在做一件应该做的事之前，常能想到做与不做的好坏结果而有目的地去做。

（是，有时是，是与非之间，很少是，不是）

10. 如果对一件事不感兴趣，那么不管它是什么事，我的积极性都不高。

（是，有时是，是与非之间，很少是，不是）

11. 当我同时面临一件该做的事和一件不该做却吸引我的事时，常经过激烈斗争，使前者占上风。

（是，有时是，是与非之间，很少是，不是）

12. 有时我躺在床上，下决心第二天要干件重要事情（如突击学一下外语），但到第二天，这种劲头又消失了。

（是，有时是，是与非之间，很少是，不是）

13. 我能长时间做一件重要但枯燥无味的事情。

（是，有时是，是与非之间，很少是，不是）

14. 生活中遇到复杂问题时，我常优柔寡断、举棋不定。

（是，有时是，是与非之间，很少是，不是）

15. 做一件事之前，我首先想的是它的重要性，其次才是它是否使我感兴趣。

（是，有时是，是与非之间，很少是，不是）

16. 我遇到困难情况时，常希望别人帮我拿主意。

（是，有时是，是与非之间，很少是，不是）

17. 我决定做一件事情时，常说干就干，决不拖延或让它落空。

（是，有时是，是与非之间，很少是，不是）

18. 在和别人争吵时，虽然明知不对，我却忍不住说些过头的话，甚至骂他几句。

（是，有时是，是与非之间，很少是，不是）

19. 我希望做一个坚强、有毅力的人，因为我深信“有志者事竟成”。

（是，有时是，是与非之间，很少是，不是）

20. 我相信机遇，好多事实证明，机遇的作用有时大大超过人的努力。

（是，有时是，是与非之间，很少是，不是）

耐挫折性自我测验

指导语：每个人在学习、生活和工作中，都会遇到不同程度的挫折。面对挫折，有的人弹性十足，有的人一蹶不振，大多数人则介于两者之间。那么你呢？请用“同意”或“不同意”回答下列问题。回答愈坦率，愈能测出你的受挫弹性。

1. 胜利就是一切。
2. 我基本是个幸运儿。
3. 白天工作不顺利，会影响我整晚的心境。
4. 一个连续两年都名列最后的球队，应退出比赛。
5. 我喜欢雨天，因为雨后常是阳光普照。
6. 如果某人擅自动用我的东西，我会气上一段时间。
7. 汽车经过时溅了我一身泥水，我生一会儿气便算了。

8. 只要我继续努力，我便会得到应有的报偿。

9. 如果有感冒流行，我常是第一个被感染的人。

10. 如果不是因几次霉运，我一定比现在更有成就。

11. 失败并不可耻。

12. 我是有自信心的人。

13. 落在最后，常叫人提不起竞争心。

14. 我喜欢冒险。

15. 假期过后，我需要舒散一天才能恢复常态。

16. 遭遇到的每一否定都使我更进一步接近肯定。

17. 我想我一定受不了被解雇的羞辱。

18. 如果向我所爱的人求婚被拒绝，我一定会精神崩溃。

19. 我总不忘过去的错误。

20. 我的生活中，常有些令人沮丧气馁的日子。

21. 负债累累的光景叫我寒心。

22. 我觉得要建立新的人际关系相当容易。

23. 如果周末不愉快，星期一便很难集中精力工作。

24. 在我生命中，我已有过失败的教训。

25. 我对侮辱很在意。

26. 就算聘任职务失败，我也愿意尝试。

27. 遗失了钥匙会叫我整星期不安。

28. 我已达到能够不介意大多数事情的地步。

29. 想到可能无法完成某项重要事情，会使我不寒而栗。

30. 我很少为昨天发生的事情烦心。

31. 我不易心灰意冷。

32. 必须要有百分之五十以上的把握，我才会冒险把时间投资在某件事上。

33. 命运对我不公平。

34. 对他人的恨维持很久。

35. 聪明的人知道什么时候该放弃。

36. 偶尔做个败北者，我也能坦然接受。

37. 新闻报道中的大灾难，使我无法专心工作。

38. 任何一件事遭到否决，我都会寻求报复的机会。

评分与评价

1. 意志品质的自测量表　凡单序号题（1、3、5…），每题后面的五种回答，从第一到第五种依次记 5、4、3、2、1 分；凡双序号题（2、4、6…），题后五种回答依次记 1、2、3、4、5 分。然后将各题得分相加，总分对应的评价如下。

81～100 分：意志很坚强。

61～80 分：意志较坚强。

41～60 分：意志品质一般。

21～40 分：意志较薄弱。

0~20 分：意志很薄弱。

2. 耐挫折性测验量表　上列问题，列入“不同意”者为：1、3、4、6、9、10、15、17、18、19、20、21、23、24、25、27、28、29、32、33、34、35、36、37，其余题为“同意”。

依上述答案，相符者给一分，相反为 0 分。

0~10 分：你是那种易被逆境、失望或挫折所左右的人，你易于把逆境看得太严重，一旦跌倒，要很久才能站起。你不相信，“胜利在望”，只承认“见风转舵”。

11~25 分：你是遇到某些灾祸或逆境的时候，往往需要相当长时间才能振作起来的人。不过这类人却能找到很多的技巧和策略来获取个人的利益。

25 分以上：你应付逆境的弹性极佳。不理想的境遇对你虽然会造成伤害，但不会持久。这类人在感情上通常相当成熟，对生活也充满热爱。他们不承认有失败，纵或一时失败，仍坚信有东山再起的一天。

心理游戏

信任之旅

1. 目的　通过助人与受助的体验，增加对他人的信任与接纳。

2. 准备　眼罩。

3. 操作　同学们两人一组，一位扮演盲人，一位充当盲人的向导。扮演盲人的同学蒙上眼睛，原地转三圈（会暂时失去方向感），然后在向导的搀扶下，在室内、外活动。期间不能说话，向导只能通过肢体接触帮助盲人体验各种感觉；然后双方互换角色，再体验一遍。活动结束后，同学们坐下来交流当盲人或向导的感受。指导者（教师）最好引导同学们围绕以下两方面进行交流讨论。

（1）做盲人时你是什么感觉？这种感觉使你想起了什么？你对向导的帮助是否满意，为什么？你对自己或他人有什么新的发现？

（2）做向导时你是如何理解你的伙伴的？你是怎样想方设法帮助他的？那样做使你想起了什么？

心理训练

渐进性放松技术

寻找一个舒适的位置坐下或把身体置于一个尽量放松的姿势，闭上双眼。

放松程序（放松指导语）：

第一步：

“深吸进一口气，保持一会儿。”（停 10 秒）

“好，请慢慢把气呼出来，慢慢把气呼出来。”（停 5 秒）

“现在我们再做一次。请你深深吸进一口气，保持一会儿，保持一会儿。”（停10秒）

“好，请慢慢把气呼出来，慢慢把气呼出来。”

第二步：

“现在请伸出你的前臂，握紧拳头，用力握紧，体验你手上紧张的感觉。”

“好，请放松，尽力放松双手，体验放松后的感觉。你可能感到沉重、轻松、温暖，这些都是放松的感觉，请你体验这种感觉。”（停5秒）

“我们现在再做一次。”（同上）

第三步：

“现在弯曲你的双臂，用力绷紧双臂的肌肉，保持一会儿，体验双臂肌肉的紧张。”（停10秒）

“好，现在放松，彻底放松你的双臂，体验放松后的感觉。”（停5秒）

“我们现在再做一次。”（同上）

第四步：

“现在我们开始注意头部的肌肉。”（停5秒）

“请皱紧额部的肌肉，皱紧，皱紧，保持一会儿，保持一会儿。”（停10秒）

“好，放松，彻底放松。”（停5秒）

“现在，转动你的眼球，从上，到左，到下，到右，加快速度；好，现在从相反方向转动你的眼球，加快速度；好停下来，放松，彻底放松。”（停10秒）

“现在，咬紧你的牙齿，用力咬紧，保持一会儿，保持一会儿。”（停10秒）

“好，放松，彻底放松。”（停5秒）

“现在，用舌头用劲抵住上颚，保持一会儿，保持一会儿。”（停10秒）

“好，放松，彻底放松。”（停5秒）

“现在，请用力将头向后压，用力，保持一会儿，保持一会儿。”（停10秒）

“好，放松，彻底放松。”（停5秒）

“现在，收紧你的下巴，用颈向内收紧，保持一会儿，保持一会儿。”（停10秒）

“好，放松，彻底放松。”（停5秒）

“我们现在再做一次。”（同上）

第五步：

“现在请注意躯干部的肌群。”（停5秒）

“好，请往后扩展你的双肩，用力往后扩展，保持一会儿，保持一会儿。”（停10秒）

“好，放松，彻底放松。”（停5秒）

“我们现在再做一次。”（同上）

第六步：

“现在，上提你的双肩，尽可能使双肩接近你的耳垂，用力上提，保持一会儿，保持一会儿。”（停10秒）

“好，放松，彻底放松。”（停5秒）

“我们现在再做一次。”（同上）

第七步：

“现在，向内收紧你的双肩，用力内收，保持一会儿，保持一会儿。”（停10秒）

“好，放松，彻底放松。”（停5秒）

“我们现在再做一次。”（同上）

第八步：

“现在，请向上抬起你的双腿，用力上抬，弯曲你的腰，用力弯曲，保持一会儿，保持一会儿。”（停10秒）

“好，放松，彻底放松。”（停5秒）

“我们现在再做一次。”（同上）

第九步：

“现在，请收紧臀部肌肉，用力，保持一会儿，保持一会儿。”（停10秒）

“好，放松，彻底放松。”（停5秒）

“我们现在再做一次。”（同上）

第十步：

“现在，开始放松大腿部肌肉。”（停5秒）

“脚跟请向前向下紧压，绷紧大腿肌肉，保持一会儿，保持一会儿。”（停10秒）

“好，放松，彻底放松。”（停5秒）

“我们现在再做一次。”（同上）

第十一步：

“现在，开始放松小腿部肌肉。”（停5秒）

“请用脚尖儿向上翘，脚跟向下向后紧压，绷紧小腿部肌肉，保持一会儿，保持一会儿。”（停10秒）

“好，放松，彻底放松。”（停5秒）

“我们现在再做一次。”（同上）

第十二步：

“现在，开始练习如何放松双脚。”（停5秒）

“好，紧张你的双脚，脚趾用力绷紧，用力绷紧，保持一会儿，保持一会儿。”（停10秒）

“好，放松，彻底放松你的双脚。”（停5秒）

“我们现在再做一次。”（同上）

以上放松训练，休息两分钟后，再从头做一遍。

放松训练结束语：

“这就是整个放松过程。现在，请感受你身上的肌群，从下向上，全身每一组肌肉都处于放松状态。最后，你身体的全部肌肉都处于放松状态。”（停10秒）

“请进一步注意放松后的感觉，此时你有一种温暖、愉快、舒适的感觉，并将这种感觉尽量保持1至2分钟。然后我从一数到五时，你睁开双眼，会有一种平静、安详、舒适、愉快、精神焕发的感觉。”（停1分钟）

“好，我开始计数，一，感到平静；二，感到非常安详平静；三，感到舒适愉快；四，感到精神焕发；五，请睁开双眼。”

扫码“练一练”

思 考 题

1. 什么叫意志，意志的品质有哪些？
2. 什么叫应激？
3. 具有建设性的防御机制有哪些？
4. 怎样培养大学生的意志力？
5. 简述心理危机的概念及心理危机干预的步骤与方法。

（郑开梅）

第六章

大学生情绪管理

学习目标

1. 掌握情绪的定义、分类和作用。
2. 熟悉大学生的情绪特点及不良情绪的表现。
3. 了解情绪调节的方法并应用于实际生活，帮助自己获得积极的情绪。

案例导入

小玲是某校大二医学系的一名专科生，带着困扰自己很久的问题走进了心理咨询室向老师说出了自己的烦恼："刚进入大学时，我情绪很高昂，对未来充满了希望，做事也很积极，参加了很多社团活动，也结识了很多朋友。但后来在一次学生会干部的竞选中，我落选了，从那以后开始怀疑自己的能力，心情总是郁郁寡欢，觉得很迷茫，加上第一学期考试成绩不理想，奖学金没评上，我一下变得像个泄了气的皮球。"

同学们是否也曾有过类似的烦恼呢？在生活中我们的情绪经常会起伏变化，当你情绪低落时，你将怎样让自己走出情绪的低谷呢？

在现实生活中，我们时时刻刻都要和情绪打交道。情绪是人心理状态的晴雨表，反映了每个人内在的心理状态。大学生是处于青春期的一个特殊群体，情绪非常丰富多变，有时积极、有时消极；有时温和、有时暴躁；有时痛苦、有时快乐。拿破仑说："能控制好自己情绪的人，比能拿下一座城池的将军更伟大。"因此，正确认识自己的情绪，并学会恰当表达及有效管理自己的情绪是每个人应学习的一门必修课。

第一节　概　述

扫码"学一学"

一、情绪的概念

当我们面对外界事物的时候，经常会产生快乐、悲伤、愤怒、恐惧等不同的主观体验，这些体验就是情绪。关于情绪的定义很多学者都有不同的理解。我们总结为情绪就是人对客观事物是否符合自己的需要而产生的态度体验，它包括主观体验、生理唤醒和外在表情三个成分。

1. 情绪是人的一种内在感受和主观体验 人的不同情绪必然会反映在知觉上，从而形成不同的内心感受和体验。如：人在受到伤害时，会感到痛苦；在朋友聚会时，会感到由衷的快乐；当面对危险时，会产生毛骨悚然的恐惧感；当受到表扬时，会感到开心愉快。面对同样的事件或事物，不同人可能会有不同的体验，所以情绪还带有人的主观性。

2. 情绪有其生理基础 在不同的情绪状态下，生理上的心律、血压、呼吸等都会发生相应的变化。如：人在焦虑状态下，会感到呼吸急促、心跳加快；在恐惧状态下，则会出现身体战栗、瞳孔放大；而在愤怒状态下，会出现汗腺分泌增加、面红耳赤等生理特征。情绪状态下的这些变化，具有极大不随意性和不可控制性，不受人的意识控制。例如：当我们遇到考试失利、情感挫折、学习上的压力时，不可避免地会出现一些情绪上的反应，即使你再不愿意，甚至去控制，负性情绪也会出现。基于情绪会产生相应的生理反应，人们制作了测谎仪。测谎仪的原理就来自于对情绪生理变化的测试。

3. 情绪有鲜明的外在表现 情绪不仅体现为生理上的反应和内心的体验，而且还有外在的表现，一般通过表情行为体现出来。表情是情绪表达的一种方式。人们除了言语交往之外，还有非言语交往，如表情。言语与表情经常是相互配合的。同样一句话，如果配以不同的表情，就会使人产生完全不同的理解。所谓“言外之意”“弦外之音”就更多地依赖于表情的作用，且表情比言语更能显示情绪的真实性，虽然语言可以说谎，但表情就比较诚实。表情可以分为三类：面部表情、身段表情和语调表情。

（1）面部表情 最直接反映着人的情绪状态。人们可通过一个人面部表情的变化，了解一个人的情绪状态。例如：当自己受到奖励时，不由自主地会喜笑颜开；当遇到困难和挫折时，就会愁容满面。心理学家经过研究发现，有七种表情是世界上各民族的人都能认出的，包括快乐、惊讶、生气、厌恶、害怕、悲伤和轻视。最容易辨认的面部表情是快乐、痛苦。

（2）身段表情 同样反映着一个人的情绪状态，它包括手势、身体姿势等。人们高兴时就会手舞足蹈，悲痛时捶胸顿足，成功时趾高气扬。例如：在期末考试过后，我们可通过考生们的坐立不安、手舞足蹈和垂头丧气看出他们此时此刻的情绪状态和面临的境地。身段表情受不同文化的影响。研究表明，在不同的文化中，同一手势所代表的含义可能截然不同。如：竖起大拇指在许多文化中是表示夸奖的意思，但在希腊，却有侮辱他人的意思。

（3）语调表情 与人交流时声调、音色和声音节奏的快慢等方面的变化。如：一个人悲伤时，语调低沉、言语缓慢、语言断断续续；而当人兴奋时则会语调高昂、语速加快，声音抑扬顿挫、清晰有力。但由于人类心理的复杂性，有时人们的外部行为会出现与主观体验不一致的现象。比如：在一大群人面前演讲时，明明心里非常紧张，却做出镇定自若的样子。

主观体验、生理唤醒和外在表情构成情绪的三要素，三者缺一不可。主观体验是情绪最重要的构成成分，外在表情和生理唤醒则由个体的认知活动和个体对认知结果的评价所引起。

二、情绪的分类

人的情绪复杂多样，从不同的角度可以把情绪分成不同种类。

（一）按情绪的发展分类

1. 基本情绪　与人的生理需要相联系的内心体验，是先天的，不需要学习就可以获得的情绪。《礼记》中把情绪分为喜、怒、哀、惧、爱、恶、欲，即“七情”。法国哲学家笛卡儿认为人有惊奇、爱悦、憎恶、欲望、欢乐、悲哀六种原始情绪。一般我们把喜、怒、哀、惧列为基本情绪。

2. 复合情绪　由基本情绪派生而来，如：厌恶、羞耻、悔恨、焦虑、抑郁、嫉妒等。如：焦虑就是由恐惧、痛苦、愤怒组成的复合情绪；忧郁包括厌恶、轻蔑、羞耻等成分。

（二）按情绪的状态分类

根据情绪发生的强度、速度、紧张度和持续性，可以把情绪分为心境、激情和应激。

1. 心境　一种比较轻微而持久的情绪状态。通常被人们称为心情，具有弥散性的特点。当一个人处于某种心境时，就好像戴上了一副有色眼镜，使其对周围一切事物的反应都染上当时的情绪色彩。比如：心境良好时，人会觉得花草都在向你点头微笑；心境不好时，则会觉得云愁月惨。所谓“情衰则景哀，情乐则景乐”就是心境的作用。影响心境持续时间长短的因素包括两方面：一是事件的重要程度，事件对个体的重要性越大，心境就越持久；二是个体的个性特征，个性不同，事件对其心境影响的程度也不同。

2. 激情　一种迅猛爆发、激动而短暂的情绪状态。如：人生气时会勃然大怒、暴跳如雷，高兴时欣喜若狂等。激情往往由强烈的刺激所诱发，突然爆发，持续时间一般不会很长。激情有积极和消极之分。在激情状态下，人的情绪就像狂风暴雨般，认识范围狭窄，理智分析能力受到限制，可能会做出一些冲动行为。积极的激情则可以激发人内在的心理能量，成为行动的动力，提高工作效率。如：战士在战场冲锋陷阵需要激情，运动员在赛场挑战极限需要激情。

3. 应激　在意外的紧急情况下所产生的适应性反应。当人面临危险或突发事件时，身心会处于高度紧张状态，引发一系列生理反应，如：肌肉紧张、心率加快、血压升高等。又如：在遭遇地震时人们就会根据经验迅速做出反应，避免自己受到伤害。适当的应激使人处于警觉状态，提高活动效能。但应激的状态不能维持过久，因为这样很消耗人的体力和心理能量。若长时间处于应激状态，可能导致适应性疾病的发生。人在应激时一般有两种状态：一是沉着冷静，全力以赴排除危险；二是惊慌失措、呆若木鸡。不同反应与个人能力和素质有关，也与平时的训练和经验有关。

有一次，拿破仑骑马穿越一片树林，忽然听到了一阵紧急的呼救声。他扬鞭策马，朝着发出叫喊声的湖边跑去。只见一个不会游泳的士兵落到水里，正往深水中漂移，距离岸边已有 30 米。岸上几个士兵慌作一团，无可奈何地呼喊着，他们当中谁也不会游泳。拿破仑赶来问道：“他会水吗?”一个士兵回答说：“他只能划几下，现在不行了，漂到深水里，刚才喊救命呢。”拿破仑哼一声“哦”，随即从侍卫手里取过一支手枪，并大声朝落水的人喊道：“你还往当中爬什么，赶快游过来。再往前去，我就开枪，把你毙啦!”说完，果然朝那人的前方开了两枪。落水的人，也许是听到了岸上威胁的话，也许是听到了前方子弹落水的响声，猛然转回身来，拼命地划着，居然很快就向岸边靠拢了。落水的士兵得救了，同伴们都很高兴。这时才发现，站在他身边的竟是拿破仑皇帝。被救的小伙子惊魂初定，连忙拜谢皇帝，并不解地问："陛下，我是不小心落到水里去的，快要淹死了，你还要枪毙我，这是为什么呢？您的子弹差一点就打中了我，真把我吓死了！"拿破仑笑着说："傻瓜！不吓你这一下，你才真的要淹死了！你再往前漂去，越漂越远，你就再也爬不回来了。你吓了一跳，不就回过头来自己救自己了吗？"经他这么一说，士兵们恍然大悟地笑了。拿破仑开枪使士兵进入高度应激状态，发挥潜能，自救成功。

（三）按情绪的功效分类

从情绪的功效角度，我们将愉悦、欢乐、高兴等视为积极情绪，而将痛苦、愤怒、难过等视为消极情绪。积极情绪能增加生活的乐趣，提高工作效率，促进潜能的开发。很多人都认为愤怒、恐惧、焦虑等消极情绪是不好的。其实在我们的生活中一些消极情绪也是必要的，有不可替代的作用。如：当人处于危险境地时，恐惧能使人尽快脱离险境；当在工作中承担了超负荷的任务时，疲惫的情绪状态会让我们不得不放弃一些工作而获得休息。

三、情绪的产生

情绪的产生比较复杂，主要受以下三个因素的影响。

1. 客观刺激是情绪产生的源泉 我们为什么会表现出各种各样的情绪呢，是无缘无故的吗？答案是否定的。其实任何情绪都不是自发的，也不是凭空产生的，而是由客观刺激引起的。客观刺激是产生情绪的来源，没有客观事物就不会产生情绪变化。我们平时讲的"触景生情"这个词，"情"就是"情绪"，"景"就是引起情绪变化的刺激因素。

引起情绪情感的客观刺激，可以是外在环境因素，也可以是内在生理心理因素。因此，我们把引起情绪情感的客观刺激分为内在刺激和外在刺激。外在刺激包括自然情境和社会情境。

（1）自然情境 美景当前，比如：小桥流水、鸟语花香，往往会令人心旷神怡，心情舒畅。而恶劣的天气，比如：春天的沙尘暴，夏天的闷热会让我们感到心情烦躁。

（2）社会情境 如：节日庆典时，欢乐的人群，绚烂的烟花，会使人的心情随之愉悦。同样，人际交往的冲突、学习的压力、生活中的挫折，也会使人感到焦虑和抑郁。

内在刺激主要包括我们自身的生理性刺激和心理性刺激。生理性刺激就是生理状态和生物节律。生理性刺激如腺体的分泌、身体的不适，均会引发相应的情绪情感。例如：女生因为月经周期带来生理上的变化，很容易导致情绪的不稳定。心理性刺激是指由记忆、联想、想象等心理活动引起的情绪反应。比如：一个人独处的时候，回首往事，或潸然泪下或百味杂陈。

2. 情绪的产生以需要为中介 客观刺激是情绪产生的来源，那么是不是任何外界刺激都能使人产生情绪呢？不是的，情绪的产生和产生什么样的情绪，总是与个人的需要相联系的。与人的需要毫无关系的事物是不会引起我们的情绪体验的。一般来说，当我们的愿望、需要得到满足的时候，就会产生积极的、肯定的情绪，如高兴、快乐等；而当我们的需要、愿望得不到满足的时候，就会产生消极的、否定的情绪，如烦恼、忧愁等。例如：当我们需要冷静思考的时候，外面不断有刺耳的鸣笛声就会使人心烦意乱；当我们冬天在车站等了很久的车，这时听到汽车的鸣笛声，就会感到非常高兴。所以客观刺激能引起什么样的情绪是以我们的需要为中介的。

3. 个体的认知是情绪产生的基础　人们在认识事物时，总是对这些事物抱有这样或那样的态度。这种态度总是以特殊的体验表现出来。情绪产生于认识和活动的过程中，并影响我们的认识和活动。由于情绪产生建立在认知的基础上，所以我们面对不同的客观刺激，可能产生相同的情绪体验，而面对相同的客观刺激，也可能会产生不同的情绪变化。比如同样面对夕阳，李商隐感叹道："夕阳无限好，只是近黄昏。"而叶剑英则高歌："老夫喜作黄昏颂，满目青山夕照明。"为什么会这样呢？就是因为个体对同一个事物的认知评价不同，所以情绪体验也就不同。

四、情绪的作用

在我们的生活中，情绪不是一种毫无目的、没有任何意义的态度体验。相反，在我们适应外界变化的过程中，情绪具有重要的作用。

1. 适应作用　情绪能够使个体对不同的刺激事件产生适应性的反应，并调节或保持个体与环境间的关系。许多种情绪都具有调控群体间的互动功能。如羞怯感可以加强个体与社会习俗的一致性；当个体对他人造成伤害时，内疚感可激发社会公平重建。诸如同情、喜欢、友爱等情绪，也能起到构建和保持社会关系的作用，能提高个体的社会适应能力。

2. 动机作用　情绪是唤起心理活动和行为的动机。有时我们会努力去做某件事，只因为这件事能够给我们带来愉快与喜悦。从情绪的动力性特征看，情绪分为积极增力的情绪和消极减力的情绪。快乐、热爱、自信等积极增力的情绪会提高人们的活动能力，而恐惧、痛苦、自卑等消极减力的情绪则会降低人们活动的积极性。有些情绪兼具增力和减力两种动力性质，如悲痛可以使人消沉，也可以使人化悲痛为力量。情绪的表达能够直接反映个体内在动机的强度与方向。情绪就像发动机，可以源源不断地产生能量，引导我们的行为。

三个人在砌墙。有人问他们在干什么。第一个人没好气地说："砌墙，你没看到吗？"第二人笑了笑，说："我们在盖一幢高楼。"第三个人则笑容满面地说："我们正在建一座新城市。"10年后，第一个人仍在砌墙，第二个人成了工程师，第三个人成了前面两个人的老板。

3. 组织作用　情绪对其他心理活动具有组织的作用。这种作用表现为积极情绪的协调作用和消极情绪的破坏、瓦解作用。其组织作用还表现在人的行为上，当人处在积极、乐观的情绪状态时，容易注意事物的美好方面，态度和善，乐于助人。当人处于消极情绪状态时，容易失望、悲观，甚至产生攻击性行为。许多研究也证明情绪对认知活动有驱动和组织作用。

4. 信号作用　在人际交往中，人们除借助言语进行交流之外，还通过情绪的流露来传递自己的思想和意图。情绪的这种功能是通过表情来实现的，表情具有信号传递的作用。在社会交往的许多场合，人们之间的思想、愿望、态度、观点，仅靠言语无法充分表达，有时甚至不能言传，只能意会，这时表情就起到了信息交流的作用。其中面部表情和体态表情更能突破一些距离和场合的限制，发挥独特的沟通作用。中国有"出门看天色，进门看脸色"的俗语，意思是说通过别人的情绪反馈信息，领悟到别人对自己的态度。心理学家在对英语国家人们的交往状况进行研究后发现，在日常生活中，55%的信息是靠非言语表情传递的，38%的信息是靠言语表情传递的，只有7%的信息才是靠言语传递的。并且表情是比言语产生更早的心理现象，在婴儿不会说话之前，主要是靠表情来与他人交流的。表情比语言更具生动性、表现力、神秘性和敏感性。人们可以通过表情准确而微妙地表达自己的思想感情，也可以通过表情去辨认对方的态度和内心世界。

5. 保护作用 情绪好比是我们心理上的“保安系统”。一旦身边的事和人对我们的身心构成威胁，这个保安系统就会发挥作用，发出相应的警报信号，这样我们就可以及时地采取适当的应对措施保护自己不受伤害。比如如果遇到危险的情况，这个保安系统就会产生恐惧情绪，迫使我们要么躲避，要么抵抗。但这个保安系统有时也会失灵，所以我们要时刻关注自己的情绪状态，及时宣泄不良情绪，促进身心健康发展。

扫码“学一学”

第二节 大学生情绪特点

大学时期是青年人心理成熟的重要时期，也是情绪丰富多变、相对不稳定的时期。这个阶段的学生情绪带有鲜明的特征，具体表现在以下几方面。

一、丰富性和复杂性

大学生的情绪体验更加丰富多彩，情绪表现更加细腻、深刻。大学生正处于多梦的年龄阶段，几乎人类所具有的各种情绪，都可在大学生身上体现出来，并且各种情绪的强度不一。由于大学阶段是学生面临许多重大选择的时期，所以情绪变化会呈现出更加复杂的特点。随着自我意识的发展，自我尊重的需要强烈，易产生自卑、自负等情绪体验；大学生的交际范围日益扩大，与同学、朋友及师长之间的交往也更加复杂，有的大学生还开始体验一种更突出的情感——恋爱，而恋爱活动往往又伴随着深刻的情绪变化。

二、波动性和两极性

尽管大学生对自己的情绪已有了一定的控制能力，但由于人生观、价值观还未完全定型，认知能力还有待提高，大学生的情绪活动往往强烈而不能持久。同成年人相比，大学生相对敏感，情绪带有明显的波动性，一句善意的话语、一支动听的歌曲，都可能使情绪发生骤然变化。同样对别人一句无心的批评也可能耿耿于怀。喜怒无常、阴晴不定是常见的现象。所以大学生正处于情绪发展的“动荡”时期，情绪波动性大，并带有明显的两极化特征，胜利时得意忘形，挫折时垂头丧气；喜欢时花草皆笑，悲伤时草木流泪。情绪容易从一个极端走向另一个极端。

心理测验

大学生情绪稳定性自我测验

指导语：情绪是身心健康的重要标志，一个人的情绪是否稳定反映了其身心健康状况。那么怎样测量你的情绪是否稳定呢？请做一做下面这个测验。该测验共有30道题，每道题都有三个答案可供选择，请你从中选择出与自己的实际情况最接近的一种答案，对测验题中与自己生活、身份不相符合的情况，可以不予选择。

1. 看到自己最近一次拍摄的照片，你有何想法？（　　）
   A. 不满意　　B. 非常满意　　C. 基本满意
2. 你是否想到若干年后会有什么使自己极为不安的事？（　　）
   A. 经常是　　B. 从来没有　　C. 偶尔是
3. 你是否被朋友、同事、同学起过绰号、挖苦过？（　　）
   A. 经常是　　B. 从来没有　　C. 偶尔是
4. 你上床以后是否经常再次起来一次，看看门窗是否关好？（　　）
   A. 经常是　　B. 从来没有　　C. 偶尔是
5. 你对与你关系最密切的人是否满意？（　　）
   A. 不满意　　B. 非常满意　　C. 基本满意
6. 在半夜的时候，你是否经常觉得有什么值得害怕的事？（　　）
   A. 经常是　　B. 从来没有　　C. 偶尔是
7. 你是否经常因梦见可怕的事而惊醒？（　　）
   A. 经常是　　B. 从来没有　　C. 偶尔有
8. 你是否曾经有过多次做同一个梦的情况？（　　）
   A. 是　　B. 否　　C. 记不清
9. 是否有一种食物使你吃后呕吐？（　　）
   A. 是　　B. 否　　C. 记不清
10. 除去看见的世界外，你心里是否有另外一种世界？（　　）
    A. 是　　B. 否　　C. 偶尔是
11. 你心里是否时常觉得你不是现在的父母所生？（　　）
    A. 是　　B. 否　　C. 偶尔是
12. 你是否曾经觉得有一个人爱你或尊重你？（　　）
    A. 是　　B. 否　　C. 说不清
13. 你是否常常觉得你的家庭对你不好，但你又确知他们的确对你好？（　　）
    A. 是　　B. 否　　C. 偶尔是
14. 你是否觉得没有人十分了解你？（　　）
    A. 是　　B. 否　　C. 说不清
15. 在早晨起来的时候，你最常有的感觉是什么？（　　）
    A. 忧郁　　B. 快乐　　C. 说不清

16. 每到秋天，你最常有的感觉是什么？(　　)

A. 秋雨霏霏或枯叶遍地　　B. 秋高气爽或艳阳天

C. 说不清

17. 在高处的时候，你是否觉得站不稳？(　　)

A. 是　　B. 否　　C. 偶尔是

18. 你平时是否觉得自己很强健？(　　)

A. 是　　B. 否　　C. 说不清

19. 你是否一回家就立刻把房门关上？(　　)

A. 是　　B. 否　　C. 说不清

20. 当你坐在房间里把门关上时，是否觉得心里不安？(　　)

A. 是　　B. 否　　C. 偶尔是

21. 当需要你对一件事做出决定时，你是否觉得很难？(　　)

A. 是　　B. 否　　C. 偶尔是

22. 你是否常常用抛硬币、玩纸牌、抽签之类的游戏来测凶吉？(　　)

A. 是　　B. 否　　C. 偶尔是

23. 你是否常常因为碰到东西而跌倒？(　　)

A. 是　　B. 否　　C. 偶尔是

24. 你是否需用一个多小时才能入睡，或醒得比你希望的早一个小时？(　　)

A. 经常是　　B. 从来没有　　C. 偶尔是

25. 你是否曾看到、听到或感觉到别人觉察不到的东西？(　　)

A. 经常是　　B. 从来没有　　C. 偶尔是

26. 你是否觉得自己有超越常人的能力？(　　)

A. 是　　B. 否　　C. 说不清

27. 你是否曾经觉得有人跟你走而心里不安？(　　)

A. 是　　B. 否　　C. 说不清

28. 你是否觉得有人在注意你的言行？(　　)

A. 是　　B. 否　　C. 说不清

29. 当你一个人走夜路时，是否觉得前面潜藏着危险？(　　)

A. 是　　B. 否　　C. 偶尔是

30. 你对别人自杀有什么想法？(　　)

A. 可以理解　　B. 不可思议　　C. 说不清

计分与评价：以上各题的答案，凡选 A 得 2 分，选 B 得 0 分，选 C 得 1 分。请将你的得分统计后算出总分。根据你的总分便可知你的情绪稳定水平。总分在 0~20 分，说明情绪稳定，自信心强；21~40 分，说明情绪基本稳定，但较为深沉、冷静；41 分以上，说明情绪极不稳定，日常烦恼太多。

三、冲动性和爆发性

心理学家霍尔认为青年期处于“蒙昧时代”向“文明时代”演化的过渡期，其特点是动摇的、起伏的，他把这一时期称为“狂风暴雨”时期。对外界事物较为敏感，加之年轻气盛和从众心理，因而在许多情况下，大学生情绪易被激发，做事不计后果，带有很大的冲动性。有时对符合自己信念、理想的事件会盲目地狂热，而一旦遇到挫折或失败又会灰心丧气，情绪来得快，平息也快。大学生情绪的冲动性常与爆发性相连。大学生的自制力较弱，一旦出现某种强烈的刺激，情绪便会突然爆发，以至于在语言、行为等方面失去理智的控制，极易产生破坏性的后果，让自己后悔不已。所以应注意自己的情绪周期。

经常有学生说："老师，我有时心情不好，提不起劲来，也说不上是什么原因，就是那种毫无来由、莫名其妙地情绪就变坏了。"就像一年有四季变化，人的情绪也有周期。所谓"情绪周期"，是指一个人的情绪高潮和低潮的交替过程所经历的时间。人如处于情绪周期的高潮，就表现出强烈的生命活力，对人和蔼可亲，做事认真，容易接受别人的规劝，具有心旷神怡之感；若处于情绪周期低潮，则容易急躁和发脾气，易产生反抗情绪喜怒无常，常感到孤独与寂寞。那么每个人怎样才能知晓自己的"情绪周期"呢？科学研究表明，人的情绪周期与生俱来。从出生的那一天开始，一般 28 天为一个周期，周而复始。每个周期的前一半时间为"高潮期"，后一半时间为"低潮期"。在高潮与低潮之间，即由高潮向低潮或由低潮向高潮过渡的时间，称为"临界期"，一般是 2~3 天。临界期的特点是情绪不稳定，机体各方面的协调性能差，易发生事故。

四、阶段性和层次性

大学阶段由于不同年级培养目标和培养重点不同，各个年级面临的主要问题不同，大学生的情绪表现也不同，呈现出阶段性和层次性特点。就高职高专学生来说，新生所面临的主要是环境适应、学习方法的改变、新的交往对象熟悉以及新的目标确立等问题。放松感和压力感并存，新鲜感和恋旧感交替，情绪波动大。二年级经过了一年级的适应过程，能够融于校园生活中，情绪相对稳定，主要面对人际交往和学习压力，易表现出焦虑、抑郁、冷漠等情绪问题。三年级学生主要面临择业问题，心理压力大，情绪波动明显，消极情绪多，如自卑、焦虑、恐惧等。

五、外显性和内隐性

大学生对外界刺激反应迅速敏感，涉世未深，阅历较浅，一般是喜、怒、哀、乐常形于色，比起成年人比较外露和直接，大学生的很多情绪是一眼就能被看出的，如考试第一名或赢得一场球赛，马上就能喜形于色。但随着年龄的增长，大学生也不再像儿童那样天真直露，很多时候会把自己伪装起来，不轻易吐露自己的真实想法，已具备在一定的情景下压抑自己愤怒、悲伤等情绪，而将真实的情绪掩饰起来的能力，导致很多时候内在感受和外在行为不一致，具有很大的内隐性和封闭性。例如：面对交友、恋爱等具体问题时，他们往往深藏不露。有的学生对异性萌生了爱慕之情，却偏偏表现出无所谓、故作回避的态度。与人交往时，明明很讨厌对方，却强颜欢笑。情绪表现的内隐性也在一定程度上说明了大学生的情绪控制能力在逐渐增强。

扫码"学一学"

第三节　大学生情绪调控

一、大学生不良情绪的原因

大学生产生的情绪问题既有客观原因，也有主观原因，归纳起来主要受以下因素的影响。

（一）客观因素

1. 社会环境　随着社会生活节奏的加快、传统价值观念转变、就业竞争压力增大以及很多社会问题的出现，这些社会刺激给生活阅历浅、心理承受能力弱的大学生带来很大的冲击，容易引发大学生的心理与行为失调，产生不良情绪。

2. 学校环境　目前高校教育改革对学生综合素质的要求越来越高，并制定了完善的考核标准。大学生稍有松懈就会在竞争中失利，这也成为大学生产生消极情绪的诱因之一。另外，学校的奖学金制度、考试淘汰机制等相关规章制度的变更、完善，无不冲击着大学生动荡不安的心理，牵动每一个人的情绪。

3. 家庭因素　家庭对孩子成长的影响至关重要。家庭经济状况，家长教育态度、方式，家庭成员之间的亲疏关系，都对学生情绪、情感水平的培养起着非常重要的作用。当前社会的转型对家庭的冲击较大，单亲家庭、下岗家庭等问题家庭增多，更是影响着大学生的情绪。另外，家长对子女的过高期望，过于急切的"望子成龙、望女成凤"心态，都加重了孩子的负性情绪。

（二）主观因素

外在的环境刺激对大学生情绪问题的产生影响固然深刻，但大学生情绪变化的决定性因素还取决于大学生自身。

1. 不能正确地评价自我　大学校园是群英荟萃的地方，这样的变化，常常会使一部分学生感到失落。进入大学后，很多学生对如何发挥自己的优点和克服缺点感到迷茫。有一部分学生看到班上有些多才多艺、能力较强的同学，觉得自己一无是处，事事不如人，从而产生自卑心理。有些学生容易过高地估价自己，骄傲自满，一旦遇到挫折，又会一蹶不振、自暴自弃。所以大学生应找到自己的坐标，重新给自己定位。

2. 环境适应能力差　步入大学即意味着进入一个陌生的环境，过集体生活。在生活上学生需要学会自己照顾自己、管理自己。有很多同学在家里娇生惯养，动手能力差，有较强的依赖性，缺乏社会生活经验。上大学后，如果自理能力不强就会经常觉得孤独、焦虑、不适应。

3. 现实与理想的冲突　大学生一般对自己的前途和未来怀有美好的向往，成就动机很强，自我期望值偏高。但现实状况却不尽如人意。很多学生经过一个阶段的努力仍然不能实现自己的目标，就会有挫败感，一旦遇到困难，就很容易萎靡不振，情绪低落。

4. 恋爱引起的情绪波动　大学生生理心理发育已趋成熟，恋爱与性的问题就不可避免地摆在面前。正值情感的萌发期，大学生异性之间很容易点亮爱的火花。然而在这浪漫爱情的背后却隐藏着不少问题。其中失恋问题及其关于性的问题给学生带来很多困扰。由于大学生的承受能力差，一旦情感中遭受挫折便难以接受，便容易心灰意冷甚至采取冲动行为。

5. 对学习不适应 中学和大学学习目的和方法等都不同。自主性、创造性是大学学习的特点。一些同学在进入大学后未能掌握大学学习的方法，导致考试失利，从而产生厌学、自卑情绪。很多同学上大学后产生了明显的松劲情绪，学习动力不足，学不进去，整天游手好闲，迷茫彷徨。还有些同学对所学专业或课程不感兴趣，不想上课，常被气馁、抱怨、后悔等消极情绪所干扰。

6. 人际交往受挫 进入大学后，如何与周围的同学友好相处，建立和谐的人际关系，是大学生面临的一个重要问题。由于每个人待人接物的态度不同、个性不同，再加上青春期心理固有的闭锁、羞怯、敏感和冲动，都使大学生在人际交往过程中不可避免地遇到各种困难，从而产生困惑、焦虑等心理问题。一方面，大学生渴望友情，渴望理解与沟通；另一方面，不能正确认识交往和缺乏交往的技巧，又使他们陷入交往的误区，从而影响自己的情绪。

二、大学生不良情绪的表现与调适

（一）大学生不良情绪的表现

一般认为，适度的负性情绪是正常且必要的。但是如果大学生不能很好地处理生活和学习中的各种问题，极易产生不同程度的情绪困扰，从而影响身心的健康发展。

1. 焦虑 个体主观上预料将会发生某种不利情况而又难于应付的不愉快情绪。它往往包含紧张、不安、害怕、担忧、烦躁、压抑等混合情绪体验。焦虑是大学生常见的情绪状态，当在学习、生活各方面遭遇挫折或担心需要付出巨大努力的事情来临时，便会产生这种体验。如：有些学生在与人交往时不知道如何融入群体中，在学习上总是给自己定下过高的目标，对自己不自信，担心给别人留下不好的印象等，这都会使学生的焦虑心理陡增。焦虑对大学生的影响是复杂的，既可以成为大学生前进的内驱力，起促进作用，也可以起阻碍作用。正常的焦虑在生活中是必要的，有了对当前遭遇的不安、焦虑后，才可能引起我们的注意，提高警惕，这有利于我们克服困难。但如果焦虑过度则会影响我们的身心健康。如：有的学生考试前过分紧张、心神不定、惶恐担心，这种焦虑情绪不但会导致注意力不能集中，还可能使自己在考场上发挥失常。

布雷迪用猴子做过一个实验。两只活泼的猴子被分别缚在两张电椅上，电流每 20 秒激发一次。被电击的滋味当然不好受，它们开始号叫挣扎。然而，猴子不愧为灵长类动物，甲猴子很快发现，它的电椅有一个压杆，只要在电流袭来之前压一下压杆，就可免遭电击；而乙猴子却发现，它的电椅上没有压杆。于是，甲猴子就担负起压杆的责任，它紧张地估算着电流袭来的时间。结果是，要么两只猴子同时逃脱电击，要么它们一起受苦。是逃脱还是受苦，这完全取决于甲猴子，于是甲猴子就背负着超强的心理负荷和责任感，而乙猴子虽然很无奈，却无忧无虑。最后，甲猴子得了胃溃疡，乙猴子却安然无恙。这个结果表明过度的焦虑会对健康造成影响。

2. 抑郁 一种持续时间较长的以情绪异常低落消沉为表现的情绪反应。抑郁者会表现出对生活的无望感和无助感，仿佛掉入了一个无底黑洞之中，正被淹没或窒息，对未来极度悲观。抑郁常常伴随着焦虑，对所有活动失去兴趣，渴望一个人独处。一般抑郁情绪多发生在性格内向、孤僻、敏感多疑、被动依赖的学生身上，若在生活中又遭遇打击，如人际矛盾、不喜欢所学专业、成绩不理想或恋爱受挫等就容易诱发抑郁情绪。现在“郁闷”已经成为大学生挂在嘴边的流行语，出现抑郁情绪的大学生经常愁眉不展、唉声叹气、精神不振、自卑自责、思维迟缓、回避社交，缺乏生活的勇气和热情，甚至把自己封闭起来。同时还会伴有一些躯体症状，如疲乏无力、睡眠不良、食欲不振、记忆力减退等。比较严重的抑郁情绪会对学习和生活产生明显的影响，更为严重者可能会发展成为抑郁症。抑郁症若不及时治疗，对症下药，甚至可能会导致自杀行为。

3. 愤怒 由于客观事物与人的主观愿望相违背或因愿望无法实现时，人们内心产生的一种激烈的情绪反应。当人愤怒时，会伴有明显的生理表现，如心跳加快、心律失常、血压升高等，同时还会使人自制力减弱、行为冲动，容易做出让自己后悔的蠢事。处于精力充沛、血气方刚的青年时期的大学生，在情绪发展上往往容易产生好激动、易动怒的特点。如有的大学生因一句刺耳的话或一件不顺心的小事而暴跳如雷；有的因人际协调受阻而怒不可遏、恶语伤人。因而有人说，愤怒是以愚蠢开始，以后悔结束。长期存在愤怒情绪，不但影响自身的健康，还会严重破坏人际关系。

这是一位大一女生的自述：“我来自一个并不富有，但也比较宽裕的家庭，父亲非常爱我，但在我童年中，发生过重大创伤性生活事件，自从这件事发生后，我不再相信任何人，也不再相信很多人们确信不移的比如友谊、爱情等，我想通过努力学习离开原来的生活环境，开始新的生活，摆脱童年生活的阴影，来到学校后，看到同学们都快乐无忧地生活着，长久潜藏于心的愤怒悄悄地滋长着，我不知道如何化解与排解这种情绪，便经常翻同学的书柜和床位，将他们正在看的参考书藏起来，我并不是为了看书，而是看到他们焦虑、着急的样子，我内在的愤怒便找到了宣泄的出口，这样我还不解气，我将同学的存折悄悄取出，并将钱全部花掉以化解我心中的愤怒。”

这位女同学在童年遭受的挫折与伤害，因为缺乏必要的心理辅导与心理支持，在她升入大学后，潜在的愤怒并没有得到升华与缓解而是被压抑起来，并寻找机会进行发泄，最后受到学校的处分。

4. 冷漠 人对外界刺激缺乏相应的情感反应。具体表现为凡事漠不关心、冷淡、退让的消极体验。处于冷漠情绪的大学生，常表现出对生活没有兴趣和热情，对学习无精打采，对周围的同学和集体活动漠不关心、无动于衷，似乎自己已看破红尘、超凡脱俗。冷漠往往是因为努力得不到认可或屡遭失败所致。此外缺乏家庭温暖，缺乏安全感、尊重的社会环境也会造成情绪冷漠，性格孤僻。这种冷漠的情绪状态，多是压抑内心情绪的一种消极逃避反应。具有这种情绪的人，从表面上看虽然平静、冷淡，但内心却往往有强烈的痛苦、孤寂和压抑感。如果大学生长时间地处于这种情绪状态下，巨大的心理能量无法释放，超过了一定限度时，就会以排山倒海的形式爆发出来，严重影响身心健康。

5. 嫉妒 他人在某些方面胜过自己引起的不快，甚至是痛苦的情绪体验，是自尊心异常的一种表现，在学生中普遍存在。具体表现为当看到他人学识能力、品行、荣誉甚至穿着打扮超过自己时，内心就会产生不平、痛苦、愤怒等感觉；当别人身陷不幸或处于困境时则幸灾乐祸，甚至落井下石等。嫉妒是人本质上的疵点，嫉妒心强的人容易得心身疾病。长期处于嫉妒情绪中，容易引起忧愁、消沉、怀疑、痛苦、自卑等消极情绪。嫉妒者不能容忍别人超过自己，害怕别人得到自己无法得到的名誉、地位等。在他看来，自己办不到的事，别人也不要办成，自己得不到的东西，别人也不要得到。嫉妒情绪会扭曲人的心灵，妨碍人与人之间正常真诚地交往。西班牙作家塞万提斯说“嫉妒是万恶的根源，美德的蟊贼。”

案例：学生A、B是某名牌大学的学生，大学期间两人是形影不离的好友，在研究生学习期间，两人同时参加出国考试并被美国大学录取，只因A申请的学校排名高于B申请的学校，B膨胀的嫉妒心使她无法面对A优于她的现实。于是，她以A的名义向A申请的学校写了一封信，拒绝去美读书，当A得知最终结果时，她无论如何都无法相信事实，而B的理由只有一条：嫉妒。这一致命的弱点毁掉了两个青年的前程。

6. 恐惧 当一个人面对危险或灾难时产生的极度恐慌和畏惧感。恐惧反应的特点是对发生的威胁表现出高度的警觉。常见的生理反应有心跳猛烈、口渴、出汗和神经质发抖等。恐惧在一定程度上对人起着保护作用，但如果这种情绪过于强烈或持久，就会影响健康。恐惧的主要表现有场所恐惧、社交恐惧、特定恐惧。大学生的恐惧情绪一般表现为对社交的恐惧，尤其以异性交往恐惧居多，在与人交往时紧张不安、焦虑担忧，甚至有回避行为。

古代阿拉伯学者阿维森纳，曾把一胎所生的两只羊羔置于不同的外界环境中生活：一只小羊羔随羊群在水草地快乐地生活；而在另一只羊羔旁拴了一只狼，它总是受到自己面前那只野兽的威胁，在极度惊恐的状态下，根本吃不下东西，不久就因恐慌而死去。该实验告诉我们：恐惧、焦虑、敌意、冲动等负性情绪，是一种破坏性的情绪，长期被困扰就会导致身心疾病的发生。

7. 自卑 自卑感是因对自己评价过低而产生的压抑、羞愧情绪体验。自卑的人自我评价过低，因而会轻视自己，对自己没有信心，在社会生活中表现出胆怯、退缩，担心不被他人尊重，对他人的评价异常敏感，为了避免受到进一步的心理伤害，尽量不与人接触，把自己封闭起来。大学生人对自己外貌、能力、个性品质非常关注，但尚未形成准确的自我认识，对自我的评价容易被具体情境牵着走。大学生产生自卑情绪的原因很多，一般个人经历、文化背景、能力差异及理想和现实的冲突都会引发大学生的自卑心理，是自我评价不当的结果。

美国心理学家马斯洛在阐述关于“自我实现者”的情绪特点中，曾经提出了健康情绪的六个特征：①平和、稳定、愉悦和接纳自己；②有清醒的理智；③有适度的欲望；④对人类有深刻、诚挚的感情；⑤富于有哲理、善意的幽默感；⑥有丰富、深刻的自我情感体验。

心理学家索尔指出情绪健康主要包括七个特点：①独立，不依赖父母；②增强责任感及工作能力，减少被外界接纳的渴望；③去除自卑情结、个人主义及竞争心理；④适度的社会化与教化，能与人合作，并符合个人良心；⑤成熟的性态度，能组织幸福家庭；⑥具有弹性以及适应力，避免敌意与攻击；⑦对现实有正确的认识。

综合以上，结合中国大学生情况，这里提出大学生情绪健康的五点标准：①保持积极乐观的心态；②接纳自己的情绪变化；③善于及时调整自己的不良心态；④宽容别人增加愉快体验；⑤掌握有效的情绪调节方法。

（二）大学生不良情绪的调适

有一个男孩脾气很坏，于是他的父亲就给了他一袋钉子，并且告诉他，当他想发脾气的时候，就钉一根钉子在后院的围篱上。第一天，这个男孩钉下了40根钉子。慢慢地，男孩可以控制他的情绪了，不再乱发脾气，所以每天钉下的钉子也跟着减少了，他发现控制自己的脾气比钉那些钉子来得容易一些。终于，父亲告诉他，现在开始每当他能控制自己的脾气的时候，就拔出一根钉子。一天天过去了，最后男孩告诉他的父亲，他终于把所有的钉子都拔出来了。于是，父亲牵着他的手来到后院，告诉他说："孩子，你做得很好。但看看那些围墙上的坑坑洞洞，这些围篱将永远不能恢复从前的样子了，当你生气时所说的话就像这些钉子一样，会留下很难弥补的疤痕，有些是难以磨灭的呀！"从此，男孩终于懂得管理情绪的重要性。

在生活中，我们不可避免地会遇到各种困难，每个人也都会有心情低落的时候，如果我们可以用理智驾驭情绪，就能做情绪的主人；反之，就会成为情绪的奴隶，被不良情绪所干扰。蒙田说过："你不能改变天气，但你可以改变心情。"良好的情绪可以成为学习和生活的动力，而恶劣的情绪则会对身心健康产生破坏作用。那我们怎样调适自己的情绪呢？

1. 转移注意法 把注意力从引起不良情绪反应的刺激情境转移到其他事物或活动上。一般当我们注意某一事件的时候它才会对我们产生影响，而当我们把注意力放到其他事情上时，原来事件对我们的影响就会降低或消失。当情绪不佳的情况时，要把注意力转移到自己感兴趣的事上去，如外出散步，看看电影、电视，读读书，打打球，下盘棋等，换个环境可能就会换种心情，有助于使情绪平静下来，在活动中寻找到新的快乐。用愉快的活动占据自己的时间，用时间的推移来逐步淡化心里的烦恼，用积极的情绪来抵消消极的情绪。

从前，在喜马拉雅山脚下的小小村落里，来了一位仙风道骨的老人。他向全村村民宣布，他会一种可以点石成金的法术。不过，天下没有白吃的午餐，想要学这套法术的人得先把家中最值钱的东西拿出来当学费才行。村里的人实在穷怕了，人人都想发财想得发疯。大家商讨了一下：既然可以学会点石成金术，那么，先牺牲点学费有什么关系呢？于是他们虔诚地交了学费，集合起来听老人教授这种神奇的法术。只听老人叽里咕噜念了一大串咒语，然后就把盖在木桶下的石块变成了闪亮的金子。"快教我们吧！"每个人的喉咙深处都发出饥渴的声音。老人不厌其烦地将咒语教给了村民，当村子里最笨的人也能背诵咒语之后，他很满意地告诉他们："你们等明天日出的时候就可以开始用点石成金术了。我保证各位都可以把没用的石块变成黄灿灿的黄金，不过，你们可要记得呀——念咒语的时候，脑子里千万不要想起喜马拉雅山上的猴子。""绝对不会！"村人异口同声地回答。黄金跟喜马拉雅山上的猴子有什么关系呢？老人真是无聊，他们哪会想起喜马拉雅山的猴子？可是，一千年过去了，有人说如果你现在到这个村庄，你还会看到不少人把石头盖在木桶下喃喃自语，"努力"地不要想起喜马拉雅山的猴子。他们始终没有"念"出黄金来，但也没有人能怪老人说谎，因为每个人都得承认，他们越想告诉自己不要想那些猴子，就越是想起那些事不关己的猴子。当你越在意它的时候，它就越会影响你。

2. 合理宣泄法 不愉快的情绪，虽然我们可用理智暂时约束压抑它，但不能彻底排除。对于消极情绪，只堵不疏不是根本办法。这种心理能量的积聚，如果超过一定的负荷，就会破坏心理的平衡。中国台湾作家罗兰说过："情绪的波动对有些人可以发挥积极的作用，那是由于他们会在适当的时候发泄，也在适当的时候控制，不使它泛滥而淹没了别人，也不任它们淤塞而使自己崩溃。"采用适当的途径，合理宣泄，才能把负性能量释放出来，消除压抑感。

（1）倾诉　在内心充满烦恼和忧虑时，可以向知心朋友或信任的老师、家长倾诉心声，但诉说不是一味抱怨，说出来心情就好了一大半了。即所谓的“一个快乐由两人分担就变成两个快乐，一个痛苦由两人分担就变成半个痛苦”。也可以用写信的方式来倾吐心中的不快，写过后并不一定要寄出，把它撕毁或付之一炬都行；记日记也是简便易行的方式。

（2）哭泣　哭是人类的一种本能，是人不愉快情绪的直接流露。在极为悲伤、委屈的时候，不论男女都不必强忍眼泪，尽情地痛哭一场，必定会感到特别的放松。生理学家经过化学测定发现：人因情绪冲动流出的眼泪，能把体内精神受到沉重压力而产生的化合物发散出来并排出体外，因此人们在痛哭之后总会感到些许的舒适轻松。

美国生理学家爱尔马为了研究心理状态对健康的影响，设计了一个很简单的试验：把一支支玻璃试管插在有冰水的容器中，然后收集人们在不同情绪状态下的“气水”。结果发现，当一个人心平气和时，呼出的气溶于水后是澄清透明的；悲痛时水中有白色沉淀；生气时有紫色沉淀。他把人在生气时呼出的“生气水”注射在大白鼠身上，几分钟后大白鼠就死了。生气的生理反应十分强烈，分泌物比任何情绪时都复杂，都更具有毒性。因此，大哭不仅是一种生理上的排毒，也是心理上的排毒。

（3）运动　在无倾诉对象或不便痛哭的情况下，可也做些大运动量的活动。如对着沙包狠擂一通，找个空旷无人的场地大喊几声或高声歌唱，到运动场大跑几圈，大汗淋漓之后就不那么压抑了。通过剧烈的运动，有助于释放紧张的情绪，消除烦闷。

枕头大战是一种全球流行的缓解工作和生活压力的减压聚会方式。枕头大战组织目前较为流行的是通过网络召集陌生人，每个人带着自己的枕头在固定时间和地点集合。将枕头撕开一个小开口互相击打，直到枕芯全部散光时为止。2004 年由一名叫斯塔基·凯西的女子创立枕头大战联盟，总部设在加拿大的多伦多，在美国也有分部。因具有良好的减压宣泄效果，2006 年 11 月开始登陆中国内地。

情绪疏泄固然重要，但要做到适时、适度，注意时间、场合和方式方法，既不能影响他人的工作、学习和生活，也不能有损自己的身心健康。

3. 理性情绪疗法　该理论是由美国心理学家阿尔伯特·艾利斯于 20 世纪 50 年代创立的。他认为人的情绪和行为障碍不是由于某一刺激事件直接所引起，而是由于人们对它不正确的认知和评价所引起的，这也称为 ABC 理论。A 代表诱发性事件；B 代表个体对这一事件的看法、解释及评价即信念；C 代表因此事件而引起的情绪反应和行为结果。艾利斯认为并非诱发事件 A 直接引起症状 C，A 与 C 之间还有中介因素在起作用，这个中介因素是人对 A 的认知、评价或看法，即信念 B。事件本身的刺激情境并非引起情绪反应的直接原因，个人对刺激情境的认知、解释和评价才是引起情绪反应的直接原因。所以人不是被事情本身所困扰，而是被其对事情的看法所困扰。不同的人对于同一挫折事件会有不同的解释，而之所以有些人产生了消极情绪，就是因为他们对事件的认知和信念是错误的。所以要消除不良情绪，就是找到人们错误的想法和观念，找出归因方面的错误，并用理性的观念代替非理性的观念，用正确的想法代替错误的想法，重建认知结构，重新评价自己。

例如：有一个男大学生，在失恋（A）后，变得消沉抑郁（C）。虽然失恋本身给他带来痛苦，但这种负性情绪的根源可能是他完全自我否定的态度（B），在他看来，女友离开自己和别人好，表明自己不如别人，注定自己在这方面永远是个失败者，因此才会变得深沉抑郁。又如：有一个女孩，因得喉炎变得声音沙哑（A），于是整个人变得很畏缩、自卑和孤立（C）。在ABC理论看来，声音改变的事实并不直接导致她的情绪和行为反应，而是她坚持认为女性的声音一定要娇柔清脆、富于女性化的这种观念（B）才使她处于情绪困扰的状态中。但是同样的事情如果发生在另外的人身上，他们也许不会有什么过于强烈的负性情绪反应，这是因为他对这些事情另有看法，如“没有证据表明我注定要失败，如果是失败，那也只是这一次，它不能表明我以后会这样”，或者是“女性的价值为什么一定要表现在嗓音上，我还有比自己的声音更重要的东西”。这些都是合理的观念，它们常常能保护个体避免陷入情绪困扰中。

通过上面两个例子可以看出，对于同一个诱发事件，不同的观念可以导致不同的结果。如果B是合理的、现实的，那么由此产生的C也就是适应的；否则不合理的信念就会产生情绪困扰和不适应的行为。大学生消极的认知评价常见有以下几方面：思想绝对化、过度泛化、认知消极性。所以改变以往错误的认知才能消除不良的情绪。

相传一位老太太有两个儿子：大儿子卖伞，二儿子晒盐。为两个儿子，老太太差不多天天愁。愁什么？每逢晴天，老太太念叨：这大晴天，伞可不好卖哟，于是为大儿子愁。每逢阴天，老太太嘀咕：这阴天下雨的，盐可咋晒？于是又为二儿子愁。老太太愁来愁去，日见憔悴，终于成疾。两个儿子不知道如何是好。幸一智者献策：晴天好晒盐，您该为二儿子高兴；阴天好卖伞，您该为大儿子高兴。这么转换个看法，就没愁发喽！这么一来，老太太果然变愁苦为欢乐，心宽体健起来。看来，在审视、思考、评价某一客观现实情境时，换个角度看问题，心境也会随之转换。

4. 心理暗示法 借助于语言的刺激纠正和改变个体的某种心理状态或行为的方法。它对人体的心理、生理活动有明显影响。试想当你在地上走宽30厘米的路和在高空中走宽30厘米的墙，心态肯定不同，这就是因为在高空走时，我们心中已有“空中危险”的暗示了。这个概念最初由法国医师库埃提出，他的名言是“我每天在各方面都变得越来越好”，这就是一种自我暗示。自我暗示分消极自我暗示与积极自我暗示。积极的自我暗示令我们保持好的心情，充满自信，从而调动人的内在因素，发挥主观能动性。而消极的自我暗示会强化我们个性中的弱点，唤醒我们潜藏在心灵深处的自卑、怯懦等，从而破坏情绪。心理学的实验表明，当一个人静坐时，反复默念“勃然大怒”“暴跳如雷”等语句时，心跳会加剧，呼吸也会加快，仿佛真的发起怒来；相反，如果默念“喜笑颜开”“兴高采烈”之类的语句，那么心里面也会产生一种乐滋滋的体验。由此可见，语言既能唤起人们积极的体验，也能唤起消极的体验。所以我们可以充分利用语言的指导和暗示作用，来调适和放松心理的紧张状态，使不良情绪得到缓解。如当你走进考场，产生恐惧心理时，可自我暗示“不要怕，怕是不能解决问题的”“胆要大，心要细”等，以此来消除恐惧心理；当你要发怒时，可轻声告诫自己“不要发怒，发怒有害无益，要冷静”；当你陷入忧愁时，可反复用言语暗示自己“忧愁于事无补，还是振作起来面对现实吧！”此外，用书面语言的形式进行自我暗示，也是一种很有效的途径，例如不少同学在床头贴上“拼搏”二字以激励自己。因此，当我们遇到情绪问题时不妨进行积极的暗示来激励自己。

神奇的心理暗示：一个哮喘患者由于病情剧烈发作而从床上惊起，觉得自己快要窒息而死了。于是他冲向门口，打开大门拼命深呼吸。新鲜的空气让他感觉舒服了很多，很快就不喘了。他回到床上，沉沉地睡了过去。第二天早上，他醒来的时候发现，昨晚他打开的不是房间的门而是衣柜的门。从心理学角度来看，这个哮喘患者正是因为受到了周围环境或自我的暗示，不知不觉就产生了与之相应的情绪与行为，这就是心理暗示。暗示不仅对人的心理和行为产生影响，还可影响人的生理变化。在实验室中，反复给一个糖尿病患者服用降糖药物，经化验可以发现被试者的血糖降低。如果让被试者处于催眠状态，只给语言暗示，告诉被试者：你已经吃了降糖药，但实际不给药片，结果会出现血糖自动降低。这个例子说明，语言暗示可以给人脑以“兴奋”的刺激，虽然被试者没吃降糖药物，但大脑还是参与了体内糖的代谢活动。

5. 放松训练法　使有机体从紧张状态松弛下来的一种练习过程。当一个人感到身心疲惫、情绪紧张、焦虑烦躁时，采用放松技术进行自我调适，可以排除杂念干扰，平静心绪，有效地缓解心理压力。

放松训练一般要在安静的环境下进行，练习者要做到心情安定，注意集中，肌肉放松。在做法上要注意循序渐进，放松训练的速度要缓慢。对身体某部分肌肉进行放松时，一定要留有充足时间，以便能细心体会当时放松的感觉。放松训练能否成功，取决于参与者对此项训练的相信程度以及是否密切配合。当心情不好或心理压力大时，持续几分钟的完全放松比一小时睡眠效果更好。

（1）想象放松法　可先选择一个比较安静的环境，然后全身放松，闭上眼睛，开始进行想象。一般是想象一些美好的景物、幸福的经历。练习多次，大有裨益。

想象放松训练指导语：请先调整一下身体，选择一个舒服的姿势，现在跟着我的指导语一起做——首先请你闭上眼睛，慢慢地深呼吸三次。想象我们来到一片美丽的沙滩，我静静地躺在海滩上，周围没有其他人。蓝蓝的天空漂着几朵白云，我感觉到了阳光温暖的照射，触到了身下海滩上的沙子，沙子又软又细，我全身感到无比的舒适，无比的放松。海风轻轻地吹来，带着一丝海腥味，让我非常凉爽。波涛在轻轻地拍打着海岸，有节奏地唱着悦耳的歌，我静静地躺着，静静地倾听这永恒的波涛声，我感到非常放松，非常放松……深呼吸三次，从一数到五，再慢慢睁开眼。

（2）肌肉放松法　肌肉放松训练时，要保持心情轻松。放松前充分体验全身紧张的感觉，而后从头到脚依次放松，每个部位逐一感知。例如，想象一股暖流从头顶慢慢流向全身。肌肉放松可以使人达到全身松弛、内心宁静的效果。

（3）音乐调节法　音乐对人的生理和心理有着明显的影响，优美的乐曲可以使人肌肉松弛、脉搏放慢，使人感到心情宁静、轻松愉快。不同的音乐会引起不同的情绪反应，因而可以根据自己的情绪状态有选择地欣赏音乐。当心情烦躁、焦虑紧张时，旋律优美、柔和的音乐，能够使人情绪平静；而当感到忧郁、消沉时，听听节奏鲜明、雄壮有力的音乐能够使人情绪振奋、激昂奋进。在国外，音乐调节已应用到了外科手术及精神病、抑郁症、焦虑症等病症的治疗中。如：忧郁烦恼时可以听《蓝色多瑙河》《卡门》《渔舟唱晚》等意境广阔、充满活力、轻松愉快的音乐；失眠时可以听莫扎特的优雅宁静的《摇篮曲》、门德尔松的《仲夏夜之梦》等乐曲；情绪浮躁时可以听《小夜曲》等适合的音乐来调节自己的情绪状况。

6. 积极寻求社会支持　社会支持是指一个人在自己的社会关系网中能获得的来自他人的帮助和支援。比如我们的家人、朋友、同学、老师等都属于社会支持系统。良好的人际社会支持可以满足大学生归属与安全的心理需要，消除孤独、寂寞，能增强大学生的自信心和自尊心，获得支持和帮助，对大学生情绪和情感的稳定与发展具有重要作用。因此，当我们遇到不顺心、不如意的事情时，能主动地找亲朋好友交流、谈心，比一个人独处冥想、自怨自艾要好得多。生活中，每个人的力量都是有限的，我们都需要别人的帮助，尤其在陷入困境时，社会支持犹如雪中送炭，会给我们带来温暖和勇气，尽快走出现实的困境和情绪的阴霾。

7. 自我安慰法 当一个人遇有不幸或挫折时，为了避免精神上的痛苦或不安，可以找出一种合乎内心需要的理由来劝慰或辩解。伊索寓言里，一只狐狸吃不到葡萄，就说葡萄是酸的；只能得到柠檬，就说柠檬是甜的，于是并不觉得苦恼。心理学借用这个寓言，把用某种“合理化”的理由来解释事实，以求心理自我安慰的现象，称为“酸葡萄与甜柠檬”心理。比如，对于失恋者来说，想到“失恋总比结婚后再离婚要好得多”，便可减轻因失恋带来的痛苦。对于不自信的学生，就可以想“我比上不足比下有余，还有很多人不如我呢”，以此冲淡不安。因此，当人们遇到情绪问题时，经常用“胜败乃兵家常事”“塞翁失马，焉知非福”“坏事可能变好事”等话语来进行自我安慰，可以缓解矛盾冲突、消除焦虑，达到自我激励的作用。这种方法，看似自圆其说，但对于帮助人们在大的挫折面前接受现实，保护自己，避免精神崩溃是很有益处的。

很久以前，非洲国王有一个从小一起长大的好朋友。这个朋友有一个口头禅，无论发生什么事情，他都会说：“这很好！”一天，国王和朋友外出打猎。朋友为国王准备的猎枪出了事故，国王的拇指被炸飞了。但朋友还像平常一样说：“这很好！”国王非常愤怒，吼道：“不，这不好！”随后将他关进了监狱。一年后，国王又去打猎，去了一个很僻远的地方。那里食人肉的野蛮人抓住了他，把他带到住处。他们捆住国王的双手，在他身边堆了木头，准备把他烧了吃。他们走近国王，准备点火的时候，发现国王缺了一只拇指。于是野蛮人给国王松了绑，放了他——由于迷信，他们从来不吃不完整的东西。国王回到家，想起了关在监狱里的朋友，觉得很懊悔。于是，他马上到监狱，对朋友说：“你救了我！我缺了一个拇指才捡回了一条命。”随后，国王将发生的事告诉了朋友。“很抱歉，让你在监狱关了这么久。我错了。”“不”，朋友回答说：“这很好！”“这很好？这是什么意思？我把你送进监狱难道是好事？”国王不理解地说。“对！如果你不把我关进监狱，我肯定一直和你待在一起，那么，我已被野蛮人吃掉了。”

8. 情绪升华法 升华是改变不为社会所接受的动机和欲望，而使之符合社会规范和要求，以获得新的更高级的精神满足。它是对消极情绪的一种高水平的宣泄，是将消极情感引到对人、对己、对社会都有利的方向去。如一同学因失恋而痛苦万分，但他没有因此而消沉，而是把注意力转移到学习中，立志做生活的强者，证明自己的能力。歌德因夏绿蒂另有所爱而初恋失败，但没有自暴自弃，写下《少年维特之烦恼》，脍炙人口。司马迁受辱发奋写《史记》，孙膑受打击著述兵书，都是升华的范例。升华在获得成功的满足的同时，也能清除原有心理的压抑和焦虑，重新获得心理平衡。当我们遇到挫折而情绪消沉时，一味唉声叹气是无济于事的，做出反社会的报复行为更不是明智之举，这都是拿别人的错误在惩罚自己，正确态度是化挫折为动力，化悲痛为力量。

知识拓展

情　商

学会管理情绪，就是要提高自己的情商。美国哈佛大学心理学家丹尼尔·戈尔曼最早提出“情商”的概念。情商又称情感智商或情绪智力，是一个人感受、理解、控制、运用和表达自己及他人情绪的能力。主要是指人在情绪、情感、意志、耐受挫折等方面的品质，是相对智商而言提出的。高情商的人比高智商的人更容易获得成功。最新的研究显示，一个人的成功，只有20%归诸智商的高低，80%则取决于情商。戈尔曼曾说：“真正决定一个人能否成功的关键是情商能力而不是智商能力。”他把情商分为5个方面：认识自己的情绪、管理自己的情绪、激励自我、认识他人的情绪、处理人际关系（图6-1）。

美国心理学家瓦特·米伽尔曾做过一个著名的实验：他把几个4岁左右的孩子领到同一间房间，并给每个孩子发一颗软糖，他告诉孩子们：“如果你马上吃掉这颗糖，那么只能吃这一颗，但如果等到20分钟后再吃，我就再给你一颗糖。”大多数孩子在看见大人离开后都急不可待地吞下了糖；有几个孩子犹犹豫豫但最终也抵挡不住诱惑；但有两个孩子通过装睡、玩耍等方式，转移注意力，熬过20分钟得到了两颗软糖。14年后两个吃到两颗软糖的孩子表现突出，他们善待机遇，善于谋划，不急于求成，为了更大更远的目标能暂时牺牲眼前的利益。而那些急不可待只吃一颗软糖的孩子，在青少年时期，则表现得比较固执、虚荣或优柔寡断，当欲望产生的时候，无法控制自己。可见情商的差异对每个人未来的发展都有深远的影响。

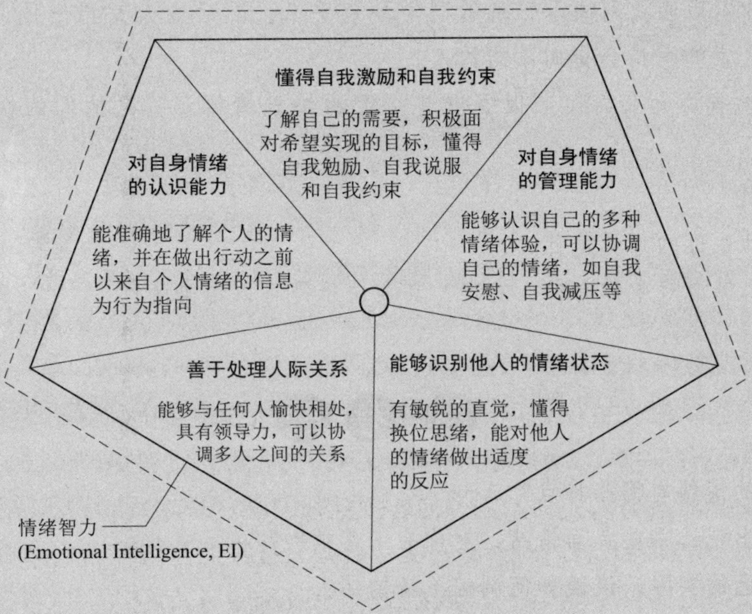

图6-1　情商的5个方面

心理游戏

快乐制造

1. 目的 通过游戏使大家认识到生活中不缺少快乐，只是缺少发现。快乐就在我们身边，要善于发现并感受快乐。我们要正确认识自己的情绪，使自己成为创造快乐的源泉。

第一轮：

（1）请你回忆一下，最近2周令自己开心的事情。在纸上列出自己的“快乐清单”，每人至少列10项。我的快乐清单是：________________，请大家大声读出自己的快乐清单。

（2）请同学们闭上眼睛回忆自己生活中的开心时刻。2分钟后睁开眼睛，将你的开心时刻和周围同学分享，要详细讲述事情的经过和当时的感受。

第二轮：

（1）让大家坐下围成一圈，闭上眼睛，告诉大家你将会从他们中选出一个人作为快乐之源，并通过微笑将快乐传递给大家，任何一个得到微笑的人也要将微笑传递给其他三个人。

（2）在同学们的身后转圈，假装制定了快乐之源，实际上你没有指任何人的后背，然后让他们睁开眼睛并开始游戏。

（3）3分钟以后让收到快乐讯息的同学举起手来，然后让大家指出他们认为的快乐之源，你会发现大家的手指会指向不同的人。

（4）微笑地告诉大家实际上根本没有指定的快乐情绪源，是他们的快乐感染了他们自己。

2. 结果讨论

（1）在活动中你的感受是什么？

（2）在第二轮游戏中你有什么发现？其实快乐是可以传染的！

思考题

1. 大学生的情绪有哪些特点？
2. 你曾经出现过哪些负面情绪，对你有何影响？
3. 结合自己的实际，谈谈如何调控不良情绪？

扫码“练一练”

（陈　丹）

第七章

大学生学习心理与能力培养

学习目标

1. 掌握大学生常见学习心理问题的表现及对策。
2. 熟悉大学的学习特点。
3. 了解适应大学学习的途径和方法，养成良好的学习习惯。

案例导入

“到了大学，我真不知道自己该如何学习。”这是一个大二药学专业的学生走进咨询室后说的第一句话。“我在高中时是一个非常有抱负的人，学习热情也很高，每天学习十几个小时都不觉得辛苦。现在上大学了，却发现自己对学习失去了兴趣，再也难以达到高中时的学习状态。虽然每天的生活也是忙忙碌碌的，但总感觉自己没有学习目标，像一条迷雾中的船，不知道要驶向何方。我现在苦恼极了，现在的我根本不是高中时梦想中的我。高中时是为了考大学而学习，那么上大学以后为什么学习呢?”

你能回答这位同学的问题吗？在大学里，有同样问题的人并不是少数。上大学以后不知道自己为什么学习，学不进去，总是感到迷茫无助。大学生活让很多人期待，同样也让很多人困惑。

第一节　概　述

扫码“学一学”

我们正处在一个市场竞争激烈、科技发展迅速的时代，要想求得生存和发展，就必须不断更新知识。一段时间不学习，已有的信息和知识就会变得陈旧、过时，就有被时代淘汰的可能。所以只有不断地学习、终生学习才能跟上时代的步伐。联合国教科文组织的埃德加富尔说：“未来的文盲不再是不识字的人，而是没有学会怎样学习的人。”为了将来的发展，我们必须学会学习。心理学家贝利的研究表明，20 岁左右这一年龄阶段的大学生正处于智力发展的高峰时期，也是有望取得最高成就的时期。所以大学生更应该利用好这段黄金时期，努力学习，充实、完善自己。

在非洲大草原上，羚羊每天早上醒来时，它知道自己必须跑得比最快的狮子还快，否则就会被吃掉。狮子每天早上醒来时，它知道自己必须追上跑得最慢的羚羊，否则就会被饿死。不管你是狮子还是羚羊，当太阳升起时，你最好开始奔跑。生物进化系统显示了一种被称为“红后效应”的现象：你必须竭力奔跑才能保住同一位置。“红后效应”在自然界中的表现方式是：捕猎动物的速度变得更快，它的猎物则设法取得更好的伪装，然后捕猎动物进化出了更敏锐的嗅觉，猎物则开始爬树，如此循环不止。“红后效应”在人类世界同样适用。因此，如果想在激烈的市场竞争中生存和获胜，想取得更大的成功，就必须比我们的竞争对手学习得更快、更好。Intel 公司总裁葛洛夫也指出：今天的人类社会发展速度越来越快。为了适应这种变化，每个人和组织都必须以更快的速度学习，更高的效率学习。

“学习”一词，我国古代文献中就提过。孔子说：“学而时习之，不亦说乎?”“学而不思则罔，思而不学则殆。”孔子的这一观点，在一定程度上揭示了学习与情感、学习与思维的关系。长期以来，人们对学习仍无一个统一的概念。

从广义上讲，学习是人和动物在生活过程中凭借经验产生的行为或行为潜能相对持久的适应性变化。在这个定义中，体现了 4 个论点：①学习是动物和人共有的心理现象，虽然人的学习是相当复杂的，与动物的学习有本质区别，但不能否认动物也是会学习；②学习不是本能活动，而是后天习得的；③任何水平的学习都将引起适应性的行为变化，不仅是外显行为的变化，也有内部经验的改组和重建，这种变化不是短暂的而是长久的；④不能把个体的一切变化都归为学习，只有通过学习活动产生的变化才是学习，如由于疲劳、生长、机体损伤以及其他生理变化所产生的变化都不是学习。

狭义上讲，学习专指学生在学校里的学习，是学生在教师的指导下，有计划、有组织、有系统地掌握知识、获得技能、培养才智的过程。人需要学习，只有通过学习才能达到自我完善与自我发展的目标。《三字经》中说：“玉不琢，不成器，人不学，不知义。”就从一个侧面说明了学习的重要性。

在大学里该学什么呢？原香港中文大学校长金耀基先生说过，学生在大学里，实际上是学四种东西：一是学怎样读书（learn to learn），不是单纯熟记书本知识，而是知道怎么学，掌握合适的学习方法。二是学怎样做事（learn to do），不仅会说还要会做，具有解决问题的能力。三是学怎样与人相处（learn to together），具有良好的人际交往能力，能结识朋友非常重要；四是学怎样做人（learn to be），学习做人的道理，成为一个明理善良的人。金先生所说的四件事，才是一个真正的大学应该教会学生的，是真正的素质教育。实现这四个学习，专业的本身其实并不是最重要的，重要的是学习的过程。一个学生，无论在迈进大学门的时候有多么幼稚，多么无知，只要在这四件事上有所进益，那么他的大学生涯就可以说是成功的。

一、能力的分类

能力是直接影响活动效率，并使活动顺利完成的个性心理特征。能力总是和实践活动相联系。离开了具体实践既不能表现人的能力，也不能发展人的能力。能力不等于知识、技能，但是能力是掌握知识、技能的前提，同时决定着掌握知识技能的方向。在某一类活动或某一学科中所要求的能力一般不止一个，往往要求多种能力结合起来完成这项活动或掌握这门学科，这种多种能力的结合，就叫作才能。各种能力综合起来达到高度完善的发展水平，通常称为天才。能力按不同的标准有不同的分类。

1. 一般能力和特殊能力　这是以能力所表现的活动领域的不同来划分的。一般能力是人从事任何活动所必需的基本能力，例如感知能力、观察力、注意力、记忆力、想象力、思维能力、言语的表达能力等，也就是通常所讲的智力。特殊能力是指在某些专业活动中表现出来的能力，例如文学能力、艺术表演能力、管理能力等。如有的学生在文学上表现出敏锐的观察力、丰富的想象力、语言的表现力等。有的学生在音乐才能方面表现出曲调感、节奏感、音乐技能的表现力和鉴赏力等。专门的特殊能力与一般能力存在着有机的联系。一般能力的发展为专门能力的发展创造了条件；反过来专门能力的发展也会影响一般能力的发展。

2. 再造能力和创造能力　这是按活动中能力创造性的大小来划分的。再造能力是指在活动中顺利地掌握前人所积累的知识、技能，并按现成的模式进行活动的能力。人们在学习活动中的认知、记忆、操作与熟练能力多属于再造能力。创造能力是指在活动中创造出独特的、新颖的、有社会价值的产品的能力。它具有独特性、变通性、流畅性的特点。人们正是由于有了创造能力，才能在模仿的基础上有所突破，社会才可能得以发展。再造能力和创造能力是互相联系的。再造能力是创造能力的基础，任何创造活动都不可能是凭空产生的。因此，为了发展创造能力，首先就应虚心地学习、模仿、再造。

3. 认知能力、操作能力和社交能力　认知能力是指个体接受、加工和运用信息的能力，它包括观察能力、思维能力、记忆能力等。人们认识客观世界，获得各种各样的知识，主要依赖于人的认知能力。操作能力是操纵、制作和运动的能力，如运动能力、操纵器械的能力、制作能力等，是人们适应或改变环境、协调自己动作、掌握和施展技能所必备的心理条件。操作能力与认知能力不能截然分开。不通过认知能力积累一定的知识和经验，就不会有操作能力的形成和发展。反过来，操作能力不发展，人的认知能力也不会进步。社交能力是在人们的社会交往活动中表现出来的能力，如组织管理能力、调解纠纷能力、处理意外事故的能力等，是与人友好相处、保持协调所不可缺少的能力。

4. 液体能力和晶体能力　液体能力是指在加工信息和解决问题过程中所表现出来的能力，如对关系的认识、类比、演绎、推理能力等。这种能力较少依赖于文化和知识的内容，而决定于个人的禀赋，属于人类的基本能力。晶体能力是指获得语言、数学知识的能力。它决定于后天的学习，与社会文化有密切的关系。经历了漫长的积累、各种教育和文化的熏陶，在不断摸索、学习的过程中，晶体能力一点点提升，越来越晶莹剔透。晶体能力一生一直在发展，25 岁之后发展速度变缓。

能力在发展水平、发展早晚和类型上存在个体差异。产生这些差异的原因包括遗传因素、环境和教育因素两个方面。遗传我们无法改变，要发展个体的能力只能从环境和教育上入手。所以如果你想要提升自己的能力，就要为自己创造良好的环境和接受教育的条件。

龙应台曾写过一篇文章叫作《幼稚园大学》。当时她在一所大学教书，她看到学生在受伤时不知道该如何处理，只知道流眼泪；学生很用功，能把课文背得很熟，但却不能回答老师提出的“为什么”，学生缺乏独立自主的个性，没有独立思考和解决问题的能力。于是她把这样的大学称为“幼稚园大学”。大学生除了学习之外，更重要的是在大学精神的熏陶影响下，能主动分析、独立思考并解决问题，不断提升自己各方面的能力。

二、大学生的能力结构

能力结构，指一个人所具备的能力类型及各类能力的有机组合。每个人所具备的能力结构是不同的。大学生要想适应社会的发展，就应具备以下能力。

1. 环境适应能力 适应能力是一个人综合素质的反应。一个适应能力比较强的人能够很快适应新的环境，即使是在比较困难的情况下，也能够变不利因素为有利因素。社会生活纷繁复杂，生活环境在不断变化，若不具备很强的适应能力，就容易被社会所淘汰。大学生只有主动地去适应周围的环境，提高自己的自理和自立能力，才能把握机遇，在社会上站稳脚跟。适应社会，并不是消极地等待和向困难屈服，而应是积极主动地解决问题，克服困难。

2. 人际交往能力 研究发现决定一个人是否成功的因素，大约有 20% 来自智商，80% 来自情商，这种情商就是学会关心自己，理解他人，尊重他人，维持融洽的人际关系。不管在学校与同学、老师相处，还是以后在工作中与上司、同事相处，交际能力的好坏都直接决定着个人在一个团体中的地位和作用。交往能力是实践经验的结晶，在教科书上是学不到的。因此，要培养自己的交往能力，就要大胆参与各种集体活动，多与人接触，多沟通，培养团队合作精神，在实践中掌握人际交往的方法和技巧。

3. 表达能力 主要包括口头表达能力、文字表达能力、数字表达能力等。较强的表达能力可以提高工作效率。比如交流思想、阐述观点、制订计划、总结工作等都需要较强的表达能力。在当今的信息社会里，缺少了这种能力，是很难适应社会发展的。目前，我们很多学生缺乏这方面的锻炼，有的在公共场合不敢说话，在座谈会上不敢发表自己的看法，有的即使说了，也是说不清、表不明。所以大学生应多锻炼，提高表达的准确性、鲜明性、生动性。

4. 组织管理能力 尽管不是每个大学生毕业后，都会从事管理工作，但是却可以说每个人在将来的工作中都需要不同程度的管理才能。优秀的管理者具有卓越的组织能力和高超的领导艺术，能带领众多精英一起努力，共铸辉煌。对大学生管理能力的培养是大学生适应未来社会的前提。一般而言，大学生中的管理者应具备：敏锐的感受力、拥有超前意识、富于联想、思路开阔、意志坚强、拼搏向上的精神、具有决断的魄力；并掌握一定的管理技巧，善于运用各种力量，综合协调，合理使用人力、物力、财力，用最经济、最有效的途径实现管理目标。

5. 心理承受能力 现在的学生普遍心理素质差。生活一帆风顺，没受过什么挫折，承受能力弱。进入大学后，面对来自学习、人际交往、就业等很多方面的困难，受挫后容易一蹶不振。尤其工作以后，社会环境将更加复杂。这时心理的承受能力是第一位的，要克服心理障碍，使自己在心理意识上与外部环境取得认同。所以在大学就应该培养自己的心理素质，使自己具有不怕困难的精神，自我减负、忍耐刻苦的韧劲，经得起挫折和失败考验的胸怀，具备乐观自信、豁达合群的品质等。唯有如此才能从失败中吸取教训，从失败最终走向成功。

6. 动手能力 将知识转化为物质的重要保证。在教学、科研、生产第一线，不仅要求理论上要懂，而且要求在实践中会干，也就是说，既要讲出科学道理来，又要动手干出样子来，动手能力的强弱直接影响一个人能力的发挥。中国大学生普遍存在着重理论轻实践的倾向，学生的实际操作能力比较差，与用人单位的要求存在着较大的距离。尤其对于高职高专院校来说，学生动手操作能力的培养更为重要。所以大学生不应该死学知识，更应该灵活运用到实践中，在实践中检验自己的学习效果，做到基础理论扎实、实际动手能力强。

心理训练

发掘自己的优势能力

认真思考并回答下面的问题：①别人认为我什么最出色？②我自己最拿手的事是什么？③我曾做过的最得意的事是什么？事情的概况是怎样的？当时你遇到了什么困难？你采取了什么解决方法？最后得到了什么结果？在这件事中体现了你什么能力？

7. 创新能力 在世界竞争如此激烈的今天，创造性思维是最重要的能力和竞争力，不具备创造性思维能力，势必在竞争中失败。无创新，就会因循守旧，停滞不前。没有创新，就没有美国的“硅谷”城；没有创新，就没有中国的中关村。没有创新能力的人，他只是消耗社会资源，不能给社会带来新的价值，其原有知识的价值也会在整个知识代谢过程中逐步消失，可能随时面临着失业的风险；反之，则会成为掌握自己命运的主人。培养开拓创新能力要注意知识积累、增强才干，同时注意想象力和发散思维的培养。

测试你的创新应变能力：在一个下着倾盆大雨的夜晚，你驾驶小轿车行驶在回家的路上。突然路边有人拦车，你连忙把车停下，发现路边有三个人。一个是曾经救过你命的医生，他淋着雨想快回家；一个是你心仪已久的女孩，拿着一把小伞，全身差不多湿透；还有一个生命垂危的患者，再不去医院也许会有危险。而你的跑车只能坐一个人，你会怎么做？发挥你的想象力和处理问题的能力，不要见死不救，也不要得罪其他人。你的答案是什么呢？是不是无论让哪个人上车都很为难？其实最好的回答很简单：让医生开车送生命垂危的患者去医院，而你拿出自己的伞，下车送心仪的女孩回家。

8. 竞争能力 市场经济的飞速发展为人与人、企业与企业之间的公平竞争提供了机会和条件。竞争是压力，竞争可以变动力，竞争出人才，竞争出效益。对于当代大学生来说，竞争能力的培养尤为重要。竞争要求以优取胜，敢于冒险，既要有敢于胜利的胆识，又要有敢于承担失败后果的勇气。当代大学生是新世纪社会发展的中流砥柱，竞争能力是必不可少的。大学生要意识到竞争是实力的展示，掌握多方面技能，善于把握时机，敢于展示自己才会在竞争中取胜；同时竞争也是人格的考验，必须在竞争中保持健康的心态。

美国教育心理学家霍华德·加德纳在《心智的架构》一书中提出多元智能理论，认为人类智能至少可以分为7项基本能力，后来又增加为8项（图7-1)。语言能力，指的是人对语言的掌握和灵活运用的能力；逻辑数理能力，指的是对逻辑结构关系的理解、推理、思维表达并进行复杂数学运算的能力；视觉空间能力，指的是人对色彩、形状、空间位置等要素的准确感受和表达的能力；音乐节奏能力，指的是个人能敏锐地感知音调、旋律、节奏、音色的能力；身体运动能力，指的是人的身体的协调、平衡能力以及表现为用身体表达思想、情感的能力和动手的能力；人际交往能力，指的是对他人的表情、说话、手势动作的敏感程度以及对此做出有效反应的能力；内省能力，指的是个体认识、洞察和内省自身的能力；自然认知能力，指的是人们辨别生物以及对自然世界的其他特征感知的能力。

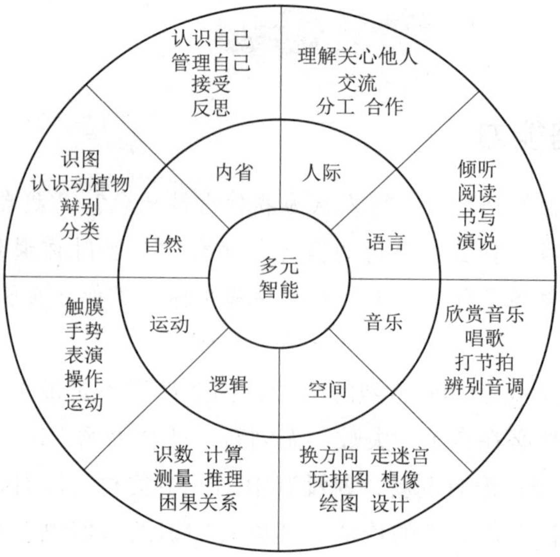

图 7-1　多元智能理论

第二节　大学生学习特点

扫码“学一学”

从高中进入大学，我们的学习压力相对减轻。但在大学阶段，学习仍是我们的主要任务，是获得广博知识，提高自身素质的重要途径。如果不了解大学的学习特点，就不能掌握有效的学习方法。那么大学生的学习有哪些特点呢？

1. 学习的自主性　大学无论从学习内容、学习时间及学习方式，都更加强调个体在学习活动中的自主性与能动性。自学能力已经成为衡量大学生学习能力的重要指标。虽然也有老师讲授，但是课后的理解、消化和巩固都要靠学生自己去完成，老师不再像中学那样检查督促了。首先大学生对学习内容具有较大的选择性，既有必修课，还有大量选修课，学生可以根据自己的专长、爱好、兴趣自由选择。再者，大学生可以控制自己的学习时间、学习方法与学习内容等。学生要发挥主观能动性，合理安排自己的时间，统筹规划，才能提高学习效率。自主学习可以拓宽学习空间，有利于学生主动探索、主动学习。

心理阅读

你不知道的哈佛

哈佛不是神话，而是一个证明，证明人的意志、精神、抱负和理想。此前几张美国哈佛大学图书馆凌晨 4 点多学生仍在学习的照片，在网上迅速传播。凌晨 4 点的哈佛大学图书馆里，灯火通明，座无虚席……

央视《世界著名大学》制片人谢娟曾带摄制组到哈佛大学采访。她告诉记者：“我们到哈佛大学时，是半夜两点，可让我们惊讶的是，整个校园当时是灯火通明的，那是一个不夜城。餐厅里、图书馆里、教室里还有很多学生在看书，那种强烈的学习气氛一下子就感染了我们。在哈佛，学生的学习是不分白天和黑夜的，学生的压力是很大的。在哈佛，随处可以看到睡觉的人，甚至在食堂的长椅上也有人在睡。而旁边来来往往就餐的人并不觉得稀奇，因为他们知道这些倒头就睡的人实在是太累了。甚至在哈佛的餐厅，你都很难听到说话的声音，每个学生端着比萨、可乐坐下后，往往边吃边看书或是边做笔记。感觉哈佛的餐厅不过是一个可以吃东西的图书馆，一个哈佛正宗100个图书馆之外的另类图书馆。在哈佛采访感受最深的是，哈佛学生学得太苦了，但是他们明显是乐在其中。是什么让哈佛的学生以苦为乐呢？我的体会是，他们对所学领域的强烈兴趣，还有就是哈佛学生心中燃烧的要在未来承担重要责任的使命感。从这些学生身上，你能感到他们生命的能量在这里被激发了出来。”哈佛大学终身教授丘成桐说：“中国大学生的大学生活太轻松了。我们总是说，中国的孩子为了高考受了多少苦，其实，在美国一些著名的中学里，高中的学习同样是很苦的。到了大学是最苦的，所有的精英教育全都必须是吃苦的。而中国的孩子到了大学，却一下子放松下来了。他们放松的4年，恰好是美国大学生最勤奋的4年。所以美国的高科技人才一直是世界最多的。到了哈佛，你才知道真正的精英并不是天才，都是要付出更多努力的人。哈佛的学生说，在哈佛学习强度大，睡眠很少，有在炼狱的感觉，对意志是一个很大的挑战。但是如果挺过去，以后再大的困难也就能够克服了。”

2. 学习的专业性　大学生的学习具有一定的专业指向性和职业定向性。大学生的学习是在确定了基本的专业方向后进行的，每个专业的课程都有所不同，围绕专业设置学习内容。而且学习的职业定向性较为明确，是为将来走上工作岗位，适应社会需要所进行的学习。

3. 学习方式多样化　信息时代，不再单纯依靠教师的讲授，学习方式多元化，学生可以通过不同途径和渠道吸收知识，网络又开辟了一条学习的新途径。大学开放式的教学为学生提供了多种多样的成功之路，除课堂教学外，课外实习、专家讲授、学术报告及社会实践等都为大学生多层面、多角度涉猎知识提供了条件。大学生只有广泛学习，才能形成合理的知识结构。

4. 知识学习与技能培养并重　高等教育改革一再强调知识技能的学习与实践能力的培养同样重要。受长期应试教育的影响，中学更重视学生的知识学习，而忽视学生实践能力的培养，学生只会说不会做，高分低能。所以高校十分重视知识应用能力，实习实训、社会实践都是为了提高学生的实践技能，能更好地巩固理论知识，并为未来就业打好基础。

5. 学习的探索性　大学生学习已具有一定的探索性，即对书本之外的新观点、新理论进行深入的钻研与探索。大学的学习不仅仅在于掌握知识，更在于探究知识的形成过程与科学的研究方法，培养独立思考、探索创新的精神。学术上的新理论、新观点必然会触动大学生的创造性思维。大学生可以把以往的知识进行重新组合，并从新的角度分析和认识问题，积极探索未知领域。不少学生在校期间就能参加教师组织的科研课题或者发表相关论文。目前，高校普遍加强大学生创新能力的培养，在课程设置、课程安排上突出学生的主体地位，旨在提高大学生的创新能力。死记硬背、墨守陈规、缺乏创造性和探索性的大学生将会在未来学习中感到较大的压力和不适。

知识拓展

大学里怎样学习

在集体中学习。三人行必有我师，我们一生将身处不同的环境和集体，学习之源无穷无尽。要做有心人，在集体中向他人学习。

在生活中学习。杜威说："教育是生活的过程，而不是将来生活的预备。学习是生活的一部分，生活是最丰富的学习源泉。

在实践中学习。知识一般可以在书本里找到，能力的提高需要融入社会。多参加实践，在实践中发现问题，不能纸上谈兵。

在主动中学习。真正的主动学习是以学生为中心，而不是以教师为中心。只有发挥主观能动性，才能逐步发掘自己的潜能。

在质疑中学习。社会和科技总是不完美的，为解决这些问题，需要人们不断探索。要善于发现问题，问题中往往孕育机遇。养成质疑的习惯，才能不断创新。

扫码"学一学"

第三节　大学生常见学习心理问题及对策

大学里的每位莘莘学子都希望自己在人生最美好的这段时光能学有所成。然而由于许多大学生不适应大学的学习生活，导致学业困难或压力过大的例子比比皆是。常见的学习心理问题有学习动机不当、注意力不集中、学习疲劳、学习焦虑、考试焦虑、记忆障碍和遗忘。

一、常见的学习心理问题

（一）学习动机不当

动机是由一定目标或对象所引导、引起并维持个体活动的内部动力。动机是直接推动个体活动的动力，人的需要、兴趣、爱好、价值观等都要转化为动机后，才能对活动产生动力作用。大学生学习动机是直接推动学习的内部力量。

案例一：我是一个来自山区、家庭经济困难的大学生，学业成绩一直非常优异。上大学后，忽然感到心中茫然，学习没有动力，生活没有目标，有时候想到辍学在家的妹妹和年迈的父母我也恨自己不争气，可我的确找不到奋斗的目标与学习的动力，学习上得过且过，生活上马马虎虎，盲无目的，上课打不起精神，我不是因为喜欢上网而荒废了学业，而是因为实在没劲才去上网、聊天、打游戏，我如何才能摆脱这种状态？

案例二：我今年已经大二了，一直优秀的我一向对自己要求很高，当然这也与家庭的期望有关，父母都是具有高级职称的知识分子，在他们的言传身教下，我从小就知道努力与奋斗。在大学，我进行了认真细致的生涯设计，一步一个脚印向前走，成绩要拔尖，英语二年级通过国家六级和托福考试，为将来出国留学做好准备；三年级入党，使自己的政治生命有所皈依；与此同时锻炼自己在各方面的能力。于是，在大学我像一只陀螺般飞速运转着，珍惜大学的分分秒秒，因为我相信付出总有回报。我却发现离自己的目标越来越远，我忽然怀疑起自己的学习能力，感到自己在学习上的优势在缩小，甚至多年积累的自信也受到挑战，对未来，我忽然担心起来，我该怎么办?

分析：他们二人都因为学习动机不当产生了心理上的困惑，不同的是前者是因为学习动机不足，后者是由于学习动机过强造成的。

1. 学习动机不足　大学不同于高中，在高中刻苦学习的目的非常明确，即考大学。现在理想实现了，一些新生产生了松劲的念头，加上大学学习上的竞争有着“隐性”的特点，所以很多同学学习动力往往不足。“想法多、行动少”是大学新生普遍存在的心态，很多学生进入大学后不知道自己该干什么，厌倦学习，经常为自己的前途感到迷茫；不少学生热衷于课外兼职或社团活动就是对待学习消极马虎的表现。

警惕大学生心理虚脱。部分大学生进入大学以后如释重负，认为船靠码头车到站，学习失去了动力，找不到目标，出现消沉、懒散、空虚等问题，就像一个营养不良的人出现了虚脱现象。这对个人的未来成长有明显的消极影响。

学习动机不足的表现：学习没有目标，没有前进的动力。做一天和尚撞一天钟，得过且过。经常抱着“60 分万岁，多一分浪费”的思想，为学习而学习。上课无精打采，不能积极融入课堂，精神懒惰，经常出现倦怠或者厌恶感，对学习成绩没有太高要求。容易分心，学习时不能集中精神，人在课堂心不知在何方，易受外界干扰。三分钟热度，学习兴趣不断转移。对学习敷衍了事，对学习生活感到无聊，不愿上课、做作业，很难体验到学习带来的成就感和快乐感。

学习动机不足的主要原因如下。

（1）内部原因　社会责任感不强，学习目标不明确，学习态度不端正，在学习中没有压力感和竞争意识。学习毅力不强，遇到困难就轻言放弃。没有找到恰当的学习方法，在学习过程中走了很多弯路，从而对自己的学习能力感到失望，丧失自信。对专业不感兴趣，对自我的期望不足，学业自我效能感低。

（2）外部原因　主要是来自学校、家庭和社会的影响。教育和教学方法的偏颇，家长对子女不恰当的期望都会导致学生失去学习动力。如有的家长急功近利，更多地考虑什么专业赚钱、好找工作就让孩子学什么专业，而忽略了孩子的意见和兴趣。当前社会存在的“知识贬值”现象和市场经济带来的一些负面影响都使大学生的学习心理动荡不安。

2. 学习动机过强　这类大学生一般很看重学习成绩，对自己的要求也很高，经常苛求自己，成绩好坏对其影响很大。如果没有实现自己的目标，就会产生很大的心理压力。

（1）主要表现　学习特别刻苦，把几乎所有的精力都用于学习，认为学习以外的任何活动都是对时间的浪费，是不思进取，没有自己的休闲娱乐活动。争强好胜，对成就渴求过于强烈。学习动机过强的学生把学习成绩和周围人的评价放在最重要的位置上，他们害怕失败，想一直处于别人的肯定与赞赏之中。这类学生长期超负荷地学习，精神过度紧张，压力巨大，难以放松自己。导致学习过程中因过分焦虑而注意力不能集中，记忆力下降，学习效率也随之降低。学习动机过强的学生要求自己只能胜不能败。长期不切实际的自我要求难以实现，令他们很容易有挫折感。总是不满意现状，容易自责，认为自己能做得更好，自我认同感差。

（2）主要原因　个体学业期望过高，自尊心强，对自己的学习能力缺乏恰当的估计，给自己定下过高的目标，造成学业自我效能感下降，使自己背上沉重的思想包袱。荣誉感过强，渴望学业成功而又担心学业失败，受表面学业动机的驱使，看重外在的奖励与肯定，不允许自己落在别人后面。社会期望过高，父母对自己有很高期望，为避免家人的失望，不辜负他们的大力支持，因而拼命学习。除此之外，学习动机过强也往往与人的性格有密切关系，如追求完美、好胜固执等。

知识链接

叶克斯-多德森定律

1908年，叶克斯和多德森通过研究提出了一条关于动机的定律：动机的最佳水平不是固定的，依据任务的不同性质会有所改变。在一般情况下，学习难度是中等的时候，学习动机与学习效果之间呈倒“U”型的关系，即学习动机微弱或过于强烈都不利于学习，只有当学习动机的强度适中时，才会取得最理想的学习效果。可是当学习难度变化时，两者的关系也会发生变化。学习难度很小，学习动机必须十分强烈才能取得好的学习结果。学习难度很大，适当降低学习动机的强度才能促进学习。这种现象叫作叶克斯-多德森定律。

（二）注意力不集中

注意是心理活动对一定对象的指向和集中。注意是人类学习的前提，没有注意，就没有大学生的学习。注意在大学生学习中具有极其重要的意义。注意力不集中表现为注意的稳定性差，难以长时间保持在特定的对象或活动上，注意力分散；或注意的稳定性太高，对某种观念固定不变，无法摆脱。

1. 主要表现 ①上课不能专心听讲，大脑常常开小差，盯着黑板却心猿意马，自己不能控制思维飘逸；②易受环境的干扰，教室外的小小动静都能引起注意力的转移，而且长时间不能静心；③参加活动如体育运动或看一场电影后，久久沉浸在情节的回忆之中。注意力不集中导致学习进度缓慢，效率低下。

2. 主要原因 学习动力不足，对学习的意义和价值认识不足，对学习没有兴趣和热情，不能自觉把注意集中在学习上，尤其当外界出现干扰时，缺乏自制力。青年时期的发展任务较多，容易导致心理冲突和矛盾。如人际交往不如意、恋爱情感受挫、环境不适应等都会使学生心事重重，分散精力。生活中的一些负性事件，如家庭生活变故、经济困难、重大丧失等都会让学生在学习上无法集中精神。此外学习过度疲劳、班风学风不正等因素也会影响学生的注意力。

（三）学习疲劳

学习者由于学习过度或学习方法不当而产生的学习效率逐渐降低，并伴有渴望停止学习活动的生理和心理现象。学习心理研究表明，凡是需要紧张注意，积极思维和加强记忆的学习活动，都容易产生疲劳。产生疲劳是需要暂停学习，并进行休息的警告讯号，是一种保护性抑制。如果长期处于疲劳状态，使大脑有关部位持续兴奋，会导致大脑兴奋和抑制过程失调，严重时还会引起神经衰弱。

1. 主要表现 学习疲劳的产生是一个由浅到深的积累过程，学习疲劳的程度也是由弱到强逐渐发展变化的。疲劳产生的初始阶段往往总是先感到生理上的种种不适，然后再转化为心理上的各种障碍，通常分为三个阶段。早期疲劳的特点是原来的兴奋受到抑制，具体表现为学习精力不集中，听课走神，记性差，学习效率明显降低。显著疲劳具体表现为呵欠连天，瞌睡不止，思维缓慢，反应迟钝，学习失误率增高，学习速度明显减慢。过度疲劳时出现了明显的病理现象，如心理功能下降，思维停滞、精神萎靡；生理上出现头昏、头痛、失眠、嗜睡、食欲减退、消化不良等症状。出现学习疲劳时，应给予重视，及时采取相应措施。

2. 主要原因　学习任务过重，持续学习时间太长，学习内容太难，需要大脑持续的紧张思维，学习材料单调乏味，缺乏学习兴趣，这些都会加速大脑疲劳。不注意用脑卫生，用脑过度。休息不足，有些学生经常“开夜车”，熬夜苦学，睡眠不足，造成体力透支。学习灵活性差，没有开动脑筋找到合适高效的学习方法，总是死记硬背，搞疲劳战术。忽视大脑的营养供给，不注意学习环境的选择，经常在嘈杂脏乱、光线不足的环境中学习也会造成大脑的疲劳。

（四）学习焦虑

学习焦虑是学生在学习过程中常见的一种心理现象，它是学生感到来自现实的或预想的学习情境对自己构成威胁而产生某种担忧的心理反应。由于学习难免经常有错误和失败的威胁相伴随，因此很多学生都会不时体验到学习所带来的各种压力，并由此引发不同程度的紧张和焦虑。过度的焦虑使得注意力难以集中，影响思维的活动，而且对身心健康产生很大的危害。学习焦虑不仅是优异成绩的拦路虎，而且是我们生命中的一种慢性自杀。

1. 主要表现　心神不宁、自卑自责、头疼头晕、惶恐急躁等。面对繁杂的学习内容心乱如麻、茫然无绪、思维紊乱、不知所措，不能集中注意力，记忆力减退。情绪抑郁、易怒、烦躁、忧虑、紧张等。可能伴有躯体症状，如失眠、疲惫不堪、皮肤瘙痒、心悸、腹泻、尿频等。学习焦虑使学生无法平静地学习，导致学生信息输入与输出的困难，直接降低学生的学习效率。

2. 主要原因　原因多种多样，因人而异。因动机过强、目标过高而对自己学习状况感到不满意是大学生产生学习焦虑的重要原因。个体对学习的认知程度，对学习利害关系的预测及对自身应对能力的估计直接会影响其焦虑水平。如果一个学生把学习与自己的前途命运联系在一起，而又觉得自己能力不足，或曾经遭遇失败，就容易产生较强的焦虑。还有些大学生自认为专业不理想、学校不理想，而担心毕业后求职困难，易滋生焦虑感。此外，家庭、学校的期望和社会环境的压力也是造成学生学习焦虑的外在因素。

（五）考试焦虑

考试焦虑为学习焦虑中的一种特殊表现形式，也称考试怯场，是学生因情绪紧张而不能发挥实际水平的心理失常现象。它以担忧为基本特征，以防御或逃避为主要行为方式，并伴有不同程度的情绪反应。一般而言，适度的焦虑对人的学习不仅是有益的，而且是必需的，能使人精神高度集中，思维活跃，但如果焦虑过度，就会影响学习效果。

1. 主要表现　忧虑、紧张、烦躁、失望、自我否定、行动刻板、记忆受阻、思维发呆，并伴随一系列的生理变化，肌肉紧张、心跳加快、血压增高、额头出汗、手足发凉、大小便增加。这种心理状态持续时间过长，会出现坐立不安、头晕脑胀、食欲不振、睡眠失常、注意力无法集中等，严重影响身心健康。个别学生在考场上还会出现视觉障碍，如看不清题目、动作僵硬、手不听使唤、出现笔误等。

案例：孙某，女，某高职院校大二学生，本人来咨询：“我每次外语考试前都很紧张，前一天就开始担心、害怕、怕考不好、怕失败。为了外语考试前一天我总是复习得很晚，常常在该睡觉的时候不能很快入睡。每当考试进教室，我都会很紧张、心慌、手发抖、出汗，小便急、全身绷紧。我在考试时常常注意力不集中，明明掌握的知识在考试时就忘了，脑子里一片空白。事后发现自己也不是一点不懂，就是考试发挥不好，为此我苦恼极了。”这是典型的考试焦虑。

2. 主要原因

（1）主观因素

1）自我期望过高　幻想自己考试能超水平发挥，过分看重考试成败。当感觉自己力不从心时，紧张和焦虑感便油然而生。

2）知识准备不足　学生对所学知识掌握程度会影响他们应试时的焦虑水平。如果准备不充分，平时不努力，总是临阵磨枪，知识上有欠缺，则会导致信心不足、提心吊胆。

3）自信心不足　自尊心强的学生，总有一种害怕被淘汰的心理，其实自己已经很努力了，但一旦成绩不理想，就会丧失信心，低估自己的能力和知识水平。

（2）客观因素

1）考试本身　包括考试的重要性、难易程度等方面。越重要的考试越容易产生焦虑，题目越难越加剧这种心理负担。

2）父母和教师的期望　很多父母对孩子期望值过高，致使子女感到肩上的担子很重，难以达到父母的目标和要求，加重了心理压力。教师往往偏爱学习好的学生，而学生也十分珍惜教师的这种“关爱”，总希望自己能考出好成绩以谢师恩，既为自己也为教师脸上添光，这种心态无疑会给学生增添几分压力。

3）同学之间的竞争　同一班级的学生，由于彼此之间存在着竞争，大家争先恐后，害怕别人超过自己，尤其是成绩好的学生，竞争更是激烈，彼此间有一种对抗心理，相互暗暗努力，久而久之，就会产生无形的心理压力。

詹森效应：曾经有一名叫詹森的运动员，平时训练有素，实力雄厚，但在体育赛场上却连连失利，让自己和他人失望。不难看出这主要是压力过大、过度紧张所致。由此人们把这种平时表现良好，但由于缺乏应有的心理素质而导致正式比赛失败的现象称为詹森效应。

（六）记忆障碍和遗忘

记忆是人脑对经历过事物的识记、保持、再现或再认。记忆是学习的基础，是掌握知识的先决条件。学过的内容只有通过记忆才能被保存下来。根据记忆过程中信息保持的时间长短不同，记忆分为感觉记忆、短期记忆和长期记忆三个阶段。感觉记忆又称瞬时记忆，是感觉信息到达感官的第一次直接印象。来自环境的信息首先到达感觉记忆，如果这些信息被注意，则进入短时记忆，如果不被注意或编码，它们就会自动消退。短时记忆也称工作记忆，是信息加工系统的核心，在感觉记忆中经过编码的信息，进入短时记忆后经过进一步的加工，再从这里进入可以长久保存的长时记忆。信息在短时记忆中一般只保持 20 到 30 秒，但如果加以复述，便可以继续保存。长时记忆是信息经过充分的加工后，在头脑中保持很长时间的记忆。长时记忆就像是一个巨大的图书馆，它保存着我们将来可以运用的各种事实、表象和知识。长时记忆的容量是个天文数字，几乎是无限的。在长时记忆中，信息可能保存至永远。记忆和遗忘往往是伴随的，遗忘就是信息提取不出来或提取错误。

遗忘分为暂时性遗忘和永久性遗忘，前者指在适宜条件下还可能恢复记忆的遗忘；后者指不经重新学习就不可能恢复记忆的遗忘。

记忆障碍的一般表现为识记能力差、保持时间短、遗忘快、反应迟钝、集中力差，经常出现头脑发木和错构。尽管人人都有过遗忘的经历，也明白这是正常的，但如果经常性的遗忘或出现记忆障碍仍然会令人非常苦恼，严重影响大学生的学习效率，加重心理负担。

德国心理学家艾宾浩斯最早对遗忘现象进行了系统的研究，发现遗忘是有规律的，并绘制出著名的艾宾浩斯遗忘曲线（图 7-2）。他认为遗忘在学习之后立即开始，而且遗忘的进程并不是均匀的。在记忆的最初阶段遗忘的速度很快，后来就逐渐减慢了，到了相当长的时间后，几乎就不再遗忘了，这就是遗忘的发展规律，即“先快后慢”的原则。观察遗忘曲线，你会发现，学得的知识在一天后，如不抓紧复习，就只剩下原来的 25%。随着时间的推移，遗忘的速度减慢，遗忘的数量也就减少。有人做过一个实验，两组学生学习一段课文，甲组在学习后不久进行一次复习，乙组不予复习，一天后甲组保持 98%，乙组保持 56%；一周后甲组保持 83%，乙组保持 33%，甲组的记忆率明显高于乙组。

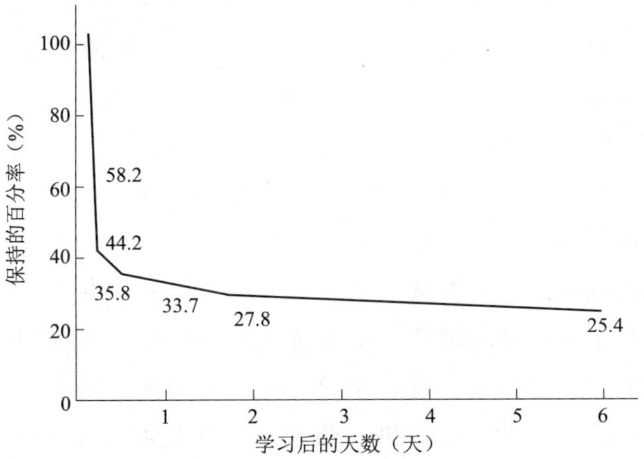

图 7-2　艾宾浩斯遗忘曲线

二、学习心理问题的解决途径

（一）学习动机不当的调适

1. 学习动机不足的调适

（1）制定学习目标　明确学习目标是激发学习动机的重要前提。有了目标才有努力的方向。研究表明，学习目标定得过高或过低都不利于提高学习的积极性。一般来说，学习目标以一个学生在其原有学习成就的基础上增加 20% 为佳，实现该标准的时间以一学期为宜。在设立了总目标之后，再根据自己的实际情况建立现实可行和力所能及的子目标，并定期检查和评价完成的情况。确定具体的学习目标时，应掌握 3 个原则：①求近不求远，要完成某项学习是眼前的事而非指向未来的学习目标；②具体明确而非笼统模糊；③分析个体情况制定目标，要具有适中的挑战性。每日清晨起床后，我们都该想想：今天我要做什么？我要如何开始这一天？我要得到什么结果呢？

能否发挥个人才干的最大区别，就在于是否有明确的目标。有学者在 1953 年对耶鲁大学的毕业生做过一次研究。当时那些毕业生被询问是否有清楚明确的目标以及实现目标的书面计划，结果只有3%的学生有肯定答复。20年后，在1973年，他们重新调查了一下当年接受访问的人，结果那些有实现目标书面计划的3%的学生，在财务状况上远高于其他97%的学生。虽然这项调查只限于财务方面，但是根据调查人员侧面的观察，似乎那3%的人在幸福及快乐的程度上，也高于其他的人。这就是设定目标的力量。

出人意料的冠军：1984年，在东京国际马拉松邀请赛中，名不见经传的日本选手山田本一出人意料地夺得世界冠军。2年后，在意大利米兰国际马拉松邀请赛中他又夺得世界冠军。他有什么秘诀呢？原来，每次比赛之前，他都要乘车把比赛的线路仔细地看一遍，并把沿途比较醒目的标志画下来，这样一直画到赛程终点。比赛开始后，他就奋力向第一个目标冲去。40多公里的赛程，就被他分解成几个小目标轻松地跑完了。假如他把目标定在40多公里处终点线上的那面旗帜上，结果可能跑到十几公里就疲惫不堪了，会被前面那段遥远的路程吓倒……其实通向理想的路也像马拉松一样，需要我们不懈地努力。要把理想的大目标分解成“跳一跳”就能达到的小目标。

（2）掌握学习方法　学习方法不当会使学习效果不佳，而学习效果不佳会使学习动机减弱。好的学习方法并无固定的模式，每个人应该结合大学学习的规律和自己的特点，制定学习策略，采取切实可行的改进措施，使自己真正学会“如何学习”，这样才能提高学习的自信，激发学习的积极性。

SQ3R阅读法：英国著名教育学家德瑞克·郎特里教授针对如何高效阅读总结出了SQ3R阅读法。①浏览（Survey）——阅读的第一步就是对阅读内容进行浏览，从整体上把握文章脉络，为仔细阅读做准备。②提问（Question）——把文章的标题及主要内容转化为问题的形式，在问题的提示下深入阅读。③阅读（Read）——根据问题提示阅读内容并寻找问题答案，主要依赖于学习者的理解。④背诵（Recite）——经过上面的阅读过程，学习者已经理解了课文中的大部分内容，现在学习者把课本合上，看看有多少课本内容已经能够记住，还有哪些没有能够透彻理解并进一步加工。⑤复习（Review）——阅读过的内容要在脑中长期保持，就必须复习。通过复习加深对阅读的巩固、理解，并建立有关内容之间的联系。

（3）明确学习目的和意义　当我们认识到自己学习的价值时，学习就有了责任心和使命感，个体的学习兴趣才会由有趣、乐趣发展到志趣，才能自觉学习。比如很多家庭贫苦的学生学习更为刻苦努力，就是因为他们知道只有学习才能改变自己的命运。为了提高对学习意义的认识，大学生应该多参加社会实践，了解社会对本专业人才的需求，把社会的客观需要转化为自己的学习需要。

有这样一个真实的新闻事件。成都女孩玲玲考上大学本科，父亲拒绝供其读书，认为“上大学无用，捡垃圾都比读书强”，他宁愿出钱资助玲玲做点小生意，也不愿“扔几万学费进去打水漂”。该事件一经媒体报道就引发热议，有网友认为四年大学生活提高了自己的修养，也有网友因为大学毕业后工资不如农民工而认为读大学没用，还有网友认为上大学值不值取决于读的是不是名牌大学。对此你怎么看？

其实，大学的作用不是在短时间内就能体现出来的，读大学也许没能给你带来好的工作机会，但是对于个人修养的提升、思维方式的转变都是影响很大的。读大学带来的开阔视野、丰富见识以及价值观的塑造，也不是金钱所能衡量的。读书多的人不一定立即赚得盆满钵溢，但是，对于绝大多数学生来说，读大学可以使他们的人生增值、修养提高，使他们在平淡中或者困境中具有强大的精神力量。因此读大学未必是“失败的投资”。

（4）培养学习兴趣　爱因斯坦说：“热爱是最好的老师。”在学习活动中，只有当自己对所学的知识产生浓厚的兴趣时，才会保持积极的学习态度。在学习过程中，学习兴趣与学习效果之间有着密切的关系。浓厚的学习兴趣可以使学生对学习充满热情、能主动克服各种困难。如果对学习不感兴趣，仅仅由于强制而求知，则味同嚼蜡，苦不堪言。学习兴趣并不完全是天生的，是可以通过后天培养的。如增加对本专业的发展历史、专业特点、发展价值等方面的了解，并在社会实践中体验学习的意义和乐趣。学习时要带着问题去学，抓住本学科中一些没有定论的、有争议的问题，广泛搜集资料，通过独立思考，提出自己的看法，这往往会使自己对本学科产生强烈的学习兴趣，激发学习动机。

2. 学习动机过强的调适

（1）正确认识自我，设定合理目标　大学生要学会正确认识自己，客观评价自己，既不要妄自菲薄，也不宜好高骛远，要使自己的抱负期望切合能力发展水平。能正确面对失败，不过分苛求自己。平时多参与各种有益身心的校园活动，培养自己多方面的兴趣爱好。脚踏实地、循序渐进地进行学习，方可以稳步前进。

找出大学最重要的目标

请每人在纸上写出你大学几年所要完成的三件大事。然后按如下要求来做：如果现在有特殊事件发生，你必须在三件大事中抹掉一项，体验一下你现在的心情如何？现在又有特殊事件发生了，请你再抹掉一件，心情如何？现在只剩下一件，这就是你最想干的，对你来说也是最重要的一件大事，这就是你当前为之奋斗的目标。

（2）正确看待外在奖惩　淡化名利得失，克服虚荣心和攀比心，把外在学习动机转化为内部动机。学习应注重过程，注重自己知识的积累和能力的提高，而不要把奖励和荣誉看得过重，这样就可以拥有一颗平常心去学习。

一群孩子在一位老人家门前嬉闹，叫声连天。几天过去，老人难以忍受。于是，他出来给了每个孩子 25 美分，对他们说：“你们让这儿变得很热闹，我觉得自己年轻了不少，这点钱表示谢意。”孩子们很高兴，第二天仍然来了，一如既往地嬉闹。老人再出来，给了每个孩子 15 美分。他解释说，自己没有收入，只能少给一些。15 美分也还可以吧，孩子仍然兴高采烈地走了。第三天，老人只给了每个孩子 5 美分。孩子们勃然大怒：“一天才 5 美分，知不知道我们多辛苦！”他们向老人发誓，他们再也不会为他玩了！在这个故事中，老人很聪明，他将孩子们的内部动机“为自己快乐而玩”变成了外部动机“为得到美分而玩”，所以他操纵了孩子们的行为。

（3）合理对待外部压力　家长都希望自己的子女学习优秀，学有所成，但我们要正确看待这种期望，不要因此使自己背上沉重的思想负担。学习成绩受很多因素影响，有时我们的付出和结果不一定完全一致，只要自己踏踏实实去学，尽自己最大努力，就可以问心无愧。

（二）注意力不集中的调适

1. 理解学习的目的　认识学习对自己未来发展的重要性。培养自己具有明确的学习目的和积极的学习态度。在学习时增强自我控制的能力，用毅力维持注意。

2. 适当强化学习动机 保持适当的学习压力与学习焦虑，并进行积极的自我激励与自我暗示；在学习中寻找乐趣，获得成就感，能提高学习积极性。

3. 学会调节自己的情绪 转移注意力。在生活中遇到挫折，要勇于面对，尽快走出困境，避免负性情绪对自己的长期影响。

4. 养成良好的学习习惯 避免过度学习造成身体疲劳，使自己保持旺盛的精力和良好的学习状态。

5. 选择理想的学习环境 减少与学习无关的活动，并进行适当的自我监控。图书馆和教室是理想的选择，良好的氛围能使人专注学习，避免注意力分散。

（三）学习疲劳的调适

1. 学会科学休息 不会休息的人就不会工作，休息是为了更好地工作。所以大学生要学会劳逸结合。事实上，并非憨吃憨睡就能使大脑真正放松，也并非体力上的疯玩疯闹就能消除脑力的疲劳。大学生应该学会科学的休息方法，平时学习也不要用脑过度，这也是用脑卫生的重要方面之一。脑力劳动者的休息最好采用活动休息的方式，即在一定的脑力耗费之后，做一些不太剧烈的活动，如散步等。切忌进行过分剧烈的体育活动，这样不但不能消除脑力疲劳，反而又加上了体力疲劳，使人很难完全恢复。另外，在进行某种脑力劳动之后，可以采用“换脑筋”的方式，看一些与刚看过的内容截然不同的东西，或者看一些消遣性的书籍，听听音乐，都有助于消除大脑的疲劳。

2. 掌握适合自己的学习方法 大学生必须结合自己的实际，寻求适合大学学习特点的学习方法，避免因学习方法不当，而产生疲劳。分散学习比集中学习效果好，在学习中穿插适当的休息，避免长时间学习，不仅能消除大脑疲劳，还能提高学习效率。理解的基础上识记要比死记硬背好很多。

3. 保持乐观和积极的情绪 积极的情绪使人精力充沛、食欲良好，睡眠充足、安逸，身体健康，使大脑处于最佳工作状态。马克思说：“一种美好的心情，比十剂良药更能解除生理上的疲劳和痛楚。”

4. 养成良好的学习规律 合理安排学习，积极参加集体活动。晚上按时睡觉，保证充足的睡眠。顺应生物钟规律来安排一天的学习，能提高工作效率和学习成绩，减轻疲劳。有的人早上头脑清醒，有的人晚上精力充沛，把自己最重要、最困难的学习任务安排在这个时间段来完成，会事半功倍。

时间管理的 5 条建议：①如果上了 1 个小时的课，那么请用 2 个小时来复习。大学的课程已经不像以前那样 45 分钟反反复复讲一点点东西了，1 个小时讲的东西只能让你有个了解，就算你明白了也不等于你记住了。现在你需要自己来完成这个反复和记忆的过程，所以必须要花时间；②培养每天在固定时间学习的习惯。让大脑在特定的时间学习，可以提高学习效率；③制订每周计划和每月计划。如果现在的你还在盲目地学习，那么你确实该好好计划一下了。根据自己的喜好，课程安排做一个月计划，然后再把这个月要干的事合理地分到每一周里，做出周计划，把它们贴在墙上，每时每刻提醒你，随时回顾目标；④避免长时间地学习。每过一个小时休息一下，而且也不要总学一门课程，适当转换一下。研究表明，分散的学习要比持续不断的学习更加有效；⑤要珍惜零星时间，大学生活越丰富多彩，时间切割得就越细，零星时间就越多。华罗庚说：“时间是由分秒积成的，善于利用零星时间的人，才会做出更大的成绩来。”

5. 保证大脑营养　补充大脑所需的营养物质，可以多吃一些益智健脑的食物，能提高大脑的工作效率，如核桃、黑芝麻、花生、鸡蛋、鱼虾、新鲜蔬菜、苹果等都是不错的选择。

（四）学习焦虑的调适

1. 合理定位　绝大多数焦虑过度者都与自信心不足有关。大学生要正确评价自我，认识自己的优势和不足，确立恰当的学业期望，培养自信。拿破仑曾说："一个不想当元帅的士兵不是好士兵。"有雄心壮志当然是好事，但如果总是不切实际，好高骛远，必然会产生负性情绪。在激烈竞争的时代，每个人都希望自己能成为最后的胜者，怕被人超越而陷入深深的焦虑中。所以不能总是与别人进行比较，要保持自己的节奏，尽自己最大的努力就好。

2. 正视学习的失败　大学生在生活中难免会遇到一些挫折和不如意，对学习失败的担忧和恐惧，往往是学习焦虑产生的直接原因。解决的办法只有一个，那就是勇敢地面对失败，承认失败，从积极的角度去认识失败的价值。如能从失败中吸取教训，发现不足，明确今后的努力方向，那失败就并非坏事。生活因挫折而多彩，人生因拼搏而灿烂，没有经历过失败的大学生活是不完整的。

3. 合理调节情绪　情绪化是高焦虑者的一个显著特征。尤其是当困难出现在面前的时候，不是冷静地做出分析判断，而是唉声叹气、焦躁不安。如果平时能够加强自我修养，培养处事不惊的良好心理素质，以冷静、理智、乐观的态度对待各种困难，就可以缓解学习焦虑。

（五）考试焦虑的调适

1. 正确对待考试　正确认识考试的目的和作用，端正考试态度。要充分认识到考试是衡量学习效果的手段，主要目的在于促进学习，巩固学习成果。考试成绩并不能完全、准确、真实地反映一个人的水平，更不能决定一个人的前途和命运。要重视学习的过程而不是考试的结果，不能仅以分数衡量自己的能力。

三伏天，禅院的草地枯黄了一大片。"快撒些草籽吧，好难看啊"小和尚说，"等天凉了。"师父挥挥手，又说了一句："随时。"中秋，师父买了一大包草籽，叫小和尚去播种。秋风突起，草籽飘舞。"不好，许多草籽被吹飞了"小和尚喊。"没关系，吹走的多半是空的，撒下去也不会发芽"师父回答，又说了一句"随性。"撒完草籽，几只小鸟即来啄食。"要命了！草籽被鸟吃了！"小和尚急得跳脚。"没关系，草籽多，吃不完！"师父继续翻着经书，说了句"随遇。"半夜一场骤雨。一大早，小和尚冲进禅房："师父！这下完了，好多草籽被雨水冲走了！""冲到哪儿，就在哪儿发芽"师父继续打坐，眼皮抬都没抬，说："随缘。"半个多月过去了，原本光秃秃的地面长出了许多碧绿的青苗，一些未播种的角落也泛出了绿意，小和尚高兴得直拍手。师父点点头说："随喜。"师父的这份平常心，看似随意，其实却是洞察了世间玄机后的豁然开朗。为什么我们的心境，会反复震荡于浮躁、得意、狂喜、焦虑甚至绝望之间？恐怕是因为当我们还是一张白纸时，被灌输了急功近利的成就导向。所以面对考试，也让我们抱着一颗平常心吧。

2. 充分的准备　80%的人考试焦虑是由复习准备不充分引起的，因此牢固掌握知识是克服考试焦虑的根本途径。平时学习刻苦勤奋，考试时就会"艺高胆大"，充满信心。考前要对考试的题型和范围有充分的了解，对考试做到胸有成竹，而不能存有侥幸心理。考前不仅要做好知识上的准备，也要做好生理和心理的准备。不可搞疲劳战术，要注意劳逸结合。考前要保持心情舒畅，做好心理上的准备，这样才可以在考试时保持充沛的精力、清醒的头脑。

3. 调整抱负水平 要对自己进行全面正确的评价，树立恰当的学业期望。既相信自己的能力，又要实事求是。不要过高要求自己，对自己期望越高，压力越大，越容易产生焦虑。能结合个人实际，制定合理的目标，保持适当的学习压力。相信自己的能力可以应付将要到来的考试，并取得令人满意的成绩。

4. 学会自我暗示与放松 当面对考试感到压力过大，应及时进行自我调节。如进行想象放松或肌肉放松训练等，或者听一些自己喜欢的音乐，并进行积极的自我暗示，告诉自己不要焦虑，这解决不了问题；全力以赴，我能行，帮助自己放松紧张的情绪。

（六）记忆障碍与遗忘的调适

记忆障碍是可以克服的，发生的原因不同，解决的方法也不同。克服记忆障碍要讲求科学性，并遵循记忆和遗忘的规律。

1. 及时复习 根据遗忘发生的规律，应采取适当的复习策略来克服遗忘，即在遗忘尚未产生之前，通过复习防止记忆痕迹的衰退。及时复习虽然可以较大限度地控制遗忘，但它也不是一劳永逸的，要想长时间保持所学的内容，还必须进行系统的不断的复习。有关研究显示：第一次复习最好安排在学习结束后的 5 到 10 分钟，比如下课后将学习要点加以背诵；第二次复习可以安排在学习当天的晚些时候或学习结束后的第二天，重读有关内容，将要点用自己的语言表述出来；第三次复习应该在一个星期后进行。

2. 分散学习 在每次学习时，究竟用多长时间是最好呢？是否学习时间越长，记忆效果越好呢？很多学生在期末考试前突击大量的知识，但学的多遗忘的也多，那是因为短时记忆的容量是有限的，别幻想一口吃成个胖子。对人类记忆的研究发现，人们对事件的开始和结尾具有较强的记忆，而对中间的记忆较差，这就是系列位置效应。比如若连续学习三个小时，那么只有一次开始和结尾，可能产生两头记忆效果好而中间记忆效果差的现象。为解决这一问题，可以将连续的集中复习时间加以分散，分为几个小的单元时间，中间穿插短暂的休息，这样就能够增加开始和结尾的数量，进而提高记忆效果。至于每一单元的复习时间，可根据学习材料的趣味性与难易程度而定。系列位置效应也启发我们应该合理安排学习材料的位置和内容。为了全面记住所学内容，复习时应尝试从中间部分开始，尽量避免连续学习性质相似的知识，这样才能减少记忆的干扰。

3. 过度学习 学习完某一新内容后，复习多长时间最有利于记忆呢？这涉及过度学习的问题。所谓过度学习，即在恰能背诵某一材料后再进行适当次数的附加学习。对于必须牢记的基础知识，可以进行适当的过度学习。这种重复学习绝不是无谓的重复，相反，它可以加深记忆痕迹以增强记忆效果。一般说来，复习次数越多，记忆保持率就越高，但要有一个适当的度，否则会出现“报酬递减”现象，造成事倍功半。研究发现过度学习的程度达 150% 时效果最好。比如，当你识记某一材料读六遍刚好能够记住时，那么最好你再多读三遍，但若重复遍数过多，其效率就会愈加递减。

4. 掌握科学的记忆方法 这可以大大提升学习效果。为了记住所学内容，很多学生经常反复地、机械地阅读材料，这种方法虽然也能够使学习者最终记住有关知识，但它并不是一个非常有效的方法。尝试背诵法就是一个很好的选择，即阅读与背诵相结合，一边读，一边试着背诵，这样可以使注意力集中于学习中的薄弱环节，避免平均分配学习时间和精力。此外，还应尽量地调动起多种感官共同进行记忆，做到眼到、口到、耳到、手到、心到，边看、边读、边写、边背，多种形式的编码和多通道的联系增加了信息的储存和提取途径，自然就能使记忆的效果得到增强。理解记忆要比死记硬背好很多，尤其是在对付又难又长的材料时，在理解的基础上识记效果更明显。

总而言之，人生有两种痛苦，一种是努力的痛苦，一种是后悔的痛苦，但后者却大于前者千百倍。希望每个同学都能利用好大学的时光，不要虚度光阴，去创造属于自己的辉煌。

心理测验

学习动力自我诊断测试

指导语：这是一份关于大学生学习动力的自我诊断量表，共有20个问题，请你根据自己的实际情况，逐一对每个问题做“是”或“否”的回答，“是”划“√”；“否”划“×”。为了保证测验的准确性，请你认真作答。

1. 如果别人不督促你，你极少主动地学习。(　　)
2. 当你读书时，需要很长的时间才能提起精神。(　　)
3. 你一读书就觉得疲劳与厌烦，只想睡觉。(　　)
4. 除了老师指定的作业外，你不想再多看书。(　　)
5. 如有不懂的，你根本不想设法弄懂它。(　　)
6. 你常想自己不用花太多的时间，成绩也会超过别人。(　　)
7. 你迫切希望自己能在短时间内大幅提高学习成绩。(　　)
8. 你常为短时间内成绩没能提高而烦恼不已。(　　)
9. 为了及时完成某项作业，你宁愿废寝忘食、通宵达旦。(　　)
10. 为了把功课学好，你放弃了许多感兴趣的活动，如体育锻炼、看电影与郊游等。(　　)
11. 你觉得读书没意思，想去找个工作做。(　　)
12. 你常认为课本上的基础知识没什么好学的，只有看高深的理论、读大家作品才带劲。(　　)
13. 只在你喜欢的科目上狠下功夫，而对不喜欢的科目放任自流。(　　)
14. 你花在课外读物上的时间比花在教科书上的时间要多得多。(　　)
15. 你把自己的时间平均分配在各科上。(　　)
16. 你给自己定下的学习目标，多数因做不到而不得不放弃。(　　)
17. 你几乎毫不费力就能实现自己学习目标。(　　)
18. 你总是同时为实现几个学习目标而忙得焦头烂额。(　　)
19. 为了应付每天的学习任务，已经感到力不从心。(　　)
20. 为了实现一个大目标，你不再给自己制定循序渐进的小目标。(　　)

计分与评价：上述20个题目可分成4组，它们分别测查学生在四个方面的困扰程度：1~5题测查学习动机是否太弱；6~10题测查学习动机是否太强；11~15题测查学习兴趣是否存在困扰；16~20题测查学习目标上是否存在困扰。假如被试对某组（每组5题）中的大多数题目持认同的态度，则一般说明他们在相应的学习方面存在一些不够正确的认识或存在一定程度的困扰。

从总体上讲，选“是”记1分，选“否”记0分，将各题得分相加，算出总分。

0~5分：说明学习动机上有少许问题，必要时可调整。

6~13分：说明学习动机上有一定的问题和困扰，有必要进行调整。

14~20分：说明学习动机上有严重的问题和困扰，必须进行调整。

思考题

1. 你认为大学生应具备哪些能力？
2. 大学的学习有什么特点？
3. 大学生学习困难的表现有哪些？
4. 如何调适学习心理提高学习效率？

扫码“练一练”

（陈　丹　杨　柳）

第八章

大学生人际关系

学习目标

1. 掌握人际交往的技巧，增强人际交往能力。
2. 熟悉大学生人际交往应遵循的原则及人际交往中的心理效应。
3. 了解人际关系的概念及大学生人际交往的重要意义。

案例导入

小琴是某著名本科院校里即将升入大二的学生。她热情活泼，长相清秀，自小就讨人喜欢。家庭经济条件较好，父母都是公务员，对她也宠爱有加，凡事都顺从她的意愿，使她养成了以自我为中心的性格。高中的时候，由于大家都把精力集中在了学习上，而且她一直都是走读生，所以和同学朋友的关系也挺不错的。但在大学的两个学期，尽管她学习成绩仍然比较优秀，她却越来越不喜欢大学生活，越来越觉得孤独。由于寝室里其他几个同学都是“乡巴佬”，和她们没有共同语言，所以回到寝室她就一个人玩电脑或者看看书，偶尔和同学搭讪几句也觉得别扭，与班级其他同学关系也不好，每每看着她们在一起高高兴兴地笑啊、闹啊就感到特别孤单、想家。其实自己也很想把关系跟她们处好，可就是处不好，唉！

在这个案例中，小琴因为从小家庭生活优裕，父母的宠爱使她养成了一切以“我”为中心的性格特点，所以她换位思考的能力比较差，对来自农村的同学不能平等对视，再加上生活、学习习惯的不同，难免发生各种矛盾。在心理咨询老师及辅导员老师的帮助下，小琴最终意识到了自己的性格缺陷，主动找其他同学交流，并真诚地向同学道歉，同学也意识到了她们之间的“不同”，从心理上理解她、帮助她，她们的关系慢慢变得融洽，大学生活也因此更加快乐！

扫码“学一学”

第一节　概　述

一、人际关系

人具有社会性。每个人都在社会中生存、发展，需要与他人交往，与周围的人建立各种各样的人际关系。我国已故著名心理卫生学家丁瓒先生曾指出：人类的心理适应，最主要的就是对于人际关系的适应，所以人类的心理病态，主要是由于人际关系的失调而来。“水能载舟，亦能覆舟”，一个人的幸福和才智来自人际关系，一个人的痛苦和不幸也常与人际关系的不协调有关。

1. 含义 人际关系是指在社会生活实践过程中，个体所形成的对其他个体的一种心理倾向及其相应的行为，它体现的是心理上的距离。人际关系的变化与发展取决于双方社会需要满足的程度。如果双方在相互交往中都获得了社会需要的满足，相互之间就能发生并保持接近的心理关系，表现为友好的情感，反之就产生厌恶而彼此疏远。人际关系就是对话，这是双向的过程，失去了对话中的某一方，人际关系就会中止。

2. 心理组成成分

（1）认知成分 人际关系的主体通过认知活动，如：知觉、记忆、思维、表象、想象等，实现对人际关系的认识与评价。其中主要内容是人与人之间的相互认同和相互理解。认知成分是人际关系形成、发展和改变的基础。

（2）情感成分 交往双方在情感上的亲疏和满意程度的体验。反映在人际交往过程中，就是对人际关系中人与人之间的喜欢、厌恶、欣赏、反感、欢迎等各种情绪的表现。情感因素是人际关系的核心，是人际关系协调、稳定的条件，往往伴随人际交往的整个过程。在人际关系中具有动力性，情感体验的强度常决定人际关系的亲密程度，在人际交往中起着重要的作用。

（3）行为成分 交往双方在维持人际关系时的外在表现，包括举止、语言、表情、手势等具体的行为，也包括行为意向。由于人际关系不同，对他人的认识和理解、情绪体验及各种行为也可能会有所不同，而行为表现反过来又会影响彼此的人际关系。行为成分既是人际关系的结果，又是人际关系的表现。

人际关系的三个组成成分是相互联系的。在不同的人际关系中，它们所占的比重是不同的，如：在同学关系中情感的成分特别突出，而在社团活动中行为成分起着重要的作用。

二、人际交往及其意义

人际交往是指人们在社会活动过程中，人与人之间的信息传递、情感沟通、思想交流以及相互施加影响等心理联系过程。人际交往就是人与人之间在心理和行为上互相联系、互相影响的过程。大量的心理学研究表明，人际关系对人的身心健康、事业成功、生活幸福有重要的影响。诚如亚里士多德所说：“人是社会性动物。”人们学习知识、了解自我、获得爱情、进入社会都是在人际交往中发生的。

1. 满足人们安全感的需要 塞·约翰逊说：“一个人在其人生道路上，如果不注意结识新交，会很快感到孤单。人应当不断地充实自己对别人的友谊。”社会心理学家所做的大量研究证实：与人交往是获得安全感的最有效途径。当人们面临危险的情境而感到恐惧时，与别人在一起可以直接而有效地减少恐惧感，使人们感到安宁与舒适。

知识链接

社交剥夺实验

美国心理学家沙赫特·斯坦利曾做过这样一个试验：他以每小时15美元的酬金聘请人到一个小房间去住。这个小房间与外界完全隔绝，没有报纸、没有电话、不准写信，也不准其他人进入。最后有5人应聘参加试验，试验结果是：有1个人在小房间里只待了2个小时就出来了，有3个人待了2天，另一个人待了8天。这个待了8天的人出来以后说："如果让我在里面再多待一分钟，我就要发疯了。"

社交剥夺试验说明：每个人都不可能孤立存在，必须与他人交往。积极健康的人际交往对每个人而言都是必不可少的。

2. 满足人们归属和爱的需要　马斯洛认为当一个人的生理需要与安全需要都能很好地得到满足之后，归属和爱的需要就会产生。马斯洛说："有这种需求的人会开始追求与他人建立友情，即在自己的团体里寻求一席之地。他会为达到这个目标不遗余力。他会把这个看得高于一切，甚至会忘了当初饥肠辘辘时曾把爱当作不切实际或不重要的东西而嗤之以鼻。"处于这一需要阶层的人，把友爱看得非常可贵，希望能拥有幸福美满的家庭，渴望得到一定社会与团体的认同、接受，并与朋友、同事建立良好和谐的人际关系。如果这一需要得不到满足，个体就会产生强烈的孤独感、异化感、疏离感，并产生极其痛苦的体验。

3. 满足认识自我的需要　古人言："君子不镜于水，而镜于人。镜于水，见面之容；镜于人，则知吉与凶。"所谓"镜于人"就是以他人为镜，把他人的态度和反应作为判断自己的重要参照系，通过自己在他人身上的映像来审视自己的人生态度、人格状况、人际关系等方面的情况，并以此来警示自己、教育自己。

4. 人际交往是幸福的根本　积极心理学家塞利格曼和迪纳一起调查了一批大学生，想要弄明白幸福的人究竟是什么样的，其结论是：很幸福的人有很好的人际关系。与其他人相比，其爱情和各种人际关系都更好。很幸福的人在人际关系的各个方面——友情、亲情、爱情方面的得分都更高，别人对他们的人际关系的评价更好，他们也更乐于与别人在一起。两年后，塞利格曼和迪纳总结了更多的研究，肯定了人际关系与幸福相辅相成的关系。人际关系好的人更幸福，而幸福的人有更好的人际关系。反过来，糟糕的人际关系会使人更不幸福，甚至导致精神障碍。

5. 人际交往是事业成功的前提　科学研究已经证明：如果一个人学会了如何与他人打交道，那么不管从事什么工作，不管职务是什么，都能在通往成功的路上已走完85%的行程时，在取得自己的幸福方面有99%的把握。

知识拓展

中国的人际关系

研究者认为，中国的人际关系可分为三类：①情感型关系，主要用以满足关心、温情、安全感、归属感等情感方面的需要。如：家庭、密友等原级团体中的人际关系。人们遵循的伦理约束符合“各尽所能，各取所需”的需求法则。②工具型关系，是指个人为了获得所需要的某些物质利益而与他人建立的社会关系。这种关系短暂而不稳定，人们遵循的是“一视同仁，童叟无欺”的社会交换法则。③混合型关系，主要包含亲戚、邻居、同学、师生等角色关系，由此构成了中国社会中一张张复杂的关系网。混合型关系中人们遵循“以和为贵，礼尚往来”的人情法则。

扫码“学一学”

第二节　人际交往中的心理效应

在人际交往中有一些非常有趣的心理现象，科学地运用人际交往中的心理效应对促进大学生的人际交往有重要意义。

一、首因效应

首因即最初的印象或称第一印象。在人际交往中，人们往往注意开始接触到的细节，如：对方的表情、身材、容貌等，而对后来接触到的细节不太注意。这种由先前的信息而形成的最初的印象及其对后来信息的影响就是首因效应，即我们常说的“先入为主”。

美国心理学家卢钦斯编撰了两段文字来研究首因效应。第一段文字将吉姆描写成热情并外向的人，说吉姆与朋友一起去上学，走在洒满阳光的马路上，与店铺里的熟人说话，与新结识的女孩子打招呼等。第二段文字则相反，把他描写成冷淡而内向的人，说吉姆放学后一个人步行回家，他走在马路的背阴一侧，他没有与新近结识的女孩子打招呼等。在实验中，卢钦斯把两段文字加以组合：第一组，描写吉姆热情外向的文字先出现，冷淡内向的文字后出现；第二组，描写吉姆冷淡内向的文字先出现，热情外向的文字后出现；第三组，只显示描写吉姆热情外向的文字；第四组，只显示描写吉姆冷淡内向的文字。结果表明：第一组被试中有78%的人认为吉姆是友好的，第二组中只有18%的人认为吉姆是友好的，第三组中认为吉姆是友好的人有95%，第四组只有3%认为吉姆是友好的。信息呈现的顺序会对社会认知产生影响，先呈现的信息比后呈现的信息有更大的影响作用。第一印象赖以产生的信息是有限的，因而不一定是真实、可靠的。由于认知具有综合性，随着时间的变化、认识的深入，人完全可以把这些不完全的信息贯穿起来，用思维填补空缺，形成一定程度的整体印象，所谓“路遥知马力，日久见人心”。

二、近因效应

近因即最后的印象。近因效应是指交往中最后一次见面给人留下的印象，这个印象在对方的脑海中也会存留很长时间。

首因效应与近因效应不是对立的，而是一个问题的两个方面。在大学生的人际交往中，第一印象固然重要，而最后的印象也是不可忽视的。在对陌生人的认知中，首因效应比较明显；而对熟悉的人的认知中，近因效应比较明显。这就告诉我们：在与他人进行交往时，既要注意平时给对方留下的印象，也要注意给对方留下的第一印象和最后印象。

三、光环效应

光环效应又称晕轮效应，是指人们在了解某人时，对他的某种特征和品质有清晰明显的印象，由于这个印象非常突出，从而掩盖了对这个人其他特征和品质的了解。这是一种以点概面、以偏概全的反应。这种突出的特征或品质像一个光环一样，把人笼罩起来了，使观察者无法注意到他的其他特征和品质，从而以一个人的一种特征或品质，做出对他整个特征的判断。所谓的“一俊遮百丑”，就是这种光环效应的反映。在人际交往中，人们往往对外表有吸引力的人赋予较多理想人格特征或为之预测美好的未来，例如：那个人第一次见面彬彬有礼，对我关心备至，令我难忘；你气质好，将来求职就业一定没问题等。

四、投射效应

投射效应是指在人际交往中，人们在信息不足的情况下了解一个人时，总愿意把自己的某些特性归到认识对象身上。特别是在被了解对象和自己年龄、职业相同的时候更是如此。所谓“以小人之心，度君子之腹”，反映的就是投射效应的一个侧面。投射可分为两种类型：一种是指个人没有意识到自己具有某些特性，而把这些特性加到了他人身上。例如：一个对他人有敌意的同学，总感觉到对方对自己不怀好意，似乎对方老有挑衅自己的意思。另一种是指个人意识到自己的某些不称心的特性，而把这些特性加到他人身上。例如：在考场上想作弊的同学总感觉到其他同学也在作弊。

五、定型效应

定型效应也称刻板效应，是指在人们头脑中存在着关于各种类型的固定形象，这种固定形象使人们在看他人时，常常会不自觉地按其年龄、性别、职业等，对他们进行归类，并将已有的关于这类人的固定形象，作为判断其个性特征的依据。比如：工人比较坦率，农民比较朴实，江浙人聪明伶俐、善于随机应变，山东人刚毅正直、能吃苦耐劳等。再比如：年轻人总是认为老年人墨守陈规、缺乏进取心，老年人往往觉得年轻人举止轻浮、办事不可靠等。定型效应在某些条件下，有利于对他人做概括性的描述，但它又是一种简单的认知，常常会造成偏见，阻碍人与人之间正确印象的形成。

六、登门槛效应

登门槛效应，又称得寸进尺效应，是指一个人一旦接受了他人的一个微不足道的要求，为了避免认知上的不协调或想给他人以前后一致的印象，就有可能接受更多的要求。这种现象，犹如登门槛时要一级一级台阶地登，这样能更容易、更顺利地登上高处。

这个效应是美国社会心理学家弗里德曼与弗雷瑟于 1966 年做的“无压力的屈从——登门槛技术”的现场实验中提出的。实验者派人随机访问一组家庭主妇，要求她们将一个小招牌挂在自家的窗户上，这些家庭主妇愉快地同意了。过了一段时间，再次访问这组家庭主妇，要求将一个不仅大而且不太美观的招牌放在庭院里，结果有超过半数的家庭主妇同意了。与此同时，又派人随机访问另一组家庭主妇，直接提出将不仅大而且不太美观的招牌放在庭院里，结果只有不足 20% 的家庭主妇同意。“登门槛效应”对我们的启示有很多，例如：在人际交往中，当我们要求某人做某件较大的事情而又担心他不愿意做时，可以先向他提出做一件类似的、较小的事情。

扫码“学一学”

第三节　大学生人际交往的问题及调适

一、大学生人际交往的常见问题

1. 自我中心

案例：小李，男，大一学生。家境殷实，作为家里的独子备受父母、祖父母的宠爱，在家一直都是说一不二。在学校，他学习优秀，却有着很多的烦心事。自从入住寝室后，他一直都看其他三个同学不顺眼，他们作息习惯不好，又不爱讲究卫生，穷酸穷酸的，自己也想忍耐，可是总是忍不住，于是与其他三个同学发生争吵，无奈，寝室生活变得越来越尴尬和别扭起来……

在今天的大学校园中，像小李这样面临“寝室危机”的并不是个别案例。现在的大学生多是独生子女，自幼备受家庭的宠爱与呵护，使他们一切都以“我”为中心。在人际交往中，更习惯于从自己的立场、观点出发，对待周围的人和事。对别人期望高，要求严，自我约束松，要求低。在与同学、朋友、老师的相处过程中，时常以“自我为中心”的心态去看待别人、要求别人，很少去体会别人的想法与感受。交往中缺乏与人合作的意识与行为以及换位思考的能力。总是以自己的思想、情感和需要为出发点，不体谅他人的感受，致使一些大学生很难真正适应大学的环境和集体生活。还有一部分大学生竭力追求各种时尚，刻意塑造与众不同的个性表现，金黄色的头发，嘴里溜出难以理解的话语，我行我素，不顾及他人情绪，没有共同话题等，这就是他们所谓的“鸡立鹤群”。

每个人都不可能与世隔绝独立生活，大学生是社会活动的一大群体，因此必须有意识地培养自己的集体意识，克服以自我为中心的观念，增强合作意识和团队精神。

2. 社交恐惧

案例：小刘，男，大二学生。自述每次去教室上课、去食堂吃饭时都很害怕。觉得周围的人好像在看自己，脖子僵硬、脸红、心跳加快、呼吸急促、出汗，甚至不会走路了。见到陌生人更是惴惴不安。见到异性时，恐惧感更加强烈。与人讲话时不敢直视，眼睛躲闪，磕磕巴巴，像做了亏心事，浑身都发抖。

经心理咨询师初步判断，小刘可能患有社交恐惧，表现出凡是与人接触时就感到恐惧，包括在公众场合与陌生人和异性接触。面对人群时，不但觉得害羞，还感到害怕，而且对自己以及自己以外的世界有着强烈的不安感和排斥感。

存在社交恐惧情绪的学生容易夸大负性信息，从而歪曲认知状态，这必然会削弱他们正确的思维能力，导致判断准确性的下降，对歪曲的事实信以为真，进而行为失当，反应过度；并且社交恐惧的个体极度重视他人的评价，所以对可能会让别人有不好印象的表现都非常警觉，从而产生焦虑与恐惧情绪。对于有社交恐惧的学生，要及时寻求专业老师的帮助，进行社交技能训练，学会适当的社交行为，并且要学会鼓励自己和恐惧对峙，积极调整自己的非理性想法，重新建立新的、合理的认知模式，客观地认识自己，提高人际交往的自信心。

3. 人际自卑

案例：小杨，女，大一学生，身患先天性疾病——全身性白化病，全身皮肤呈白色，就连头发、眉毛，甚至睫毛都是白里带黄，眼睛怕光，看东西总是眯着眼睛，而且看不清。小杨认为，同学们都瞧不起她，所以她总是一个人独来独往，很少和周围同学交流，也从来不参加班级、系部或学校组织的各项活动。偶尔上课被老师叫到回答问题，声音也非常低，以至于大家都听不清她说了什么。

自卑，即对自己的知识、能力、才华等做出过低的评价，进而否定自我。在大学生中，由于生活背景、家庭教育、成长经历、个人特点等的不同，有自卑现象的同学并不少见。一个人形成自卑心理后，往往从怀疑自己的能力到不能表现自己的能力，从怯于与人交往到孤独地自我封闭。自卑的人在交往中，尽管有良好的愿望，但是因为总是怕别人的拒绝和轻视，因而对自己没有信心。很想得到别人的肯定，又常常很敏感地把别人的不快归为自己的不当。有些有自卑感的人过分自尊，为了保护自己，常表现得非常强硬，难以让人接近，在人际交往中变得格格不入。自卑心理源于心理上的消极自我暗示，很多心理学家指出，自卑感和本人的智力、受教育程度、所处的社会地位等因素无关，而仅仅是对“自己不如他人”的确信。所以，要克服自卑心理，首先要敢于正视自己的不足，“金无足赤，人无完人”，对自己的某些不足，要欣然接受，保持乐观的心态。

4. 猜疑心理 一种主观推测而产生不信任的复杂情感体验，爱猜疑的人每每看到别人议论什么时，就认为是在说自己的坏话，对别人的言行很敏感。猜疑是大学生进行正常交往的障碍，它不仅使大学生之间关系松散，产生裂痕，甚至会发展到对立。

要克服猜疑的心理问题，首先需要培养理智，切忌感情用事。当出现猜疑念头时，主动与你所猜疑的对象多接触、多交流，弄清情况。在交往过程中，要正确地认识他人，保持自己心胸坦荡，做到“兼听则明，偏信则暗”。

5. 嫉妒心理 总怕别人比自己强的不健康情感，是心理结构中“理想自我”过于膨胀的具体表现。有这种心理的大学生在人际交往中会对他人的成绩和进步心怀不满，不服气，甚至产生诸如中伤、怨恨、诋毁等嫉妒行为；对别人的失败和不幸则表现为幸灾乐祸，不给予对方同情和安慰。嫉妒心理不仅会严重影响大学生良好人际关系的建立，而且也会为嫉妒者带来痛苦，严重者会影响自己的身心健康。

要摆脱和克服这种心理，首先要纠正自己的认识偏差，对别人取得的成绩实事求是地予以承认，把不服气的心理引导到积极的方面上去，努力追赶，提升自我，并且要客观地把自己和别人进行对比，在看到别人优点的同时，也要看到自己的长处。

6. 功利化倾向 随着市场经济的深入发展，人们的商业意识日趋增强。面对激烈的竞争和就业的压力，越来越多的大学生开始重视人际交往的物质实惠。“有用即交往”“有求即结识”“互相利用”等功利意识增强。多注重“往前看”，进取征程上能用到就想办法结交相识，用不上就不交往。忽视“向后看”，感恩意识缺乏。个别学生将功利主义作为人际交往的指导思想，表现为“有用的才交，无用的不交，用处大的深交，用处小的浅交”的交往观念。

7. 与异性交往不当 许多大学生渴望与异性交往，但是把握不好分寸，分不清友情和爱情的界限。部分大学生不敢与异性交往，羞于谈异性，与异性说话时则脸红、出汗、心跳、呼吸加快、语言不连贯等，出现与异性交往的心理障碍。部分同学没有摆正学业和恋爱的关系，一味沉浸在爱情中而耽误了学习。

二、人际交往的原则

1. 尊重原则 俄国大作家屠格涅夫有一天走在街上，一个年迈体弱的乞丐向他伸出发抖的双手，大作家找遍所有的衣袋，分文没有，感到惶恐不安，只好上前握住乞丐那双脏手，深情地说道："对不起，兄弟，我什么也没有，兄弟!"哪知，大作家的这一声"兄弟"，却超过了钱币的作用，立刻使老乞丐为之动容，热泪盈眶地说："哪儿的话，我已经很感恩了，这也是恩惠啊!"这个故事说明，无论什么人，无论地位高低，渴求得到尊重的心情是一样的。

古人说："敬人者，人恒敬之。"尊重包括自尊和尊重他人两个方面。自尊就是在各种场合自重自爱，维护自己的人格；尊重他人就是重视他人的人格、习惯与价值。尽管由于主、客观因素影响，人与人在气质、性格、能力、知识等方面存在差异，但在人格上是平等的。只有尊重他人才能得到他人的尊重。

2. 平等原则 在人际交往中，如果没有平等待人的观念，就不可能与人建立良好的人际关系。这里的平等指的是人与人在交往中人格的平等。大学生们来自全国各地，有着各自不同的家庭出身、经济状况、个性特点等，但并没有高低贵贱之分，在交往时应该做到平等待人，绝不可"另眼相看"，也不能将自己的意愿强加到别人身上。在人际交往中，既不可趾高气扬，盛气凌人，也不可低人一等，自我封闭，要以积极的心态构建良好的人际关系。

3. 宽容原则 宽容是指人与人在交往过程中，要心胸开阔，遇事多为别人着想，即使别人犯了错或冒犯了自己，只要不是涉及大是大非的原则问题，就不要斤斤计较，要能够以德报怨，宽容大度。人际交往中往往会产生误解和矛盾。现在的大学生个性普遍较强，接触又密切，不可避免地会产生矛盾。这就要求学生在交往中不要斤斤计较，而要谦让大度、克制忍让，不过分计较对方的态度和言辞，并勇于承担自己的行为责任，做到"宰相肚里能撑船"，他吵，你不吵；他凶，你不凶；他骂，你不骂。只要我们胸怀宽广，容纳他人，发火的一方也会自觉无趣。宽容克制并不是软弱、怯懦的表现；相反它是有度量的表现，是建立良好人际关系的润滑剂，能"化干戈为玉帛"，赢得更多的朋友。

4. 诚信原则 人是否守诚信，在人际关系的形成与发展中是至关重要的。心理学家诺尔曼·安德森曾经列出555个描写人的个性品质的形容词，让大学生看后指出哪些个性品质是他们最喜欢的。结果表明：大学生评价最高的品质就是诚信，而评价最低的是说谎和虚伪。待人真诚、言而有信的个性品质导致人际吸引，有利于良好人际关系的建立、维系和发展；而自私自利、虚伪狡诈、言而无信的个性品质则阻碍人际吸引，很难取信于人，非常不利于人际关系的建立和融洽。

秦末汉初时的楚国人季布，在楚汉战争中做过项羽的大将，后来归顺西汉高祖刘邦，担任河东太守，一生特别讲信用，只要答应办的事情就一定要办到，从没有失信于人。他以侠义闻名，重守诺言。因此，人们常说："得黄金百斤，不如得季布一诺。"

现代社会竞争日益激烈。在此背景下，诚信显得尤为重要，关系到一个人的社会声誉和事业成败。对大学生而言，诚信也是立足校园和社会的第二张"身份证"。在与同学交往的过程中，只有守诚信才能取得他人的信任和认可。因为每个人在交往中都想寻求一种安全感和信赖感，一个不讲诚信的人很难让别人产生愉悦的感觉，更别说建立良好的人际关系了。守信有利于在人际交往过程中增加信任感，消除可能产生的误会，加深双方的感情，建立良好的人际关系。

5. 互利原则　互利是指交往双方在满足对方需要的同时，又得到对方的报答，这样双方的交往关系就能继续发展。如果一方只索取不给予，交往就会中断。互利性越高，交往双方关系就稳定、密切；互利性越低，交往双方关系就疏远。人际间的互利包括物质和精神两个方面。

人际交往是一种双向行为，故有“来而不往非礼也”之说。交往要双方相互关心、帮助与支持，既要考虑双方的共同价值和共同利益，满足彼此的需要，又要促进相互联系、深化双方的感情；否则，人际关系很难维持和发展。大学生既要力所能及地给别人提供帮助，同时，又要善于求助别人。别人帮助你克服了困难，他也会感到很愉快，这可进一步加强双方的情感交流。贯彻互利原则的关键是要出于真诚，不要将此发展成斤斤计较的功利原则，不能存在“我今天帮助你，你明天就必须报答我”或“我不图别人的好处，但我也决不白施予人”的心理。

6. 适度原则　社会心理学研究表明，我们的确需要与他人交往，但过多的交往和过于复杂的人际关系又会引起我们的不安。这种矛盾的根源在于人的两种不同的需要：一是对交往的需要，对稳定的人际关系的需要，对他人的需要；二是对独处的需要。前者通过观察自己和观察别人确立自我价值，产生安全感；后者则使人通过内省和对外来印象的自我消化来整合自我。

社会交往情境中，个人总在面临着来自多方面的评价压力，这使得自己必须顾及他人的存在、自己承担的社会角色、自己的言行举止对他人的影响，以及他人对自己的期望等。因而，人们需要保持最佳水平的交往。对于不同的人，其交往需要和独处需要的强度或许有很大差异，但都需要保持二者平衡。同时，在人际交往中，不管好朋友之间关系多么亲密，也要注意保持适当的距离。如果一味认为关系亲密、情感甚笃而长相厮守，甚至自觉不自觉地侵犯别人的隐私，伤害别人的情感，那么，终有一天这种亲密的关系也会出现危机或破裂。

哈里斯人际交往态度的四种类型如下。

（1）我好，你不好　狂妄自大，目中无人，不会交往。

（2）我不好，你好　自卑怯弱，不敢交往。

（3）我不好，你也不好　悲观绝望，回避社交不想交往。

（4）我好，你也好　积极乐观，尊重、宽容他人，善于社交。

交往是每个人的人生必修课，良好的人际关系对未来发展、身心健康都有重要意义。

三、人际交往的技巧

教育家乔治·盖斯达曾说过：“作为人类社会化的结果，人们已经掌握了一定的人际交往技能，但这些技能的水平仍然有很大的提升空间。每个人都可以做得更好，在自己的人际圈里变得更加善解人意、温和真诚、彬彬有礼、开放直接。拥有扎实的理论基础、适宜的社交氛围，以及无数的个人实践机会，将会使人际交往水平更胜一筹。”

1. 真诚地赞美他人　一位心理学家说：“人类本质中最殷切的需求是渴望被肯定。”一句对他人赞美的话说出来并不费力，可是对对方来说却有巨大的作用，他会因为你的赞美而更加自信，从而也更喜欢你，更看重你。但是，赞美的前提是能看到他人的长处，真诚地对其长处加以肯定和赞誉。同时，赞美他人要赞美具体的事或具体的特点，而不是笼统地称赞。这样，不仅帮助了他人，同时也为自己铺平了人际交往之路。

2. 多谈对方感兴趣的话题 在人际交往中，要注意寻找对方感兴趣的话题，可以激发对方的热情，增加对方对你的接纳和喜爱程度。而如果你的谈话内容对方一无所知或者不感兴趣，他就会感到厌倦、无聊，甚至感到受了冷落，双方就很难继续交往下去。因此，为了结交更多的朋友，我们有必要扩大自己的知识面，培养自己多方面的兴趣、爱好，同时善于观察、判断交谈对象感兴趣的话题。

3. 学会倾听 为了有效沟通，除了表达之外，更要学会倾听。倾听是一门艺术，也是一种境界。倾听，既是听对方所讲述的内容，又是在关注说话的人。西方有句名言："上帝分配给我们两只耳朵，而只给我们一张嘴巴。"倾听可以让人们彼此之间增进理解，开启信任之门，因而善于倾听有时比自己讲话更重要。你能耐心倾听对方谈话，就等于告诉对方"你是一个值得我用心倾听你讲话的人"，无形之中就会提高对方的自尊心，加深彼此的情感。反之，就会挫伤对方的自尊心，拉大彼此的心理距离。善于倾听要做到在倾听对方说话时表现专注，并不时进行目光接触；适时给对方以反馈，做积极的听众；不要轻易打断他人的谈话。

4. 学会同感 同感是理解别人情感的有效方式。当我们能够表达出自己的同感时，与我们沟通的人就会感到我们是理解他的，从而得到一种安全感，更加开放自己，使双方沟通得以提升，问题得以解决。同感与对他人的关心和关注有很大关系。心理学家研究表明，当人们专心观察时，他们能看出别人高兴、悲伤、愤怒、痛苦等情感状态的准确率在90%以上。因此，在人际交往过程中，我们一定要学会察言观色，善于体察对方的心境，根据对方的心情来选择自己的谈话内容，从而拉近双方的心理距离。

5. 注重眼神交流 眼睛是心灵的窗户。人的一切情绪、态度和情感的变化，都可以通过眼睛显示出来。诚恳坚定地看着对方。眼神带着友好的情感；专注、持续地看着对方，不要乱瞟或者不敢注视对方；看对方两眼之间或鼻梁骨，有压迫感觉时可以看对方的前额。

6. 适当自我暴露 自我暴露是指个体把有关自己的个人信息告诉他人，与他人共享自己内心的感受和信息。心理学家认为这是人们与他人发展亲密关系的重要途径。奥尔特曼和泰勒发现，良好的人际关系是在自我暴露逐渐增加的过程中发展起来的。随着信任程度和接纳程度的提高，交往的双方会越来越多地暴露自己。自我暴露的程度，由浅至深，大致可以分为4个水平：①情趣爱好方面，比如饮食习惯、偏好等；②态度，如对某一政治事件的评价，对某个老师的看法等；③自我的人际关系与自我概念状况，如自己与父母的关系、夫妻关系、自卑情绪等；④自我的最深层次，属于个体的隐私部分，不会轻易向别人暴露，如个体不被社会所接受和认可的想法、自己的第一次性经历等。了解别人在怎样的层次上对我们暴露自己，可以判断别人对自己的信任和接纳的程度，了解自己同别人关系的状况。当然，对任何人，无论关系多么亲密，我们都有不愿意暴露的领域。因此，我们也没有理由强求对方完全敞开心扉，无论多么亲密的关系，都不能任意侵犯对方所不愿意暴露的领域。

四、良好人际关系的建立

人与人之间从互不认识到建立稳定的人际关系，需要经历一个动态的发展过程。每个人都有其独特的与他人交往的方式。因此，建立和发展人际关系的过程可谓各不相同。但这一过程也有共性，都经历了由浅至深，由表及里，由自我信息暴露到双方的情感交流，并最终形成稳定交往模式的过程。

（一）人际关系的状态

日常生活中我们常说某某跟某某无话不谈、亲密无间；而某某跟某某则形同陌路。这就是我们对人际关系状态的描述。莱文格和斯诺克提出相互依赖模型来说明随着相互依赖关系的增加关系变化的特点。他们以图解方式对人际关系的各种状态及其相互作用水平的递增关系做了直观的描述（图 8-1）。图中圆圈表示人际关系涉及的双方。他们把共同心理领域和情感融合范围作为描述人际关系的指标。

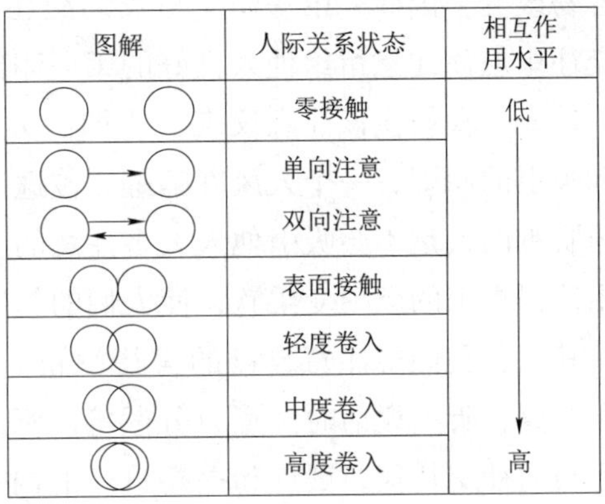

图 8-1　人际关系状态及其相互作用水平

良好的人际关系需要经过一个从表面接触到亲密融合的发展过程。在两人彼此并没有意识到对方的存在时，双方关系处于零接触状态。此时双方是完全无关的，谈不上任何个人意义上的情感联系。只有一方开始注意到另一方或双方相互注意时，人们之间的相互交往才开始并获得初步印象，不过这种状态还没有情感的卷入。表面接触才是人际关系的真正开始，并且随着双方交往的深入和发展，双方共同的心理领域也逐渐被发现。共同的心理领域越多，双方之间认同、接受和信任的程度就越高，情感融合的程度也越高。

需要注意的是，从图 8-1 中我们可以看出，人际关系双方心理世界并不存在完全重合的情况。即无论人们的关系多么亲密，也无论人们主观上怎样感受彼此的完全拥有，两个人的心理世界都不能达到完全的重合，每个人都保留着自己最隐私的部分。

（二）人际关系的建立过程

人际关系的建立与发展一般要经历以下几个过程。

1. 定向阶段　包括对交往对象的注意、抉择和初步沟通等多方面的心理活动。人际关系的定向阶段，其时间跨度因情况而异。邂逅而相见恨晚的人，定向阶段会在第一次见面时就完成。而对于可能有很多接触机会但彼此自我防卫倾向又都较强的人来说，这一阶段要经过长时间沟通才能完成。

2. 情感探索阶段　这一阶段的目的，是为了探讨彼此共同的情感领域而进行角色性接触，而不是仅仅停留于一般的正式交往模式。随着双方共同情感领域的发现，双方的沟通会越来越广泛，自我暴露的深度与广度逐渐增加。但在这一阶段，人们的话题仍未进入双方的私密性领域或隐私敏感区，自我暴露不涉及自己深层的方面。

3. 情感交流阶段　人际关系发展到这一阶段，双方关系的性质开始出现实质性变化。彼此的安全感和信任感已经确立，沟通和交往的内容开始涉及自我的许多方面，并有中度的情感卷入，人们会相互提供真实的评价性反馈信息，提供建议，彼此进行真诚的赞赏和批评。

4. 稳定交往阶段 此时，人们在心理上的共同领域会进一步增加，并伴有深度的情感卷入，自我暴露更加深刻广泛，人们已经允许对方进入自己高度私密性的个人领域。但在实际生活中，很少关系能达到这一情感层次，许多人仅仅是停留在第三阶段上。

（三）良好人际关系的建立

1. 重视第一印象 第一印象就是人们初次相识时彼此给对方留下的特定印象，它对人们以后的交往有着重要的影响。初次见面时，对方的表情、体态、仪表、服装、谈吐、礼节等形成了我们对对方的第一印象，这种第一印象常常左右着我们对他人日后的看法。同样地，对方对我们的第一印象也影响着他们对我们的看法，并且第一印象一旦形成，就不太容易改变。因此，第一印象是长期交往的基础，是取信于人的出发点。因此，我们在人际交往中应该注意留给他人良好的第一印象。需要注意以下几点。

首先，我们应该注意仪表，比如：头发是否整齐，服装是否干净整洁、得体等。根据人际吸引的原则，一个人风度翩翩、俊逸潇洒，能产生使人乐于交往的魅力，而不修边幅、邋遢肮脏的人是不会吸引他人太多注意的。正如英国哲人约翰·洛克所说："礼仪的目的与作用使得本来的顽梗变柔软，使人们的气质变温和，使他敬重别人，与别人合得来。"

其次，我们要注意自己的言行举止，运用好自己的体态语言。比如：握手轻飘无力，目光游离，听人说话时注意力分散等，都会影响他人对你的第一印象。因此，我们必须掌握适当的社交礼仪，锻炼和提高自己的内在修养，将自己练就成一个强有力的磁铁，吸引更多人来了解你。

再次，初次见面时要表现出真诚的热情，对他人感兴趣。一般来说，人们总是喜欢那些喜欢自己的人。

最后，还要注意保持应有的自信。人们总是喜欢和自信的人交往，自信会增加你的人际吸引。但是自信不等于自负，不能狂妄自大。

2. 有效解决人际冲突 良好的人际关系对我们的身心健康有积极的意义，但是交往中的冲突又不可避免，所以我们一定要学会积极地应对。积极应对可以使紧张、一触即发的人际矛盾突然转变为"云淡风轻""柳暗花明又一村"的境地。

人际冲突是一种对立状态，表现为两个或两个以上相互关联的主体之间的紧张、不和谐、敌视甚至争斗的状态。人际冲突可能带来彼此关系的紧张和压力，并可能使当事人经历失望或气愤等负性情绪。但如果能够有效地解决冲突，双方的关系也可能更加亲密。由于人们在复杂的社会关系中个人生存状态以及动机、需求等方面的差异，使得冲突的原因亦具有复杂性、多样性的特点。陈照明认为人际冲突的形成因素有信念意见与态度的差异、价值观与意识形态的差异、利害的差异、认知差异、地位差异。大学生人际冲突的主要来源：沟通障碍、习惯差异、被侵犯、认识差异、情绪态度、制度结构和利益争夺。其中，沟通障碍是大学生人际冲突的首要来源，而利益争夺是大学生感知最少的冲突来源。

（1）学会换位思考 即换个角度，站在对方的立场来考虑问题。具体操作步骤如下：找个安静的地方，放两把空椅子，你先坐在一张椅子上，想象冲突的对方坐在另一张椅子上，然后将你对对方的各种不满、意见、情绪和指责都向对方"毫不隐讳"地表达出来。当你发泄完了之后，坐在另一张椅子上，想象自己就是对方，对面的椅子上坐着自己，你再从对方的角度来一一回答刚才提出的责难，并宣泄不满的情绪。这种角色互换游戏，能帮助我们换个角度看世界。不仅能注意到自己的情绪、思维和行为方式，而且能理解和关注别人的情绪、思维和行为方式。这样人与人之间的距离就会更近些，隔阂就会更少些，交流也就会更顺畅些。

（2）加强沟通　冲突是不可避免的，它凸现人际互动问题的症结，既是危机，也是转机。了解和认识冲突来源是合理处理冲突的基础。同学之间不管有没有矛盾，都要多进行沟通。沟通不但可以预防冲突，而且可以促进冲突的解决。大学生要主动热情地与人交往，在交往实践中逐渐熟练掌握沟通技巧。

（3）学会批评　虽然人都喜欢被赞美，但人皆有过，被批评、批评别人都在所难免。但若方法不当，则既达不到目的，又伤害感情。批评的智慧体现在以下几方面：①从称赞和诚恳入手。先诚恳地称赞别人的长处，再指出其不足，比一针见血地批评更有效。②间接提醒别人的错误。用间接方式提醒会使人因保留面子而乐于接受意见，比直截了当好。③先谈到自己的错误。当与别人发生误会而双方都有责任时，最好先自责，然后再指出别人的过错。④提问而不是下命令。态度要诚恳，方式要委婉，比如问“你觉得这样做行吗”？⑤勇于接受批评。当别人善意批评自己时，要勇于接受才能进步。

（4）学会拒绝　良好人际关系的建立并不意味着一味地迎合对方，人际交往中适当的拒绝也很有必要。因为每个人的能力是有限的，也都有各自的喜好，如果盲目地顺从对方，就会让这种交往变成一种负担，给自己造成不必要的压力。怎样拒绝是一门艺术。人们之所以拒绝对方，总有一些不得以的原因或者困难，而对方并不一定知道。因此，我们不妨直接、清楚地说出自己的难处，以求得对方的理解。但有时没有时间解释或者实在不便解释，面对这种情况，就可以用一些委婉的、巧妙的语言来化解。如对方邀请你去公园而你不想去时，你可以这样说：真想和你痛痛快快地玩一玩，可惜我手头有一些非常重要的事情要做，否则我不会放弃这次好机会的。为了长远地、真诚有效地发展人际关系，在做不到的时候，我们要有说“不”的勇气和信心，这时的拒绝不会让你失去朋友，反而会让朋友觉得你很诚实、可信。但要记住，必须表达否定的时候，一定要尊重对方，说话要适当、得体，让对方容易接受。

（5）善用处理策略　冲突并非只有负面影响，处理得当便能化阻力为动力，善用冲突处理策略能有效解决矛盾。研究发现，“合作”“折中”“回避”“迁就”“抗争”都是大学生可采取的冲突处理策略。每种处理策略都有它适用的冲突情境，大学生要善于根据具体情况灵活运用不同的处理策略，促使冲突得到合理解决。

3. 保持适当的人际距离　人际距离是指在交往过程中个体受心理因素的影响而与他人在地理空间上保持的距离，它实际上是使人在心理上产生安全感的“缓冲地带”。由于人们的关系不同，人际距离也相应不同。美国学者霍尔认为“人际距离”可区分为4种。

（1）亲密距离（0~0.55米）　属于亲爱的人、家庭成员、最好的朋友。在此区域中，可以有身体接触，如：拥抱、爱抚、接吻等，话语富于情感，并排斥第三者加入。

（2）个人距离（0.55~1.21米）　这种距离是朋友之间进行沟通的适当距离。又分为近范围和远范围。近范围可以保持正常视觉沟通，可以相互握手。陌生人进入这个距离会构成对别人的侵犯。在与别人不熟悉的情况下进入这个距离与人谈话，会使别人边说话边后退。远范围是熟人和陌生人都可以进入的范围，在通常情况下，关系融洽熟悉的人一般是近距离，而陌生人是远距离。

（3）社交距离（1.21～3.66米） 在此区域内人们相识但不熟悉，人们交往自然，进退比较容易，既可发展为友谊，又可彼此寒暄、纯粹应付。

（4）公共距离（3.66米到目光所及） 与陌生人的距离，表明不想有发展，在此区域内人们难以单独交往，主要是公共活动，如：做报告、候机等。

谈话双方对身体接近的承受程度具有文化差异。不同的文化对空间距离的界定是不同的，欧洲人的人际交往距离最大，而中东国家的人际交往距离就比较小。华生和格雷斯夫发现，当一个美国人和一个阿拉伯人聊天时，就会看到很有意思的一幕，阿拉伯人一直往前进，而美国人一直往后退。因为阿拉伯人感觉舒服的距离，美国人觉得太近了，就会向后挪动，但阿拉伯人又觉得这个距离不舒服，便又会往前挪动。而类似的情况换到美国人与荷兰人，就会反过来，美国人要追着荷兰人聊天。因为荷兰人的个人距离相当于美国人的社会距离。除去文化因素，在私人人际互动场合，互动双方空间距离的大小取决于人的各种感觉系统。味道、说话声音的大小、眼神接触、触摸、说话的方式都是影响人际距离的重要因素。

心理测验

人际关系综合诊断测验

指导语：这是一份人际关系行为困扰的诊断量表，共28个问题，每个问题做“是”或“非”两种回答，“是”划“√”；“非”划“×”。请认真完成，然后参看后面的评分计分办法，对测验结果做出解释。

1. 关于自己的烦恼有口难言。(　　)
2. 和生人见面感觉不自然。(　　)
3. 过分地羡慕和妒忌别人。(　　)
4. 与异性交往太少。(　　)
5. 对连续不断的会谈感到困难。(　　)
6. 在社交场合，感到紧张。(　　)
7. 时常伤害别人。(　　)
8. 与异性来往感觉不自然。(　　)
9. 与一大群朋友在一起，常感到孤寂或失落。(　　)
10. 极易受窘。(　　)
11. 与别人不能和睦相处。(　　)
12. 不知道与异性相处如何适可而止。(　　)
13. 当不熟悉的人对自己倾诉生平遭遇以求同情时，自己常感到不自在。(　　)
14. 担心别人对自己有什么坏印象。(　　)
15. 总是尽力使别人赏识自己。(　　)
16. 暗自思慕异性。(　　)
17. 时常避免表达自己的感受。(　　)

18. 对自己的仪表（容貌）缺乏信心。(　　)

19. 讨厌某人或被某人所讨厌。(　　)

20. 瞧不起异性。(　　)

21. 不能专注地倾听。(　　)

22. 自己的烦恼无人可倾诉。(　　)

23. 受别人排斥与冷漠。(　　)

24. 被异性瞧不起。(　　)

25. 不能广泛地听取各种各样的意见、看法。(　　)

26. 自己常因受伤害而暗自伤心。(　　)

27. 常被别人谈论、愚弄。(　　)

28. 与异性交往不知如何更好地相处。(　　)

计分表

Ⅰ	题目	1	5	9	13	17	21	25	小计
	分数								
Ⅱ	题目	2	6	10	14	18	22	26	小计
	分数								
Ⅲ	题目	3	7	11	15	19	23	27	小计
	分数								
Ⅳ	题目	4	8	12	16	20	24	28	小计
	分数								
评分	标准	划“√”的给1分，划“×”的给0分，总分：							

计分与评价：

总分为0~8分：你在与朋友相处上的困扰较少，善于交谈，性格比较开朗，主动关心别人，对周围的朋友都比较好，愿意和他们在一起，他们也都喜欢你，你们相处得不错。且能够从与朋友相处中，得到乐趣。你的生活是比较充实而且丰富多彩的，与异性朋友也相处得比较好。总之，你不存在或较少存在交友方面的困扰，你善于与朋友相处，人缘很好，能获得许多的好感与赞同。

总分为9~14分：你与朋友相处存在一定程度的困扰。你的人缘很一般，换句话说，你和朋友的关系并不牢固，时好时坏，经常处在一种起伏波动之中。

总分为15~28分：你在同朋友相处上的困扰较严重，分数超过20分，则表明你的人际关系困扰程度很严重，且在心理上出现了较为明显的障碍。你可能不善于交谈，也可能是一个性格孤僻的人，不开朗或有明显的自高自大、讨人嫌的行为。

以上是从总体上评价你的人际关系。下面将根据你在每一横栏上的小计分数，具体指出你与朋友相处的困扰行为及可资参考的纠正方法。

记分表中Ⅰ横栏上的小计分数，表示你在交谈方面的困扰程度。

6分以上：你不善于交谈，只有在极需要的情况下才同别人交谈，总难于表达自己的感受，无论是愉快还是烦恼。你不是个很好的倾诉者，往往无法专心听别人说话或只对单独的话题感兴趣。

3~5 分：你的交谈能力一般，会诉说自己的感受，但不能讲得条理清晰。你努力使自己成为一个好的倾听者，但还是做得不够。如果你与对方不太熟悉，开始时往往表现得拘谨与沉默，不太愿意跟对方交谈，但这种局面一般不会持续很久。经过一段时间的接触与锻炼，你可能会主动与同学搭话，同时这一切来得自然而非造作，此时，表明你的交谈能力已经大有改观，在这方面的困扰也会逐渐消除。

0~2 分：你有较高的交谈能力和技巧，善于利用恰当的谈话方式来交流思想感情。因此，在与别人建立友情方面，你往往比别人获得更多的成功。这些优势不仅为你的学习与生活创造了良好的心境，而且常常有助于你成为伙伴中的领袖人物。

记分表中Ⅱ横栏上的小计分数，表示你在交际与交友方面的困扰程度。

6 分以上：你在社交活动与交友方面存在着较大的行为困扰。比如：在正常集体活动与社交场合，你比大多数伙伴更为拘谨；在有陌生人或老师存在的场合，往往感到更加紧张而扰乱你的思绪；你往往过多地考虑自己的形象而使自己处于越来越被动、越来越孤独的境地。总之，交际与交友方面的严重困扰，使你陷入感情危机和孤独困窘的状态。

3~5 分：你在被动地寻找被人喜欢的突破口。你不喜欢独自待着，需要和朋友在一起，但又不太善于创造条件并积极主动地寻找知心朋友，且你心有余悸，生怕在主动行为后的“冷”体验。

3 分：你对人较为真诚和热情。总之，你的人际关系较和谐，在这些问题上，你不存在较明显持久的行为困扰。

记分表中Ⅲ横栏的小计分数，表示你在待人接物方面的困扰程度。

6 分以上：你缺乏待人接物的机智与技巧。在实际的人际关系中，你也许常有意无意地伤害别人或过分地羡慕别人，以致在内心妒忌别人。因此，其他一些同学可能以冷漠、排斥，甚至是愚弄回应你。

3~5 分：你是个多侧面的人，也许可以算是一个较圆滑的人。对待不同的人，你有不同的态度，而不同的人对你也有不同的评价。你讨厌某人或被某人所讨厌，但你却极喜欢另一个人或被另一个人所喜欢。你的朋友关系在某方面是和谐的、良好的，而某些方面却是紧张的、恶劣的。因此，你的情绪很不稳定，内心极不平衡，常常处于矛盾状态中。

0~2 分：你较尊重别人，敢于承担责任，对环境的适应性强。你常以真诚、宽容、责任心强等个性获得众多的好感与赞同。

记分表中Ⅳ横栏的小计分数，表示你在跟异性朋友交往方面的困扰程度。

5 分以上：你在与异性交往的过程中存在较为严重的困扰。你或许存在着过分的思慕异性或对异性持有偏见。这两种态度都有其片面之处。你可能不知如何把握好与异性同学交往的分寸而陷入困扰之中。

3~4 分：你与异性同学交往的行为困扰程度一般，有时可能会觉得与异性同学交往是一件愉快的事，有时又会认为这种交往似乎是一种负担，不懂得如何与异性交往最适宜。

0~2 分：你懂得如何正确处理与异性朋友之间的关系。对异性同学持公正的态度，能大大方方地、自自然然地与他们交往，并且在与异性交往中，得到了许多从同性朋友那里不能得到的东西，增加了对异性的了解，也丰富了自己的个性。你可能是一个较受欢迎的人，无论是同学还是异性朋友，多数人都较喜欢你、赞赏你。

思考题

1. 简述人际交往的含义及意义。
2. 联系实际生活，谈谈人际交往中的心理效应对你的启发和帮助。
3. 你与人交往的原则是什么？
4. 谈谈目前大学生中常见的人际交往问题有哪些，应如何解决？

（窦温暖）

扫码“练一练”

第九章

大学生恋爱心理

学习目标

1. 掌握爱情和友情的区别。
2. 了解爱情的本质与特征。
3. 通过分析大学生恋爱中存在的问题，帮助大学生树立正确的恋爱观。

案例导入

李某（男）和王某（女）是同所大学同班的学生。刚开始，在班上寥寥无几的几个女生中，李某也就是看王某比较顺眼，因此，关注她也就相对多点。后来知道王某喜欢班上另一个男生，李某虽然对此不是很开心但也并没有很大的感觉，只是从心里打消了那唯一的念头。可是后来不知道发生了什么事情，王某和那男生并没有走到一起，而李某心里依然没有任何想法。到了下学期，两人接触渐渐多了点，又加上两边朋友添油加醋地渲染，两人互相喜欢的事实就这么被爆料了出来。于是本来双方可能都没想过恋爱这个问题，现在就这样被拉到一起谈起了恋爱。本来是很顺利地发展着，他们每天一起吃饭，一起散步，一起看书，还拥有着各自的梦想……一切在外人眼里以及他们自己眼里看来都十分美好。每天都是那么简单而平凡地过着，可是两人总觉得缺点什么，不禁疑惑这真的就是爱情吗？

“曾经有一段真挚的爱情摆在我面前，我没有珍惜，失去后才后悔莫及，人生间最痛苦的事情莫过于此。如果上天再给我一个机会，我会对那个女孩说三个字：我爱你。如果要在这段爱情上加一个期限，我希望是一万年！”这是周星驰在电影《大话西游》里面的一段关于爱情的精彩对白，给观众留下深刻的印象。

作为新时代的大学生，是不是也憧憬着有这样一份爱情摆在你的面前呢？或者当这份美好的爱情真的出现了，却令你不知所措？我们不禁要问：爱情到底是什么？爱情是可以控制的吗？爱情就是友情的升华吗？大学生该如何面对爱情呢？这些问题也许谁也无法给出固定的答案，但也许每个人都有自己心中最佳的选项。

第一节 爱情的本质与特征

扫码“学一学”

心理阅读

杯子和水的爱情

杯子：我寂寞，我需要水，给我点水吧。

主人：好吧，拥有了你想要的水，你就不寂寞了吗？

杯子：应该是吧。

主人把开水倒进了杯子里。

水很热，杯子感到自己快被融化了。杯子想这就是爱情的力量吧。

水变温了，杯子感觉很舒服。杯子想这就是生活的感觉吧。

水变凉了，杯子害怕了，怕什么他也不知道。杯子想这就是失去的滋味吧。

水凉透了，杯子绝望了，也许这就是缘分的杰作吧。

杯子：主人，快把水倒出去，我不需要了。

主人不在。杯子感觉自己压抑死了，可恶的水，冰凉的，放在心里，感觉好难受。

杯子奋力一晃，水终于走出了杯子的心里，杯子好开心，突然，杯子掉在了地上。

杯子碎了。临死前，他看见了他心里的每一个地方都有水的痕迹，他才知道，他爱水。可是，他再也无法完整地把水放在心里了。

杯子哭了。他的眼泪和水融在了一起，奢望着能用最后的力量再去爱水一次。

主人捡着杯子的碎片，一片割破了他的手指，流出了血。

杯子笑了，爱情啊，到底是什么？难道只有经历了痛苦才知道珍惜吗？难道要到一切都无法挽回才说放弃吗？爱情啊，到底是什么？

一、爱情的本质

爱情是世界上最复杂的情感现象。纵观古今、横看中外，爱情始终是人类永恒的话题之一。法国著名作家雨果曾说过：“人生有两次出生，第一次是在开始生活的那一天；第二次则是在萌发爱情的那一天。”对于正值青春年华的大学生来说，爱情以其独特的魅力撩动着莘莘学子的心弦，令人心生向往。

爱情的英文拼写是“LOVE”。

“L”代表 Listen（倾听），爱就是无条件、无偏见地倾听对方的需求，并且予以协助。

“O”代表 Obligate（感恩），爱需要不断地感恩，付出更多的爱，灌溉爱的禾苗。

“V”代表 Valued（尊重），爱就是展现你的尊重，表达体贴，真诚的鼓励，发自内心的赞美。

“E”代表 Excuse（宽恕），爱就是仁慈地对待，宽恕对方的缺点和错。

爱情是两个人之间最亲密的社会关系，是生理活动和心理活动的统一。当爱情产生时，人会不知不觉地变化跟成长。社会心理学认为，爱情是人际关系中吸引最强烈的形式，是男女双方基于一定的客观物质基础和共同理想，在内心形成的对异性最真挚的仰慕，并渴望对方成为自己终身伴侣的强烈、稳定、专一的情绪。在汉文化里，爱就是网住对方的心，具有亲密、情欲和承诺的属性，并且对这种关系的长久性持有信心，也能够与对方分享私生活。爱情是人性的组成部分，狭义上指情侣之间的爱，广义上还包括朋友之间的爱和亲人之间的爱。

心理测验

指导语： 到底什么是爱情，你是怎么看待爱情的呢？请仔细阅读下面每道题，选择符合你的答案，并在句子后面划“√”。

1. 我爱他（她），他（她）就应该爱我。(　　)
2. 只要能和对方在一起，我可以抛弃一切。(　　)
3. 我特别想找个异性安抚我。(　　)
4. 只求曾经拥有，不求天长地久。(　　)
5. 爱情就是生活的全部。(　　)
6. 不谈恋爱说明自己没有魅力。(　　)
7. 人生就是追求快乐，谁给我快乐，我就和谁谈恋爱。(　　)
8. 恋爱对象多多益善。(　　)
9. 恋爱是你情我愿的，不需要负什么责任。(　　)
10. 爱一个人，就要想办法改变他（她）。(　　)
11. 对有些人来说，同性恋是可以接受的，甚至是正常的。(　　)
12. 摆脱失恋痛苦的最好办法，是尽快找到另一个恋爱对象。(　　)
13. 有了男（女）朋友，也可以和别的人秘密幽会。(　　)

评分与评价： 选“符合”得 1 分，选“不符合”得 0 分，将得分相加，得分越高，表明对爱和恋爱的认识越偏激。如得分高于 10，则反映出你对爱情、恋爱的看法可能会影响你的恋爱关系，需要好好反思。

二、爱情的特征

恋爱不等于真爱，但每个恋爱的人都渴望获得真爱。真爱不是来自两个人之间口头上的海誓山盟与海枯石烂，而是来自生活中的点点滴滴。

在爱的情感基础上，爱情在不同的文化里也表现出不同的特征，作为人与人之间特定的社会关系，爱情具有以下一些基本特征。

1. 自主性和互爱性　爱情是一种复杂、圣洁、崇高的感情活动，是由两颗心灵碰撞出来的火花，彼此互相倾慕，情投意合。真正的爱情是不可强求的，只能以当事人双方的互爱为前提，当事人既是爱者又是被爱者。在爱情发展中，男女双方必须始终处于平等互爱的地位。单恋虽然也是一种强烈的情感，但它却不是互爱意义上的爱情，它只能从内部消耗一个人的精神力量，从而造成心灵创伤，因而是不可取的。

2. 专一性和排他性　爱情是两颗心相撞发出的共鸣，男女一旦相爱，就会要求相互忠贞，并且排斥任何第三者亲近双方中的一方。伟大的教育家陶行知曾经形象地说过：“爱情之酒甜而苦，两人喝是甘露，三人喝是酸醋，随便喝要中毒。”这话是很有道理的。

3. 持久性和阶段性 爱情是一棵苍松而不是一枝昙花，爱情所包含的感情因素和义务因素，不仅存在于婚前的整个恋爱过程之中，而且延续到婚后的夫妻生活和家庭生活。爱情的持久性表现在爱情的不断深化、充实和提高上，恰如莎士比亚所说：“真正的爱，非环境所能改变；真正的爱，非时间所能磨灭；真正的爱，给我们带来欢乐和生命。”事实上，爱情的持久性正是建立和保持婚姻关系的基础。真正的爱情不会随着年岁的增长而减弱，但在人生的不同年龄阶段，爱情的表现会有所不同，具有阶段性。

4. 社会性和道德性 爱情虽然是男女之间相互爱慕的私情，但具有丰富的社会内容。爱情的内涵、本质以及追求爱情的方式，必然要受到各种社会关系及社会因素的影响。爱情的道德性是指爱情中蕴涵着对对方的强烈义务感和责任心。

知识拓展

美国著名心理学家罗伯特·J·斯腾伯格在 1988 年对爱情的内涵提出了新的见解。他的“爱情三角理论”（图 9-1）认为爱情包括亲密、激情、承诺三种方面。

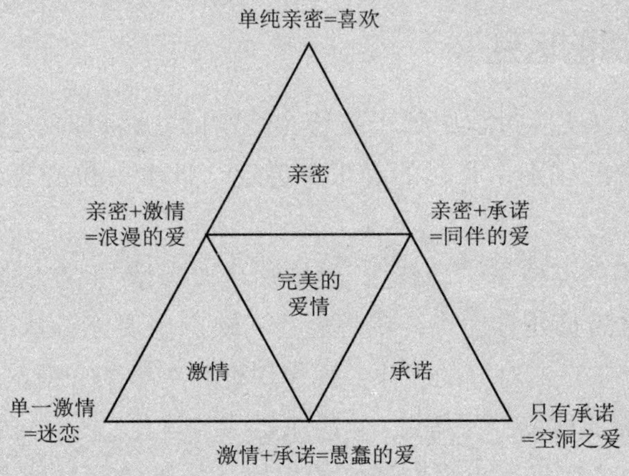

图 9-1 斯滕伯格的爱情三角形理论

1. 亲密 两人心灵相近，互相契合，互相归属的感觉，彼此分享自己的内心世界，得到对方的接纳，感觉亲近、温馨的一种体验，属于爱情的情感成分。

2. 激情 男女之间本能的异性吸引，与生俱来，是一种强烈的渴望与对方结合的状态。简单地说，就是见到对方会有一种怦然心动的感觉，与对方相处有一种兴奋的体验，追求浪漫和沉迷于外在吸引力的动机，也就是与性相关的动机驱力，属于爱情的动机成分。

3. 承诺 包括短期和长期两个部分。短期的部分是指个体要做出爱不爱一个人的决定；长期的部分是指对两人之间要做出维护这一爱情关系持久性的承诺，包含对爱情的忠诚和责任心，属于爱情的认知成分。

激情是爱情的发动机，没有激情，爱情就缺少了生存和发展的原动力；亲密是爱情的加油站，没有亲密，爱情就容易枯竭；承诺是爱情的安全气囊，没有了承诺，爱情就多了几分危险，时刻有崩溃的可能。但仅仅有激情的爱是一种迷恋，仅有承诺的爱是一种空洞的爱，只有亲密的爱只是喜欢，激情与承诺结合是迷恋的爱，激情与亲密结合是浪漫的爱，承诺与亲密结合是伴侣的爱，三个方面结合在一起才是圆满完美的爱。

扫码“学一学”

第二节 爱情和友情的区别

友情是朋友间一种纯真的感情，而爱情却只能穿梭在两个人之间。在友情和爱情的岔路口，很多人不知道如何选择，在这里开始徘徊、迷茫和猜测，也许到头来是一场误会，也许是失之交臂。

一、友情是什么？

什么是友情？为什么我们把一个人称为“朋友”？什么时候我们把一个人称为“好朋友”？如果我们关心一个人，总是准备帮助那个人，那个人一定是我们的朋友；如果我们和某个人分享大部分的想法，那个人一定是我们的好朋友。在紧急情况下我们总是依靠好朋友，总是确定好友会理解我们行事的方式，我们不需要向亲密的朋友解释什么。友情如此深，关系如此牢固，以至于朋友间的事双方都会很自然地理解。

友情和爱情都属于广义爱情的一种。友情是爱情的基础与前提；爱情是友情的发展和质变。两者有联系，亦有质和量的区别。友情可以发展为爱情，亦可永远发展不成爱情。

二、友情与爱情的区别

年轻的大学生在男女交际过程中处于友情与爱情的岔路口时，怎样才能做出准确的判断呢？关于友情与爱情的区别，有时的确很难确定。日本一位心理学者提出了五个指标，可供参考。

1. 支柱不同 友情的支柱是“理解”，爱情则是“感情”。友情最重要的支柱是彼此的相互了解，不仅是对方的长处、优点，就是短处、缺点也要充分认清。只有这样，才能产生友情。爱情则不然，它是对对方的美化，视作理想后产生了恋爱，贯穿全过程的是感性。

2. 地位不同 友情的地位“平等”，爱情却要“一体化”。朋友之间立场相同，地位平等，彼此之间无须多余的客气，也没有烦恼的担忧。如果遇到对朋友不利时，可以直率地提出忠告，甚至动怒，必要时义正词严地规劝。朋友之间，就是这样，有人格的共鸣，也有剧烈的矛盾。爱情则不一样，它具有一体感，心与心结合在一起，两者不是互相碰击，而是互相融合。

3. 体系不同 友情是“开放的”，爱情则是“关闭的”。两个人有坚固的友情，当人生观与志趣相同的第三者、第四者想加入的话，大家都会欢迎。爱情则不然，两人在恋爱，如果第三者从旁加入，便会产生嫉妒心理和排除异己的行为。

4. 基础不同 友情的基础是“信赖”，爱情则纠缠着“不安”。一份真诚的友情，具有绝对的依赖感，就像不会动摇的磐石。相反的，一对相爱的男女虽依赖对方，但老是被种种不安所包围，比如：我深深地爱着她，她是否也深深地爱着我呢？他的态度稍微变了，是不是还和以前一样地爱着我？

5. 心境不同 友情充满“充足感”，爱情则充满“欠缺感”。当两个人是亲密的好朋友时，彼此都有满足的心境；但两个人一旦成为恋人，虽然初期会有一时的充足感，可不久之后，就会心生不满足感，总希望有更强烈的爱情保证，经常有一种“莫名的欠缺”尾随着。

一般地说，每个人在交往中，只要不欺骗自己，不是在演戏，能好好地反省自己内心的情感动向，依据上述五个指标，仔细地观察、反省，并做综合分析，对友情与爱情就是可以正确辨别的，在友情和爱情的岔路口可以准确定向。当然，人的心理和行为是复杂的，而且总是要经受经验、情境和个性的折射，一切以时间、地点和条件为转移。所以，以一时一事的观察和自省为依据的判断，难免误差，必须做长期的、多方面的综合考虑，以排除误差。为了真挚友情和纯洁爱情，我们交往时态度一定要庄重明快，不能矫揉造作。

人的交往常常由相识开始，然后相互产生好感，进行较为密切的联系，生活中我们经常听到"我喜欢他（她），但不爱他（她）"这样类似的情感表述。社会心理学家鲁宾认为爱情与喜欢根本就是两种不同的情感，喜欢的对象往往是广泛的，而爱情的对象则是单一的。

心理测验

指导语：下面的测试可以帮助你了解自己到底是喜欢还是爱。

心理测试 1：

下面有 13 个句子，在符合你的句子后划"√"。

当我和他（她）在一起时，我发觉好像两个人都有相同的心情。（　　）

我认为他（她）非常好。（　　）

我愿意推荐他（她）去做为人尊敬的事。（　　）

在我看来，他（她）特别成熟稳重。（　　）

我对他（她）有绝对的信心。（　　）

我觉得大部分人跟他（她）相处，都会对他（她）有很好的印象。（　　）

我觉得他（她）很像我。（　　）

我愿意做什么事都投他（她）一票。（　　）

我觉得他（她）很容易让人尊敬。（　　）

我认为他（她）很聪明。（　　）

我觉得他（她）是我认识的人里，很讨人喜欢的。（　　）

他（她）是我很想成为的那种人。（　　）

我觉得他（她）非常容易赢得别人的好感。（　　）

心理测试 2：

下面有 13 个句子，在符合你的句子后划"√"。

他（她）情绪低落的时候，我觉得我很重要的职责就是使他（她）快乐起来。（　　）

在任何事情上，我都可以依赖他（她）。（　　）

要我忽略他（她）的过失是一件很容易的事情。（　　）

我愿意为他（她）做所有的事。（　　）

对他（她）我有一种想占为己有的想法。（　　）

如果我不能和他（她）在一起，会觉得非常不幸。（　　）

当我孤独寂寞的时候，第一个想到的就是要去找他（她）。(　　)

在世界上我关心很多事情，最重要的事情就是他（她）是否幸福。(　　)

不管他（她）做什么，我都愿意原谅他（她）。(　　)

我觉得他（她）的幸福就是我的责任。(　　)

当我和他（她）在一起时，发现自己什么事都不想做，只是用眼睛看着他（她）。(　　)

如果他（她）能 100% 相信我，我觉得十分幸福。(　　)

没有他（她），我觉得难以生活。(　　)

评价：测试 1 和测试 2 中符合你情况的句子分别有多少？如果测试 1 中符合你的句子多于测试 2，那么你对对方喜欢的成分多于爱，你们之间是友情而不是爱情；反之，则是爱情而非友情。

心理学家研究发现，爱与喜欢是两种不同性质和情绪状态的情感。虽然有许多共同处，但爱情有依恋感、关怀感和亲密感；而喜欢只是正面的好感、崇拜，没有涉及奉献和独占的感觉。

扫码“学一学”

第三节　大学生恋爱中存在的问题

伴随着青春的脚步，爱情会悄悄降临到青年人的身边。随着性心理的成熟，对于爱情的欲望与追求，自然会在大学生的内心萌发。大学时期是一代娇子的黄金时代，青春的萌动使他们开始涉足另一个领域——爱情。恋爱是一场情感世界的巨变，生活结构的革命，伦理意识的更新。然而大学生在恋爱过程中也存在很多问题，正确处理恋爱中的诸多问题矛盾，有利于大学生的身心健康发展。

一、大学生恋爱动机

恋爱是难以驾驭的人生艺术。渴望谈恋爱是一回事，会不会谈则是另一回事。许多人疯狂地投入进去，惨败地退出来。有的成功，有的失败，大学生中总是有着这样或那样的恋爱动机，常见的有以下几种。

1. 从众心理　社会心理学研究表明，人在群体生活中容易出现从众心理。所谓从众心理，就是个人的认知或行为会潜移默化地迫于所在群体的无形压力，而不由自主地与多数人保持一致的心理现象。大学生在共同的校园里学习、生活和交往，加上年龄、思想观念的相似性，促使他们在恋爱这个问题上表现出明显的从众趋向。在大学生中我们经常看到很多同学谈恋爱不是因为想要寻找知己，也不是认为自己碰到了心目中的王子或者公主，而是看到其他同学谈恋爱时，自己感到孤独、好奇甚至于赌气式地模仿。现实生活中我们经常看到，一个宿舍有部分同学谈恋爱之后，很快整个宿舍的同学都开始谈朋友。这就是大学生恋爱中所存在的没有明确恋爱动机的盲目从众现象。

2. 虚荣心理　“恋爱热”现象引发了大学生相应的价值观，即有恋爱对象可体现自己的魅力和价值，无人问津则自我价值感降低。看到别人谈恋爱，而自己还“孤家寡人”觉得没有魅力，没脸面，是“次品”，便萌发孤独感和攀比心，甚至低人一等的自卑感。于是就极力表现自己的“爱情价值”，相互攀比，主动出击，投入爱情的竞争。在这种群体氛围的影响下，不少本不打算谈恋爱的，为表现自己并非无能，也盲目效仿，寻求异性朋友。

3. 好奇心心理　大学生的性心理日趋成熟，对异性充满着好奇，异性的容貌、体态、风度、谈吐、才能以及神秘感都对之产生很大的吸引力，潜意识里都有一种渴望与异性接触的冲动，正是因为这种心理，有些大学生产生了一种想亲身体验爱情的渴望。

4. 功利心理　有的大学生恋爱动机不纯，在选择对象的时候，往往考虑的不是对方适不适合自己，是不是为了真正的爱情，而更多考虑的是能不能在学习期间、生活上、将来的就业和发展上的帮助。如果发现有利用价值，就会采取一切措施“穷追不舍”。同时有的大学生也利用自己家庭和社会的地位去寻找爱情。

5. 叛逆心理　伴随着自我意识和独立意识的增强，大学生往往把学校关于提倡不谈恋爱的方针视为“禁欲主义”，把师长的指点和规劝看作“干涉内政”，把对他们进行的恋爱与成才教育视作不信任，把对他们进行的爱情与道德教育看作思想僵化、封建保守。因此，造成种种心理对峙。很多大学生带着叛逆心理加入恋爱大军，体验恋爱的感觉。

6. 游戏心理　当代大学生对恋爱呈现非责任化，不少大学生对恋爱态度不是很严肃，更多地抱有一种游戏态度，多角恋爱，用他们自己的语言说，就是“玩玩”而已。

7. 被动接受　一些大学生主观上虽没有早恋的动机，却被对方爱慕，并穷追不舍，出于感激、感动、同情、照顾面子等各种心理，被动接受，这种情况女生多于男生。

二、大学生恋爱行为

恋爱的意义虽有积极的一面却也有消极的一面。恋爱使人有时高兴、有时痛苦，处在热恋中的大学生会为一些小事而情绪起伏，恋爱给他们带来了高度的心理紧张，但有时双方的共处和抚慰、爱情的甜蜜又会降低他们的焦虑感。但对那些遭受恋爱挫折的人来说就没有这么幸运了，失恋带给大学生的心理打击很大——失魂落魄，觉得失去了生活的意义，人生没有了方向，甚至有的人走向了极端。由此可见，恋爱对大学生来说就是一把双刃剑，一方面它帮助大学生心理发展走向成熟，另一方面它又带来了各种问题。

1. 单相思与爱情错觉　单相思是指异性关系中的一方倾心于另一方，却得不到对方回应的单方面的“爱情”。爱情错觉则是指在异性间的接触往来关系中，一方错误地认为对方对自己“有意”，或者把双方正常的交往和友谊误认为是爱情的来临，也可以理解为单相思的另一种形式，常使当事人想入非非，自作多情。单相思和爱情错觉都是恋爱心理中一种认知和情感的失误，就如爱情丛林中的无果之花，当事人一旦陷入其中往往备受痛苦，却等不到任何爱情的回应，处于空虚、烦恼，甚至绝望中。存在单相思和爱情错觉的大学生如果确认对方不喜欢自己，就应该“快刀斩乱麻”果断结束这种一厢情愿的爱慕，尽早止步，不再纠缠于没有结果的等待，避免给自己或对方带来更大的心理伤害。

2. 婚前性行为　谈到爱情，就不能不谈到性。性作为爱情的成分之一，是人类美好感情生活的自然组成部分。徜徉在爱情河畔的大学生体验着爱情的美好，同时也感受着性的困扰。

在西方文化和生活方式的影响下，传统观念下的两性关系受到了巨大的冲击，当今大学生涉足婚前性行为的比例逐渐增加，对婚前性行为的态度持相对宽松的比例逐年增高。与此同时，近年来大学生由于婚前性行为而导致的心理问题的比例也逐年攀升。大学生婚前性行为不利于自身发展的原因主要有以下几个。

（1）主流文化的制约　在社会主流文化的影响下，大部分人对婚前性行为并不是非常认同，对于大学生在校期间的性行为更是持否定态度。尽管现在有部分人认为应以自然的、科学的态度来对待性，但是人们对婚前性行为还远没有达到“毫不介意”的地步，“偷食禁果”或被迫发生性行为可能带来的消极影响在一定程度上仍是客观存在的。

（2）对心理健康的影响　从心理学角度上讲，婚前性行为给双方带来巨大的心理压力有恐惧、焦虑、自卑、心理冲突加剧等。

（3）对身体健康的影响　从医学角度上讲，和谐性行为需要安全、私密、舒适的环境，而大学生的婚前性行为多数在隐蔽状态下进行，常常伴随着内心的恐惧、紧张、羞愧感等，容易引起反应抑制及产生性焦虑，导致男性阳痿早泄和心因性性功能障碍；而女大学生还可能因为意外怀孕而流产，流产对女大学生的心理与身体伤害极大，也有可能因此感染各类生殖系统疾病。此外，由于缺乏必要的性传播疾病预防知识，大学生因不安全的婚前性行为所导致的性病患病率也逐年上升。

（4）影响未来婚姻生活　一些研究表明婚前性行为还能直接影响婚姻质量，有婚前性行为的人婚姻满意度普遍低于没有婚前性行为者，且有婚前性行为的夫妻离婚的比例大于没有婚前性行为的夫妻。恋爱中的大学生只有学会延迟满足，将性和婚姻结合起来，才能为将来美满的婚姻生活做好铺垫。

1994 年，美国青年发表了“真爱需要等待”的宣言——本着真爱需要等待的信念，我愿意对我自己，我的家庭，我的异性朋友，我未来的伴侣及我未来的子女，有一个誓约：保证我的贞洁，一直到我进入婚约那天为止。一向标榜“自由开放”的美国青年如今也倾向于珍视自我，慎重对待婚前性行为，这表明美国青年个人生活更加严谨，也是自尊自爱的行为表现。

3. 爱情与学业错位　对于大学生来说，爱情始终是难以把握的问题，学业也是令人头痛的事情，但是现实中大学生对爱情的热忱似乎远胜于对学业的热情。在学校是大学生一生中学习的最佳时机，如果你能像饥饿的人扑在面包上一样去努力学习各种知识，包括专业知识、非专业知识以及社会知识，那么你也许会无暇恋爱。如果不谈恋爱，你毕业后将有很多机会、时间去恋爱。如果沉溺于花前月下，你的学业自然会受一定影响，处理不当，可能会学业尽废。爱情固然伟大，但是生活却很现实，要想爱情幸福美满就必须努力学习，因为只有努力学习才能为将来的生活提供保证。

4. 多角恋　“爱之酒，甜而苦。两人喝，如甘露。三人喝，本如醋。随便喝，毒中毒。”有些大学生在选择恋爱对象时奉行“广泛撒网，重点培养”的原则，用情不专，还有极少数的学生为了显示自己的魅力，同时和几个异性同学交往，搞多角恋爱，视谈恋爱为游戏，玩弄他人的感情，结果在同学间造成了感情纷争。像三角恋爱、父母的反对、周围人的非议或者恋人之间的矛盾、误解和猜疑这些类似的纠葛，极易发生冲突，酿造悲剧，最终给所有当事人都带来不良影响。

5. 恋爱关系的中止　在生活中如果出现了“落花有意，流水无情”的爱情错位现象，亦或恋爱过程不顺利时，亦或在拒绝不愿接收的求爱时，就需要提出中止恋爱关系，这就是所谓的主动中止。要注意两点：一是要果断、勇敢地表明立场和态度，爱情来不得半点勉强和将就；二是尊重对方，掌握恰当的拒绝方式。

6. 失恋　恋爱的一方否认或中止恋爱关系给另一方造成的一种严重挫折。失恋带来的悲伤、痛苦、绝望、忧郁、焦虑等情绪使当事人受到伤害，对于每个珍视感情的人，尤其是初恋者的打击都是巨大的，对心灵造成的伤害也是在所难免的。这种伤害表现在心理活动上，包括引起思维混乱、自尊心受损、情绪上陷入忧伤和绝望。而在外在表现上可能有如下情况：心灰意冷，陷入自卑与迷茫，走向怯懦封闭，甚至绝望轻生；自欺欺人，不承认失恋存在，陷入单相思的泥沼；绝望暴怒，失去理智，产生报复心理。

如何降低失恋造成的伤害呢？大学生面对失恋时可通过以下方法进行自我调节。

（1）宣泄转移失恋造成的情感压抑及情绪反应是十分严重的，如果不及时宣泄，会影响身体健康甚至危及生命。心理学研究表明，人在遭遇负向生活实践打击时，若能够通过合适的途径及时将郁积的不良情绪宣泄出去，则可促进心理创伤的康复。宣泄的方法很多，可以在信任的亲人、朋友面前倾诉、哭泣；这可以书写日记或者给自己写信；还可以通过各种运动将情绪宣泄出来；也可以通过参加文体活动、业余学习、继续深造等，将自己的注意力转移到其他事情上，及时释放和宣泄不良情绪。

（2）冷静思考心理学认为，当受到外界刺激、情绪不能自主时，排遣这种不良情绪的关键是冷静和理智。时间是治愈一切心灵创伤的良药，失恋后可以给自己一段时间冷静思考，通过思考恢复冷静的头脑，理智地面对生活。

（3）价值补偿：海伦·凯勒曾说过：“一扇幸福之门对你关闭的同时，另一扇幸福之门却在你面前打开了。”一段感情的结束，离开的只是那个不适合你的人，你的世界并未随着他（她）的离去而变成一片荒芜，你还有永远爱你的亲人和支持你的朋友，珍惜自己的拥有，把失恋的痛苦升华为一种奋发向上的动力，把精力投入学习和工作中，从而弥补失恋带来的心理伤害。

（4）积极认知任何事物都有两面性，失恋虽说是一次失败的恋爱，但同样有其独特的积极意义，例如失恋能增长阅历和耐挫能力，有助于认清自己的爱情观，让人学会珍惜、尊重和宽容等，多从积极的角度认识失恋问题能有效降低痛苦感，将失恋的负面影响降低。

7. 网恋　这称不上是一种时尚，可网恋的确在大学生中颇为常见。大学校园中充满了浪漫气息，追求新潮与刺激是年轻人的特征。随着信息科技迅猛发展，加之学校的现代化教育设施日益普及，主客观的条件都在把校园变成网恋的“温床”。网恋虚幻，也因为虚幻而不安全；网恋自由，也因为自由而偏激。有人从中得到快乐，也有人被欺骗、被作弄。网恋占用了大量的时间、金钱，使陷入其中的大学生在现实生活中跟身边同学、老师越走越远。因此，大学生应该要适度地把握网络这个工具，可以乐在其中，通过网络交友、学习、娱乐等都应该是生活中的一部分，而不应该成为生活的全部。

第四节　正确恋爱观的培养

爱情是人类永恒的追求，爱的培育需要理性与智慧，需要等待与心智，确立健康的爱情观是大学生对待爱情生活的态度，是开启未来幸福生活的钥匙。恋爱观是指一个人对爱情的认识和态度，以及对恋爱动机、爱情本质等基本问题所持的基本观点和态度，它受个体人生观、价值观和世界观的影响。正确的恋爱观是个体健康爱情生活的基础，对于爱情的产生、维持与发展都具有很重要的作用。当代大学生应该如何树立和培养健康正确的恋

扫码“学一学”

爱观呢?

一、培养爱的能力

1. 认识爱的能力 爱本身就是一种能力，一个人如果没有爱或者不愿意爱，则本身就是不完整的。可这种能力并不是与生俱来的，也不是随着生理成熟就能自然形成的，需要在社会生活中逐渐成长起来。爱意味着要尊重对方的独立个性，而不是按照自己的某种愿望或者标准去改变、塑造对方。

（1）爱需要学会自信 爱的能力建立在自信的基础上。一个不自信的人，会把自己封闭在自己的世界中，封锁心灵，变得胆小、自卑，不敢去追求异性，更不要说去确立稳定而持久的恋爱关系，不自信就不能为对方提供必要的支持和依靠，将导致爱情的失败。

（2）爱需要学会接纳 恋爱的双方来自不同的家庭，在不同的环境中成长，性格、价值观、生活习惯等方面表现出诸多不同之处。因此，要学会相互包容和接纳，学会欣赏对方的优点和闪光点，同时也要学会接纳对方身上的不足和缺点。人无完人，每个人都是一样的，在学会接纳对方缺点的同时，自己也在不断成长，因此也是接纳自己的过程。

（3）爱需要学会承担 爱的本质是一种亲密的人际关系，在这种关系里，每个人都要学会承担一定的压力和责任。例如：在一方需要支持和帮助时，另一方会尽最大的努力给予支持，不管是精神上的还是物质上的；反之亦然。只有这样，这种亲密关系才会延续并不断向前发展。

心理阅读

致橡树

舒婷

我如果爱你——
绝不学攀援的凌霄花，
借你的高枝炫耀自己；
我如果爱你——
绝不学痴情的鸟儿，
为绿荫重复单调的歌曲；
也不止像泉源，
常年送来清凉的慰藉；
也不止像险峰，
增加你的高度，衬托你的威仪。
甚至日光，甚至春雨。
不，这些都还不够!
我必须是你近旁的一株木棉，
作为树的形象和你站在一起。
根，紧握在地下，

叶，相触在云里。
每一阵风过，
我们都相互致意，
但没有人，
听懂我们的言语。
你有你的铜枝铁干，
像刀，像剑，也像戟；
我有我红硕的花朵，
像沉重的叹息，
又像英勇的火炬。
我们分担寒潮、风雷、霹雳；
我们共享雾霭、流岚、虹霓。
仿佛永远分离，
却又终身相依。
这才是伟大的爱情，
坚贞就在这里：
爱——
不仅爱你伟岸的身躯，
也爱你坚持的位置，足下的土地！

2. 学会表达爱 没有勇气开口表达爱，会陷入烦恼中；表达了爱，方式不恰当，也会遭受挫折。爱需要表达，以免错失良机。表达爱是一种能力，在表达爱的过程中如何将自己的想法让对方理解，并接受自己，同时又要使自己在被拒绝时不受伤害，被拒绝后还能将友谊继续，这也是一种能力。

表达爱的基本原则：爱的表达必须在双方有感情基础、心灵相通的基础上进行；必须在双方都有意的情况下进行；应该符合双方的性格和心理特征及其他各种具体情况；无须墨守陈规，表达爱有各种方式，最好根据实际情况发挥。

3. 学会拒绝爱 表达爱需要能力，拒绝爱也同样需要能力。拒绝时要注意两方面的问题。

（1）如果你认为对方的爱不值得接受或者自己不愿意接受的时候，就要勇敢、坚决、果断地说“不”；如果优柔寡断或屈服于对方的穷追不舍，发展下去对双方都不利。

（2）要采取恰当的拒绝方式。虽然每个人都有拒绝爱的权利，但是珍视每份真挚的感情是对他人的尊重，也是对自己的一份尊重，同样是对自己道德情操的检验。拒绝的方式跟技巧需要发挥自己的创造力，拒绝他人原则上应当以保护他人的自尊心为前提。

二、加强恋爱道德和责任心的培养

1. 端正恋爱的目的 健康正确的恋爱观要求我们尊重对方的情感和人格，平等地履行道德义务；恋爱自由是必须遵守的道德准则，每个人都有爱和被爱的权利，有选择各自爱人的权利；在当事人确定恋爱关系时，要彼此相爱，诚实守信，不能有欺骗、隐瞒或其他违背爱情的行为。所有男女之间的真正的爱情都是自由和值得尊重的，是双方的私事，但同时又是人类的社会行为。大学生恋爱的目的多种多样，很多人认为出于什么样的目的都是自己的事情，而忽略了爱情的社会性。因此，有了功利型、情欲型等不同目的的恋爱，这样的恋爱最后常以失败告终，对爱情中的一方或者双方都造成伤害。正确的恋爱目的应该是寻求志同道合的爱情，恋人之间是因为他们有相同的、积极的人生目标，在道德情操、事业理想、生活等方面大体一致。这样的爱情是发自内心的真情，才能经受时间和困难的考验。

2. 强化恋爱的责任感　大学生在步入恋爱状态之前就应该懂得，爱不仅是得到，更是一种责任和奉献。在社会生活中，每个人都具有两个方面的责任：一是个人对社会应尽的责任；二是个人对家庭、父母、孩子和伴侣的责任。第二方面的责任属于私人生活的性质，需要靠个人的道德和自觉的责任感来维系。爱情具有鲜明的专一性和排他性，爱情包括特有的情感和义务，只能存在于恋爱双方之中，不允许有任何第三者的介入。大学生在面对爱情时要懂得为恋人负责就是为他人负责，为社会负责，同样更是为自己负责。这样今后离开校门，步入社会后才有可能成为一个有责任心的人。

3. 爱是一种责任　有这样一个年轻人，只身来到美国打工。一年后，他报考了南加利福尼亚大学的硕士，没有考上。第二年还是没有考上，到了第三年，仍然没有考上。于是他开始感到沮丧、绝望和不安。

不久，他国内的女朋友也来到了美国，并且直接拿到了耶鲁大学的奖学金。当她开始上学时，他仍然在街上无所事事地游荡。

令人不可思议的是，在那段艰难的岁月中，她答应了他的求婚。因为经济拮据，他们没有请任何人，只在路边的一个小馆子“撮了一顿”。

很快，他在一个保险公司找到一份工作，生计有了着落。但随即，他又毅然向公司递交了辞呈。因为他在无意中参加的一个名叫“百万富翁”培训班中，结识了一名叫皮尔斯的理财专家。在他的“怂恿”下，他做出了上面的决定。

“无论如何，我都不想再回到原职位上去，我的生命里将不再有任何老板!”

在他做出了这个不可挽回的决定后，妻子淡淡地说：“我希望你做的是一个理智的决定，因为你要对自己负责。你要明白，如果再这样混下去，我们的关系就会有问题。”

终于，在经历了那段最黑暗、最难熬的日子后，在来到美国的第 6 年，他通过演讲、写作和投资挣到了第一个 100 万美元，10 年后，他的个人资产已达 1 亿美元。这个人就是华裔亿万富翁万江先生。

在谈到妻子为什么会在那个时候和穷困潦倒的自己结婚时，万江这样说道：“当我问她这个问题时，她只是轻描淡写地说：‘我感觉到那些日子你很消沉，我希望有一件事可以让你负起责任来。’”他还说：“辞职后，我没有埋怨过妻子那种雪上加霜的做法，她虽是在给我施加压力，但我理解她的心情，她需要的是一种安全感，爱是一种责任，我要对她负起责任来。”

三、自尊自爱，做最好的自己

1. 文明理智的交往　纯真的恋爱是两个人彼此的欣赏、相互倾慕、自尊自爱、相互尊重。一段恋情既可以由双方对彼此的真心倾慕而开始，也应该可以在彼此认真交流后结束，当代大学生要文明地开始爱情，也要懂得如何理智文明地结束。此外，在爱情的过程中同样要理智文明地体现跟表达爱情，要选择适当的时间跟空间。爱情应该是真诚与敬畏，给对方尊重与含蓄，而不是那种不分时间、地点、场合的粗鲁的亲密。现实中，一些大学生轻视社会公德，道德滑坡，行为失范而不自知，把爱情单纯等同于性欲的满足，是对纯洁高尚爱情的亵渎，不加理智的放纵，只能把爱情葬送。

2. 加强自身素质 古诗云："幽兰在深谷，本自无人识。只因香气重，求者遍山隅。"每个人都期待着在最合适的时候遇到最合适的人，在遇到最心仪的他（她）之前，最需要做的不是怨天尤人，也不是过分讲究自己的外在，而首先应该自尊自爱，由内而外地提高自身修养，努力做最好的自己。

四、摆正爱情的位置

由于现代社会生活具有复杂性，现代人的心理成熟与生理成熟是不同步的。我们不得不说，大学期间的爱情是单纯、美丽的，同时，也可能是建立在沙滩上，经不起风雨的。同其他任何事情一样，没有相应的情感体验与实践，我们在恋爱方面的心智就无法成熟起来。无法想象，一个从未与异性交往的人，到了二十五六岁，想恋爱、结婚了，会一夜之间成为"爱情高手"。因此，爱情的经验，只能在体验中获得。需要提醒的是，这当中的酸甜苦辣，可能带来幸福，也可能带来伤害。如何趋利避害，取决于心智的成熟。从这点来说，早谈恋爱好还是晚谈恋爱好，因人而异。迟到的爱情可能因你心智的成熟而事半功倍。不管怎么说，谈恋爱不应成为你大学期间生活的主要内容。若因为爱情而耽误了学业，则令人后悔莫及。

1. 分清主次，正确处理学业、工作、爱情、友谊之间的关系 对于个体的发展来说，每一时期都有核心目标。在大学阶段里，爱情并不是这一阶段的核心目标。大学生要学会处理爱情与其他生活环节的关系，将爱情摆在适当的位置，在追求美好爱情的同时，明确坚持学业第一的观点。大学生所处的年龄阶段，正是人生中枢神经系统最发达的阶段，其思维和记忆能力都进入了最佳时期。因此，大学阶段是大学生获取知识的黄金时期，也是实现专业知识储备、智力潜能开发、个性品质优化的主要阶段。大学生应该做的是不断地通过学习知识、体育锻炼、文艺活动等来充实自己，为将来的生活做好铺垫和准备，才能在未来的人生中游刃有余。

2. 摆正爱情与人生的关系 爱情是神圣的，爱不仅是一种权利，更是一种责任和义务，必须以高度负责的态度对待恋爱。神圣的爱情是美好人生的重要组成部分，在人生中具有不可替代的作用；但爱情并不是生活的全部，特别对于大学生而言，正处于为美好人生打基础的阶段，有太多的知识、技能、认知需要时间和精力来学习和体验，如果将爱情作为生活的全部，将会给自己的人生带来无法挽回的巨大损失。所以，大学生既要尊重、重视爱情，又要有明确和充实的人生目标，仅仅把爱情作为人生目标的人，最后连爱情的目标也会动摇。

五、提高恋爱挫折承受能力

大学生的恋爱受多种因素的制约，在追求爱情的过程中遇到各种波折在所难免。如果承受能力较强，就能较好地应付挫折，否则就有可能造成不良后果。因此，提高恋爱挫折承受能力对大学生的心理健康是非常重要的。当爱情遇到挫折后，应用理智来驾驭感情，通过增强理智感，分析原因，总结经验教训，通过适当的情绪调节、宣泄和转移，来减轻痛苦。在新的追求中确认和实现自己的价值，从而提高自己的心理承受能力和思想水平。

六、社会、学校和家庭的正确引导

1. 社会的影响 社会是个大环境，身居其中的大学生时时刻刻都受其影响。社会工作者应该根据大学生的生理和心理特点，利用各种传媒方式，通过各种途径，对大学生进行正面的引导教育，形成一种良好的舆论氛围，使大学生的行为有章可循，为他们的恋爱行为创造良好的外部环境。

2. 学校的影响 高校德育工作应把弘扬民族传统文化，培养高尚人文精神作为德育工作的首要任务，提高大学生对恋爱的道德标准和价值观念。学校必须加强校园文化建设，丰富校园文化，摆脱乏味的样板生活，使学生有机会参加各种有益身心的活动。正确对待大学生的异性交往，引导大学生形成心理和生理发展的平衡。采取有效措施，避免和减少大学生在恋爱中出现问题，要有完善的危机干预机制和补救措施。

3. 家庭的影响 父母要以身作则，加强对子女的教育。家庭教育是终身教育，家长必须认真学习现代家庭教育理论和心理学理论，避免盲目教育，从而提高家庭教育的质量。父母的感情是子女以后爱情标准的有影响力的榜样，所以，父母间有良好的感情，能对子女进行正确的性启蒙、性教育和恋爱教育，子女儿童期时要和子女形成安全的依恋关系，安全的依恋关系是子女形成良好恋爱关系的基础。

心理游戏

任务一：走进爱情

活动一：赏析短片

分享一部关于大学生爱情的短片《夏之伤》，将学生分为5~6人一组，讨论“爱情是什么”，并派代表发言。

活动二：我们是好朋友

分别选取自愿报名的3~4名男生、女生，要求男生、女生各一列面对面站好，相互对视-问好-自我介绍-握手，结束后可抽取个别同学访问心得。

任务二：体验爱情

活动三：我心中的他（她）

将学生分为5~6人一组，请同学们写出自己理想对象的五个条件并与组内其他同学分享，同时讨论自己对理想对象的要求是否合理，讨论分享。

活动四：我该怎样做

请几位同学表演或者表达一下被拒绝的场景，并展开讨论，分析哪种拒绝方式可能更好。

思考题

1. 简述爱情的本质与特征。
2. 简述爱情和友情的区别。
3. 简述大学生恋爱中存在的问题。
4. 简述怎样树立正确的恋爱观。

（李斐斐）

扫码“练一练”

参考文献

[1] 林崇德. 发展心理学 [M]. 北京：人民教育出版社，2011.

[2] 聂振伟. 大学生心理健康教育 [M]. 大连：辽宁师范大学出版社，2006.

[3] 唐植文. 当代大学生心理健康教程 [M]. 长春：东北师范大学出版社，2011.

[4] 李鹤展，万崇华. 当代大学生心理健康教育 [M]. 长春：东北师范大学出版社，2012.

[5] 范振生，王云，童放. 大学生心理健康教育 [M]. 长春：吉林大学出版社，2012.

[6] 崔晓星，刘霞. 大学生心理健康教育 [M]. 长春：吉林大学出版社，2012.

[7] 郭念锋. 心理咨询师 [M]. 北京：民族出版社，2012.

[8] 钟谷兰，杨开. 大学生职业生涯发展与规划 [M]. 上海：华东师范大学出版社，2008.

[9] 侯再金. 医学心理学 [M]. 北京：人民卫生出版社，2014.

[10] 欧阳辉，闫华. 大学生心理健康应用教程 [M]. 沈阳：辽宁教育出版社，2010.

[11] 中共四川省委教育工委，四川省教育厅. 大学生思想政治教育案例 [M]. 成都：四川大学出版社，2011.

[12] 仲少华，蒋南牧. 新编大学生心理健康教程 [M]. 上海：上海交通大学出版社，2012.

[13] 乐国安. 社会心理学 [M]. 2 版. 北京：中国人民大学出版社，2013.

[14] 刘建文. 大学新生入学导论——走近神圣的医学殿堂 [M]. 武汉：武汉理工大学出社，2009.

[15] 樊富珉，费俊峰. 青年心理健康十五讲 [M]. 北京：北京大学出版社，2006.

[16] 杨世昌，黄国平. 大学生心理健康教育教程 [M]. 北京：人民卫生出版社，2013.

[17] 赖芳，季辉. 大学生恋爱与婚姻 [M]. 天津：天津大学出版社，2012.

[18] 宛蓉. 大学生心理健康 [M]. 北京：北京师范大学出版社，2014.

[19] 孟庆荣，陈征澳. 大学生心理健康 [M]. 北京：清华大学出版社，2012.

[20] 马建青. 大学生心理健康教程 [M]. 2 版. 杭州：浙江大学出版社，2015.

[21] 张春兴. 现代心理学——现代人研究自身问题的科学 [M]. 上海：上海人民出版社，2016.

[22] 樊富珉，王建中. 当代大学生心理健康教程 [M]. 2 版. 武汉：武汉大学出版社，2014.

[23] 韩永昌. 心理学 [M]. 5 版. 上海：华东师范大学出版社，2014.

[24] 陈红英. 新编大学生心理健康教程 [M]. 武汉：武汉大学出版社，2014.

[25] 罗新兰. 大学生心理健康教育 [M]. 杭州：浙江大学出版社，2014.

[26] 张艳艳. 大学生心理健康教育 [M]. 重庆：重庆大学出版社，2018.

[27] 杨彬. 大学生心理健康教育读本 [M]. 成都：电子科技大学出版社，2017.

[28] 彭聃龄. 普通心理学 [M]. 4 版. 北京：北京师范大学出版社，2012.